Library science

Information science

Archival science

图书情报档案学术丛书

档案鉴定理论演化规律研究

Development Rules of Archival Appraisal Theories

王向女　著

WUHAN UNIVERSITY PRESS
武汉大学出版社

图书在版编目(CIP)数据

档案鉴定理论演化规律研究/王向女著.—武汉：武汉大学出版社，2021.2

图书情报档案学术丛书

ISBN 978-7-307-22145-1

Ⅰ.档…　Ⅱ.王…　Ⅲ.档案鉴定—研究　Ⅳ.G272.3

中国版本图书馆 CIP 数据核字(2021)第 025368 号

责任编辑:詹　蜜　　责任校对:汪欣怡　　版式设计:马　佳

出版发行：**武汉大学出版社**　(430072　武昌　珞珈山)

(电子邮箱：cbs22@ whu.edu.cn　网址：www.wdp. com.cn)

印刷:武汉中远印务有限公司

开本:720×1000　1/16　印张:16.5　字数:245 千字　插页:2

版次:2021 年 2 月第 1 版　2021 年 2 月第 1 次印刷

ISBN 978-7-307-22145-1　定价:52.00 元

序

在记忆里，自王协舟教授的博士论文《基于学术评价视阈的中国档案学阐释与批评》序言开始，我已经为许多学生和朋友写了一些文字，成为一名副其实的“捧哏”：从业多年，有时多少写得有些手软。况且按照我自己的习惯，从不在别人草拟的文章上签名，包括写序在内的文字都出自署名作者之手，因此，当由于种种原因，用心写的东西被弃用之后，心中不免有些悲哀：自叹人心不古，该是罢手的时候了。然而，就像一位跑者当他出现极限的时候发现身后还有许多人在坚持会鼓舞他继续奔跑一样，当我发现还有如此多的人在为档案的“冷门绝学”坚守的时候，也会激励我为他们继续写下一些文字——王向女是我的博士，更是一位档案学研究的坚守者，为她的新书写序，理应责无旁贷。

言归正传。档案鉴定理论是档案学的核心理论之一，是关乎何以成为档案和何以继续成为档案的基础理论或者学说。所谓“何以成为档案”是指文件(或其他材料)根据何种原则、要求成为档案的过程，即归档前的鉴定。学界耳熟能详的“高龄文件应该受到尊重”(迈斯奈尔)、“文件双重价值鉴定理论”(谢伦伯格)等都属于这个阶段的理论。可以毫不夸张的说，正是“这个阶段的理论”奠定了档案学科的基础乃至档案职业的“饭碗”，成就了档案区别于其他事物的分水岭，是档案学界和业界的初心所在。如果突破了这个界限，档案势必走向泛化，就会出现许多的不确定性。目前学界流行着一些比较前卫的观点，认为随着科学技术的进步，一切能够转化或者指认为“档案”的东西就是档案了，似乎再没有必要提及“何以成为档案”的鉴定理论。我可以负责任地说，这种说法在学理上存在一定的风险，在实践中一定会波及档案职业人员的岗位。因此，是时候复习一下档案鉴定的理论了。

所谓“何以继续成为档案”是指根据何种原则、要求清理和鉴别已经成为档案并将继续成为档案的过程，即归档后的鉴定。业界谈及的“优化馆藏”“合理配置资源”等应该属于这个阶段的理论。但实际上，已经归档的材料，除了根据档案保管期限表进行处置之外，很少有实际部门去动这个脑筋，其结果当然是馆藏的持续增长。随着数字化的推进和单套制的实行，大家认为“何以继续成为档案”的问题似乎已经不再成为问题了。这种做法和状态与第一情况即“何以成为档案”的淡化一样，也为档案职业的发展留下来隐患，与“优化馆藏”“合理配置资源”的初衷有所背离。

王向女博士的新作，旨在发现档案鉴定理论的演化规律。按照我的理解，就是在前人理论、学说的延长线上阐释档案鉴定理论。因此，作者重新审视档案的价值，提出了“变革——档案鉴定理论符合范式转化规律”“跨界——档案鉴定理论的影响因素”和“波动——档案鉴定理论的主观性和客观性变化”等三种可供探讨的空间，在学界狭义理解档案鉴定理论的基础上，开辟了一条蹊径。也可以说，世界上其实没有道路，后来人走得多了就出现了道路。同理，学术研究的道路必须依靠一代一代的学人在不忘初心、坚守原则的前提下不断的开拓进取。

愿我们一路同行！

胡鸿杰

庚子岁末

目　　录

上篇　鉴定理论

中篇　演化规律

下篇 发展趋势

第1章　绪　　论

1.1　选题缘由与研究意义

1.1.1　选题缘由

1.1.1.1　档案鉴定的重要性

美国档案学家莫斯1992年在中国人民大学演讲时说："鉴定是档案工作整个系列决定中第一个关键性决定，是所有决定得以产生的基础，因而是档案工作的首要职能，鉴定的重要性位居第一。"①这是对档案鉴定重要性的精辟概括。档案鉴定工作在整个档案管理环节中都具有重要作用，文件通过鉴定归档后成为档案，档案保管期满后是继续保存还是销毁需要鉴定，馆藏档案是否可以开放利用需要鉴定，档案鉴定贯穿档案从收集进馆到最终的保存或者销毁全过程。

① 葛荷英. 档案鉴定理论与方法[M]. 北京：中国档案出版社，2002：153.

每个人都是部分地通过文件与社会进行联系，通过文件来确定各自的社会地位，例如出生证明、学历证明、职称证明等文件。文件保障了人们在社会中作为公民的权利，也赋予了人们作为公民的义务和责任，这些文件是人们记录过去的手段。但是，人们也会因为不想记住过去的某段历史，而销毁有关那段历史的所有记录，包括文件记录。由此看来，文件是人们想要记住的生活的一部分，是形成社会记忆的有形方法，最终会变为人们生活经历的“真实再现”和证据，也是人们向后代传承信息的记忆载体。

那么，作为个人为什么要对文件进行选择或者鉴定呢？最主要的原因还是因为无用的信息太多了。比如，日常生活中产生的备忘录、购物凭证、银行流水账单等信息，电子邮件中的广告、推送信息等，这些信息具有一定的时效性，对人们来说，某一时段有用，但是过了该时段后，就失去了意义。人们一般会把这些无用的信息作为垃圾，丢入垃圾箱或者删除。其实在生活中，人们每天都在决定哪些信息需要保留，哪些信息无用可以丢掉，这个过程就是一个典型的鉴定过程。由于数据存储技术的发展，电子存储介质的容量越来越大。在 20 世纪 90 年代，一张常见的 3.5 英寸软盘的容量仅为 1.44M，大概可存储几十个 Word 文档，在这种空间容量有限的情况下，就需要人们选择重要的电子文件进行保存，这种情况经常发生在人们的日常办公和生活中；随着技术的进步，移动存储介质的容量越来越大，费用越来越低廉，人们可以保存的文件越来越多，对鉴定的压力越来越小，但并不是意味着可以不进行选择。第一，如果保存大量无价值的文件，对于日后检索和利用会带来很大的麻烦，在众多无用的信息中寻找一份有用的文件，会浪费大量的人力、财力、物力等资源。第二，电子文件软件更新换代的时间越来越短，如果不进行必要的干预，若干年后，现在的文件在未来可能不可读取。20 多年前的软盘里的文件，非专业人士已经无法读取，因为普通人没有可以读软盘的硬件设备，这就需要对数据进行及时迁移和备份。如果保存无价值的文件和记录，那么数据迁移、备份数量之大，是我们无法想象的，对于相对简单的 DOC、PDF、TXT 等文件格式，我们迁移数据所耗费的时间和精力相对较小。但是对于比较复杂的声像文件，如果对其迁移和修复，则需要非常专业的技术人员对声像文件进行操作。例如，检查时长1小时的视频，至少需要1个小时来进行查看，如果有播放不流畅，或者画面损坏的情况，则依据视频损坏程度，额外花费更长的时间进行修补，也就是说维护一个小时的声像文件，需要1+个小时，那么每天产生上万个这样的视频，以后维护起来，花费的人力、物力和财力是无法估量的。第三，电子文件是非常脆弱的，极易发生损坏，如果电子文件软件、硬件没有及时更新，或者受到病毒的攻击，那么这些文件很可能会永久消失，因为电子文件只是“0”和“1”两种数码组合起来的记录信息，是一串比特存储于计算机存储器中的信息，人类只有通过计算机语言的翻译才可以读懂，人们只有将更多的精力花费在有价值的文件信息上，才能更好地维护它们的可读、可用。

就组织而言，组织有着和个体一样的选择需求，它们需要文件来支撑组织内的运转，同时，与外部社会进行交流时，文件也是主要的工具。组织也就面临着要选择哪些文件作为档案来长久保存，以形成机构的记忆和证据。与个体不同的是，组织的文件鉴定要比个人选择文件谨慎和复杂得多，个人选择往往是不系统的，根据自己的喜好进行选择，而组织则需要根据整个机构的目的，形成规范化的鉴定机制，系统地对组织文件进行选择。这个规范化的鉴定机制，一定是组织内众多人员经过商议后同意的结果，并且是一个非常清楚明了的鉴定文件的方法，员工在应用这个鉴定机制时能够方便使用，换句话说，就是组织在实施鉴定活动之前，实施鉴定活动的人就清楚地知道，单位未来需要什么样的文件，为什么这些文件会被需要，以及可能会被保存多长时间。

1.1.1.2 档案鉴定理论演化规律探究的欠缺性

档案鉴定发生在档案生命周期的不同阶段，在文件移交到档案部门或机构时，即为归档或者收集阶段，需要鉴定要归档的文件是不是具有合法性，比如签字是否齐全，文件是否可读；还要鉴定文件的保存期限。在档案整理阶段，主要是鉴定档案的密级和保管期限；在档案利用阶段，要鉴定档案的开放权限等。可以说档案鉴定贯穿档案整个生命周期。档案鉴定是档案工作者最重要的任务之一，在国内外成为档案学理论研究的重要课题。“将档案理论串联起来的一条线索是围绕档案鉴定的讨论……档案鉴定已经成为档案理论的代表，自从20世纪80年代以来，档案鉴定理论已经成为档案职业和公开讨论的焦点”。①

鉴定对文件管理来说，是一项智力挑战，就个人而言，每个人在日常生活工作中会进行文件的选择，美国历史学家卡尔·贝克尔(Carl Becker)说过“每个人都是自己的历史学家”②，那么借用这句话，也可以说“每个人都是自己文件的鉴定家”。每个人都是根据自己的需要选择性地保存对自己有价值的文件，所谓对自己有价值的文件，就是这些文件可以证明自己过往的活动，这些文件也可以帮助别人了解自己。就机构而言，选择保存的文件应该能够反映整个组织机构的任务和目标。文件是用来支持记忆的工具，比如说召开会议后，会形成一个会议纪要，会议纪要就是参会人员共同的记忆，是参会人员根据会议内容实施下一步行动的证据。那么我们如何来选择保存某些文件，为何要保存这些文件，而忽略或者销毁其他文件，以及何时应该鉴定？由什么人来决定？

问题在不同时代和地区都是同样存在的，但是问题的答案在不同单位中是不尽相同的。答案的差异性与地区、时代有很大的关系，因此档案鉴定的原则是随着时代的变化而变化。目前还没有学者对档案鉴定原则发生变化的因素进行过深入的研究和探讨，因此也引起了笔者对档案鉴定理论演化规律的研究兴趣。

1.1.1.3　档案鉴定文献资料的丰富性

档案理论发展至今已有100多年的历史，在如何鉴定档案方面

① Ridener John. From Polders to Postmodernism: A Concise History of Archival Theory[M]. Duluth, US: Litwin Books LLC, 2009: 3.

② Carl Becker. Everyman His Own Historian: Essays on History and Politics [M]. New York, F. S. Crofts & co, 1935.

也产生了很多的理论和方法。以中国档案学界为例，从1951年至今，发表的有关档案鉴定的论文已有2000多篇，专著和博士论文6部，将档案鉴定作为其中章节的著作有100多部，这些著作对国内外档案鉴定的发展历程、档案鉴定的标准与原则、档案鉴定的内容等进行了不同程度的阐述。大量的文献资料为本书提供了研究的基础。档案鉴定理论从出现至今，经历了一次次的演化和变革，也为本书提供了研究素材。

1.1.2 研究意义

1.1.2.1 选题的理论意义

以历史的眼光分析档案鉴定理论，发现档案鉴定理论演化的规律。托马斯·库恩(Thomas Samuel Kuhn)在其《科学革命的结构》"第一章：历史的作用"中指出"历史如果不被我们看成是轶事或年表的堆栈的话，那么，它就能对我们现在所深信不疑的科学形象产生一个决定性的转变。"①库恩认为科学不是通过一个个发现和发明的累积而发展，而是一个常规科学和科学革命交替、渐变和激变的过程。运用历史的研究方法分析档案鉴定理论交替、渐变的过程，给档案学研究提供了一个独特的研究视角。从"行政官员决定论"到"文件的双重价值"，从最开始档案的鉴定关注其自身的证据性特点，到后来越来越多的档案学者认识到社会记忆和身份认同的重要性，期间经过了不同国家、时代、政治、文化和管理体制的差异。对档案鉴定理论变化中的差异性研究，可以帮助档案学者观察众多方法中存在的共性。在日常生活中，背景经常会被隐藏起来，本书要做的就是挖掘出隐藏在档案鉴定理论背后的因素，分析背后因素对鉴定理论产生的影响，哪些因素是经常重复出现的，哪些因素对于理论的变化或产生的影响是唯一的，从本质上梳理档案鉴定

① 库恩著. 科学革命的结构[M]. 金吾伦，胡新和，译. 北京：北京大学出版社，2003：1.

思想的发展历程，发现档案鉴定理论演化的新规律。

1.1.2.2　选题的实践意义

档案鉴定的目的是选择出那些具有历史价值，能够代表过去历史的记录，能够为未来的社会提供利用和参考作用的文件。档案鉴定理论历史的发展告诉我们，档案鉴定理论不是一成不变的，而是随着时代的更替而变化的。最近10年社交媒体的快速发展，导致了“现实的无界、万物的无界，人人都是自媒体，人人都是节点”①，社会接受信息、社会记录的方式与10年前相比发生了很大变化，与新时代相对应的档案鉴定方法也将会随之发生变化。本书的目的是要找到与新的时代背景相对应的档案鉴定理论，为未来的档案工作者提供理论支撑。未来的档案鉴定工作者需要知道我们这代人做了什么，为什么这样做和我们是如何做的。为了保持档案鉴定工作的连续性，我们的理论研究也要给我们的后代指出一条路径来理解和跟随我们的决策，增强后代档案工作者关于前一代人制定的档案鉴定决策方面的理解力。

1.2　研究综述

1.2.1　国内研究现状

本节主要以中国知网期刊全文数据库、中国优秀博硕士学位论文数据库为检索数据库，以“档案鉴定”为主题进行精确检索，检索日期为2020年12月31日。查检出与主题词直接相关的文献共2436篇，剔除通知类、宣传类、诗歌等形式的作品外，共查检出与档案鉴定有关的学术文献2235篇。分析软件采用的是用来分析

① 史蒂夫·萨马蒂诺著. 碎片化时代：重新定义互联网+商业新常态[M]. 念昕译，张瀚文审译. 北京：中国人民大学出版社，2015：161-162.

和可视共引网络的信息可视化软件 CiteSpace5. 7. R3。CiteSpace 可用于探索和分析学科前沿的变化趋势，为知识领域动态演进的可视化研究提供分析平台，它能够显示一个学科或知识域在一定时期发展的趋势与动向，形成若干研究前沿领域的演进历程。

1. 2. 1. 1　基于文献检索结果的统计与分析

从表 1-1 和图 1-1 可以看出，中华人民共和国成立后，最早研究档案鉴定的文章发表于 1953 年，1963—1966 年出现了一个小的高潮，由于社会原因，1966—1979 年未发表文章，1980 年以后档案鉴定工作逐渐恢复，在 1996 年以后档案鉴定文章快速增长，这与 1996 年在北京召开的国际档案大会对国外鉴定理论研究成果的介绍息息相关。从 2016 年至今，档案鉴定文章数量又呈现逐年降低的趋势。

表 1-1　中文期刊文献检索结果统计

检索时间：2020 年 12 月 31 日

年 份	篇数	年 份	篇数	年 份	篇数
1953	1	1983	3	1996	24
1957	1	1984	1	1997	47
1958	2	1985	3	1998	53
1959	2	1986	8	1999	62
1960	1	1987	6	2000	98
1961	4	1988	14	2001	80
1962	6	1989	12	2002	86
1963	4	1990	11	2003	81
1964	4	1991	9	2004	63
1965	16	1992	18	2005	80
1980	4	1993	18	2006	94
1981	4	1994	17	2007	92
1982	6	1995	24	2008	91

续表

年 份	篇数	年 份	篇数	年 份	篇数
2009	83	2013	134	2017	83
2010	85	2014	111	2018	50
2011	97	2015	122	2019	70
2012	118	2016	101	2020	31
总篇数	2235				

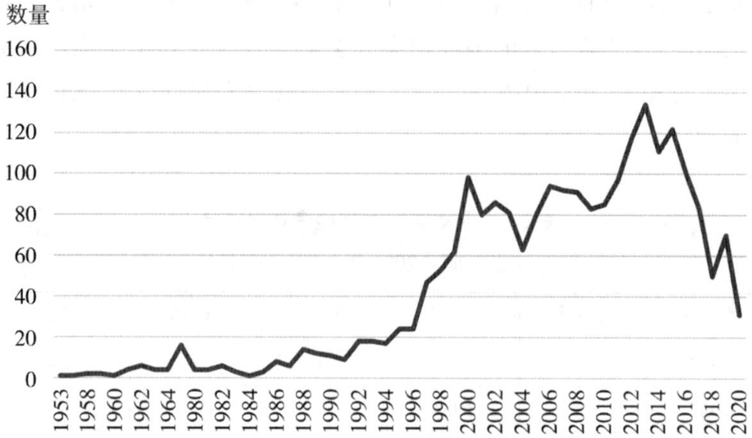

图 1-1　中国档案鉴定理论研究论文数量变化图

20 世纪 90 年代以来，中国大陆档案学界出版了不少有关档案鉴定研究的专著，也产生了不少有关档案鉴定问题研究的硕博论文，如王岚的博士论文《未来选择历史——论档案价值与鉴定原理》专门针对档案鉴定的意义、当前中国档案鉴定工作和档案鉴定理论中存在的一些问题进行了论述，对档案本质属性、文件生命周期理论进行了反思，最终构建了档案价值鉴定的原则与框架。① 另

① 王岚．为未来选择历史——论档案价值与鉴定原理[D]．北京：中国人民大学，2001.

外也有不少博士论文涉及了档案鉴定原理或方法，如张斌的博士论文《档案价值论》中第五章论述了档案价值鉴定。笔者抽取与本书研究主题相似的专著与博士论文制作成统计表1-2。

表1-2　档案学鉴定研究专著及博士论文统计表

成果名称	成果类别	作者	出版年
档案鉴定的理论与实践	专著	陈忠海	1999
档案鉴定理论与方法	专著	葛荷英	2002
档案鉴定理论与实践透视——基于效益和效率思路的研究	专著	傅荣校	2007
档案鉴定研究	专著	汪孔德	2009
为未来选择历史——论档案价值与鉴定原理	博士学位论文	王岚	2001
职能鉴定法研究	博士学位论文	宋魏巍	2013

1.2.1.2　基于关键词的知识图谱绘制与分析

在CiteSpace5.7.R3的数据分析界面，将来源文献时区跨度设为1950—2020年，单个时间分区为5年，主题聚类词来源为标题、摘要，阈值选择各时区的50个高频被引或高频现节点，选择最小生成树算法和合并网络视图，绘制了我国档案鉴定研究的知识图谱，并统计出高频关键词及其中心汇聚度(见图1-2，表1-3)。

根据知识图谱的分析，国内关于档案鉴定的研究成果主要集中在以下六个方面：

(1)档案鉴定理论研究

根据知识图谱与关键词中心汇聚度的分析，关键词“档案理论”的中心汇聚度是0.08，处于高频关键词之列。“档案鉴定”作为关键词最早出现在2000年，国内学术界对档案鉴定理论的研究集中在以下方面：

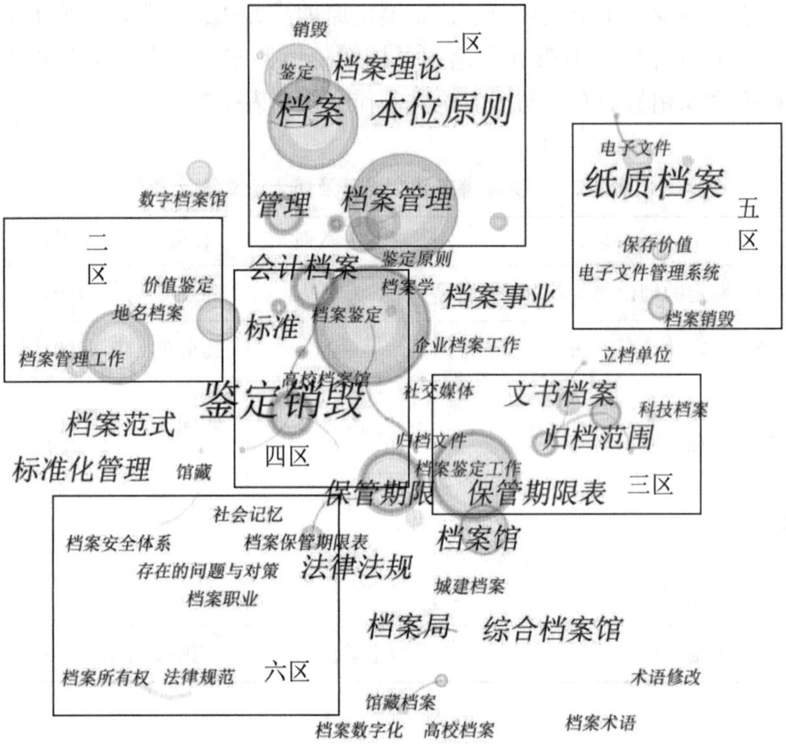

图 1-2　档案鉴定研究知识图谱

一是对档案鉴定理论发展规律的总结。中国档案学者对档案学鉴定理论的部分规律进行了总结，如黄霄羽在《外国档案管理学》中对档案鉴定理论的规律阐述为：“一是对档案价值的认识具有从片面到全面、从狭隘到科学的特征；二是对鉴定标准的规定具有从微观到宏观、从具体到相对抽象的特征。”①傅荣校将档案鉴定理论的发展趋势和规律总结为：“(一) 来源原则与鉴定理论的紧密结合；(二) 史学影响的色彩在消退；(三) 职能鉴定论以一种新的面目回归，也就是第三个阶段的新职能鉴定思想；（四) 档案鉴定的

① 黄霄羽．外国档案管理学[M]．北京：中国人民大学出版社，2008：123-124.

表 1-3 档案鉴定研究关键词中心汇聚度量表

出现频率	中心汇聚度	出现年份	关键词	出现频率	中心汇聚度	出现年份	关键词
164	0.44	2000	档案鉴定	3	0	2010	销毁
106	0.12	2010	档案管理	3	0	2018	鉴定原则
98	0.84	2000	档案鉴定工作	3	0.04	2018	法律法规
90	0.15	2011	档案	3	0.61	2011	因素
72	0.08	2010	鉴定	2	0	2010	归档文件
69	0.04	2010	档案价值鉴定	2	0	2010	档案利用
55	0.99	2010	保管期限	2	0	2011	电子文件管理系统
45	0.19	2010	档案价值	2	0	2011	城建档案
42	0.29	2000	档案馆	2	0	2011	地名档案
36	0	2010	对策	2	0	2011	档案安全体系
34	0.86	2011	会计档案	2	0	2011	对象
34	0.98	2010	鉴定销毁	2	0	2011	档案所有权
28	0	2010	问题	2	0	2011	工作
28	0.04	2011	电子文件	2	0	2011	术语修改
27	0.04	2012	文书档案	2	0	2011	数字档案馆
27	0.08	2010	档案工作	2	0	2011	法律规范

续表

出现频率	中心汇聚度	出现年份	关键词	出现频率	中心汇聚度	出现年份	关键词
26	0.74	2011	管理	2	0	2011	经济体制改革
24	0	2010	档案保管期限表	2	0	2011	档案术语
24	0.39	2010	归档范围	2	0	2011	术语体系
23	0.48	2011	保管期限表	2	0	2011	开发利用
21	0.04	2010	鉴定工作	2	0	2018	社会记忆
19	0.19	2011	保存价值	2	0	2018	社交媒体
18	0.26	2011	文件材料	2	0	2018	权力
16	0	2012	档案管理工作	2	0	2018	文物鉴定
15	0	2012	价值	2	0	2018	建议
14	0.12	2011	档案开放鉴定	2	0	2018	宏观鉴定
13	0	2012	价值鉴定	2	0	2018	开放鉴定
13	0.99	2011	高校	2	0	2019	重要性
12	0	2015	信息化	2	0	2019	市档案馆
12	0	2015	电子档案	2	0.04	2010	档案信息资源
11	0.15	2010	企业档案	2	0.04	2018	企业
11	0.63	2011	标准	2	0.04	2019	档案范式

续表

出现频率	中心汇聚度	出现年份	关键词	出现频率	中心汇聚度	出现年份	关键词
10	0	2011	科技档案	2	0.04	2019	档案事业
10	0	2012	档案工作者	2	0.04	2019	新时期
10	0.04	2011	馆藏档案	2	0.08	2010	标准化管理
8	0	2011	档案学	2	0.08	2018	档案理论
8	0.12	2011	纸质档案	2	0.08	2018	档案职业
8	0.86	2015	思考	2	0.08	2019	杨冬权
7	0	2011	高校档案	2	0.08	2019	档案开放
7	0	2015	档案整理	2	0.12	2011	本位原则
7	0	2016	档案销毁	2	0.19	2011	发展
7	0.04	2015	档案局	2	0.22	2018	高校档案馆
6	0	2012	企业档案工作	2	0.23	2018	综合档案馆
6	0	2012	馆藏	2	0.26	2018	公共服务
6	0	2015	档案工作人员	2	0.29	2011	立档单位
6	0	2015	分析	2	0.78	2011	影响
5	0	2015	档案数字化	2	0.86	2011	存在的问题与对策
4	0.15	2018	档案记忆				

实用主义功能目标反映越来越明显；(五)效益标准日显作用。”①

二是对档案鉴定理论发展过程的描述。有学者将档案鉴定理论进行了分期，如傅荣校在其著作《档案鉴定理论与实践透视——基于效益和效率思路的研究》中总结了档案鉴定理论发展的轨迹，他将现代档案鉴定理论分为四个阶段：“第一个阶段是传统鉴定理论阶段(20 世纪 50 年代以前)，这一阶段包括两个时期，一个是鉴定的粗线条规章时期，表现为法国穑月 7 日法令和普鲁士 1883 年颁布的该国第一个关于档案鉴定工作的规章和俄国 1830—1860 年颁布的有关档案鉴定的法令。第二个时期是传统鉴定理论的奠定，表现是 1901 年迈斯奈尔提出的‘高龄案卷应该受到尊重’等一系列标准、20 世纪二三十年代的波兰档案学家卡林斯基的‘职能鉴定论’，以及英国档案学家希拉里·詹金逊的‘行政官员决定论’。第二个阶段是双重价值鉴定理论阶段(20 世纪 50—80 年代)表现为美国档案学者谢伦伯格的‘文件的双重价值论’、美国档案学者奇福特的鉴定思想、美国档案学者博尔斯和茱莉娅·杨的黑盒子鉴定模型。第三个阶段是新职能鉴定理论时代(20 世纪 80 年代以来)，表现为德国档案学家汉斯·布姆斯的“社会分析和职能鉴定论”以及加拿大档案学者特里·库克提出的‘新宏观鉴定接受战略’。第四个阶段是电子文件的内容鉴定与技术鉴定双重支点(20 世纪 90 年代以来)，表现为法国档案学者哈罗尔德·瑙格勒(Harold Naugler)在 1984 年提出的电子文件双重鉴定思想和中国档案学者冯惠玲在 1998 年提出的电子文件内容鉴定与技术双重鉴定的模式。”②

三是对档案鉴定理论与实践的反思。在众多有关档案鉴定理论和工作的著作中，王岚的博士论文《为未来选择历史——论档案价值与鉴定原理》是对有关档案鉴定理论和实践现状反思最为深刻的著作之一，其专门针对当前中国档案鉴定工作和档案鉴定理论中存

---

① 傅荣校. 档案鉴定理论与实践透视——基于效益和效率思路的研究[M]. 北京：中国档案出版社，2007：102-123.

② 傅荣校. 档案鉴定理论与实践透视——基于效益和效率思路的研究[M]. 北京：中国档案出版社，2007：102-123.

在的一些问题进行了讨论，对档案本质属性、文件生命周期理论进行了反思。①

四是对档案鉴定理论体系的探讨。杨茜茜②基于档案鉴定的概念演变，对我国标准中档案鉴定概念内涵和外延的演变展开分析，认为档案鉴定理论体系的立足点不应仅仅局限于档案价值分类观，而应当以主客体档案价值观为基础，后者比前者更适合于解释档案鉴定实践工作中的广义化、主观化的特点。此外，档案鉴定理论体系的结构应从内容价值鉴定到多方面综合鉴定，如属性鉴定、归档范围和保管期限划定、销毁鉴定、密级鉴定。

(2)档案价值研究

从知识图谱的关键词汇聚度数据分析，档案价值鉴定(0.04)、档案价值(0.19)都处于高频关键词的前列，体现出其在档案鉴定研究中的重要性。档案价值问题是档案学的基本问题之一，学者们对档案价值的特点、规律等进行了探讨。丁海斌③认为档案价值具有客体客观性，即档案内在价值；档案价值具有主体客观性，即外在形态的客观性；档案价值具有相对性，并在价值实现过程中表现为刚性律与柔性律的区别以及时效性的变化。覃兆刿等人④从“档案双元价值观”入手，提出达到档案价值的充分实现就必须体现出对工具价值与信息价值的双元并重和高度结合。邵华⑤从档案价值的概念入手，认为科学认识、研究档案价值需要从档案的前身——文件开始，以文件作为认识和研究档案价值的客体对象和逻辑起点。丁华东参照李德顺的《价值论》中提到的“实践——认识”活动作为档案价值根源的基础，提出“档案作为社会实践活动的记录是

① 王岚．为未来选择历史——论档案价值与鉴定原理[D]．北京：中国人民大学，2001.

② 杨茜茜．档案鉴定理论体系重构探析——基于我国档案鉴定概念演变的思考[J]．档案学通讯，2018(5)：25-30.

③ 丁海斌．档案价值论[J]．档案学研究，2015(5)：4-12.

④ 覃兆刿，范磊，付正刚，乐庆玲．椭圆现象：关于档案价值实现的一个发现[J]．档案学研究，2009(5)：3-6.

⑤ 邵华．试论档案价值及其泛在[J]．档案学通讯，2017(2)：23-27.

社会实践活动的反映，对档案价值的评判表面上是对档案内容的评价，实际上是对档案内容所直指的社会实践活动的评价，这种评价自然包含着主体对社会实践活动的认识”①。

档案价值鉴定是档案鉴定中最主要、最核心的一项工作，贯穿于整个档案工作的环节之中，它是指档案工作主体在档案价值认知的基础上对档案客体有无价值和价值大小的评估和预测，并据此决定档案的存毁。我国对档案鉴定理论的研究始于民国，中华人民共和国成立后，国外档案鉴定理论的引进与我国档案工作实际结合起来，各种鉴定理论层出不穷，现代鉴定理论初步形成。汪孔德认为，中国已有的档案鉴定理论可分为相对价值标准理论、价值鉴定论和本位原则论②。价值鉴定论的主要代表人物有吴宝康、张斌和傅荣校等，该理论以关系价值论为基石，能够全方位地从社会主体需求与客体文件本身的矛盾关系来鉴定档案价值，它强调档案是否满足主体需要及其满足程度的大小决定着档案的价值。档案价值鉴定要求鉴定者在对档案价值认知的基础上，获取档案价值信息，对其是否应该继续保存形成价值判断，这是一个复杂而又充满变化的过程。

(3)档案保管期限研究

保管期限是根据档案保存价值确定的，正确划分保管期限是档案鉴定的重要任务。从20世纪50年代至今，我国先后颁布了六次档案保管期限规定，可分为三阶段，第一阶段是从中华人民共和国初期到20世纪60年代，该阶段的标志性规定是1955年3月发布的由苏联专家米留申编著的《中华人民共和国各部及其他机关、团体、企业活动中所形成的标准文件材料保管期限简短一览表(草案)》；第二阶段是20世纪80年代至20世纪末，该阶段的标志性规范是1987年4月国家档案局发布的《文书档案保管期限表》；第三阶段是21世纪初至今，代表性规定是2006年12月18日以国家

① 丁华东．关于档案价值鉴定的几点思考[J]．浙江档案，2004(4)：4-6.

② 汪孔德．档案鉴定研究[M]．安徽：安徽大学出版社，2009：76-80.

档案局第 8 号令颁布的《机关文件材料归档范围和文书档案保管期限规定》。学者们对档案保管期限划分的具体方法进行了讨论。我国档案保管期限划分主要存在两种观点，一种是两分法，即将档案保管期限划分为永久和定期，另一种是三分法，将档案保管期限划分为永久、长期、短期三种。但两种方法的划分界限都太过模糊，对此，理论界有所争议。宗培岭①认为保管期限应由笼统期限改为具体年限，将档案保管期限划分为永久、长期、短期三个档次是历史的产物，在认识档案价值的基础上应逐步由笼统期限向具体年限过渡，作为一种过渡，可将档案保管期限先划为永久与定期两档，在定期内再标出具体年限。邓绍兴②认为，两分法与三分法的时间跨度较大，弹性较大，缺少具体的保管年限，容易产生主观随意和依赖极限，档案保管期限表的期限、条款应明确和细化，走划限法与标时法相结合之路。陈和静③认为现行档案保管期限表条款较少且语言表达抽象、模糊、可操作性差，在实际操作中随意性很大，于是她根据《档案法》及国内外对档案保管期限的规定，认为我国档案保管期限表应以规范、明确、具体为原则，建立一个新的划分方法——划限与标时相结合。吴品才④认为，档案保管期限确定的关键在于正确地判定档案在未来时空范围内拥有的价值类型，分析档案能够呈现每一类型价值的时间长短，最后运用迭代原则择其最长时间为保管期限。

档案保管期限表是档案鉴定的技术性标准，是鉴定档案价值、确定档案保管期限的基本依据。2000 年之后，国家档案局先后发布《机关文件材料归档范围和文书档案保管期限规定》(国家档案局令第 8 号，以下简称 8 号令)、《企业文件材料归档范围和档案保

---

① 宗培岭. 档案保管期限表研究[J]. 档案学通讯，2002(5)：74-76.

② 邓绍兴. 改革档案保管期限表的思考[J]. 中国档案，2000(11)：46-48.

③ 陈和静. 关于档案保管期限划分问题的几点思考[J]. 档案学通讯，2004(6)：85-87.

④ 吴品才. 文件生命迭代原则与档案保管期限的确定[J]. 档案学通讯，2000(6)：56-58.

管期限规定》(国家档案局令第10号，以下简称10号令)作为实际工作中档案鉴定的指导标准。学术界对档案保管期限表的研究集中在以下方面：

一是对于档案保管期限表制定的原则探讨。傅荣校等人①对期限表制定的抽象与具体原则进行思考，他认为如果不改变编制档案保管期限表的现行原则——高度概括、抽象的原则，就不可能改变我国档案鉴定现状和解决现有问题。王英玮②认为编制档案保管期限表应坚持九项原则，即分级原则、量化原则、立法保证原则、分类原则、定期修改原则、分级实现原则、数据保证原则、专家参与原则、责任保证原则。

二是对中外档案保管期限表的比较研究。刘淑妮等人③参照欧美国家对保管期限的档次划分非常具体的实践经验，认为我国对保管期限的粗略划分不利于档案价值的鉴定，并会导致馆藏混乱等种种不足，提出标时法相对于较为模糊的划分方法，有较为明确的到期提示，代表了档案保管期限划分的改革方向，我国应尽可能将档案保管期限表“标时化”更加细化。万素钦、傅荣校④对中美两国的档案保管期限表从结构内容和操作过程两个方面进行比较，并提出建议，认为我国应建立实用的档案保管期限表体系，不断优化对电子文件及永久文件保管期限的管理，提高档案管理整体水平。

三是对档案保管期限表的优化思考。魏玉玲⑤从地区、行业、行政区出发分析了保管期限表编制中存在的问题，提出建立档案行

① 傅荣校，韩云云．关于进一步优化我国档案保管期限表的思考[J]．浙江档案，2007(8)：14-16.

② 王英玮．关于档案价值鉴定的理论与实践(九)——档案保管期限表研究[J]．档案学通讯，2002(3)：25-28.

③ 刘淑妮，石慧敏．优化机关文件材料归档范围和文书档案保管期限的思考[J]．档案学研究，2013(2)：18-21.

④ 万素钦，傅荣校．中美档案保管期限表比较研究[J]．浙江档案，2018(9)：19-21.

⑤ 魏玉玲．也谈机关文件材料归档范围和文书档案保管期限的优化——兼与刘淑妮、石慧敏老师商榷[J]．档案学研究，2014(4)：26-28.

政管理部门编制通用表、行业主管部门编制专业表及执行情况检查制度来解决存在的问题。杨长虹①认为档案保管期限存在评价标准单一、条款难以涵盖全部文件内容、造成社会记忆缺失的局限，并认为应从三个方面改革档案保管期限表：继续细化保管期限档次、档案保管期限表应增强适用性和可操作性、建立完善的档案保管期限表体系。

(4)档案开放鉴定及鉴定销毁研究

开放鉴定是综合档案馆履行档案开放义务的主要途径，同时也是维护各方档案权利的一项重要制度安排。档案开放鉴定是指各级国家档案馆按照国家的相关规定，对达到一定期限的档案是否需保存使用而进行判定的过程。档案开放鉴定问题涉及原则、标准、价值导向、工作机制、程序制度和技术方法等多个层面。学术界对此展开了一系列探讨：

一是对档案开放鉴定工作问题与策略的分析。陈俐②分析了新时期档案开放鉴定工作存在的问题，他认为档案开放鉴定工作的主要矛盾是：社会各界利用档案需求快速增长与档案馆提供开放档案不及时不充分之间的矛盾，并由此引发各馆档案开放鉴定工作诸多突出问题。由此必须强化相关工作机制，从建立档案开放鉴定工作新机制做起。骆如明③从档案开放鉴定的基本认识、依据及原则着手，认为鉴定标准模糊、鉴定总体水平不高、开放解密困难、档案公布制度不合理、鉴定机制与专业人员不足等因素造成了鉴定工作的滞后，最后从法律规定、信息化手段、前端控制、机制、开放与保密关系方面提出对策。晋平等人④分析了现行档案开放鉴定方式

① 杨长虹. 档案保管期限表若干问题浅议[J]. 云南档案，2010(9)：25-27.

② 陈俐. 新时代国家综合档案馆档案开放鉴定的“危”与“机”[J]. 北京档案，2019(10)：26-28.

③ 骆如明. 推进档案馆开放鉴定工作的若干策略[J]. 浙江档案，2019(3)：8-10.

④ 晋平，问宪莉，庞莉. 档案开放鉴定方式检视及其改进[J]. 北京档案，2019(9)：34-37.

的弊端与困境，包括档案开放鉴定范围比较狭窄局限、档案开放鉴定时机比较单一滞后、档案开放鉴定标识不够规范到位。从扩大开放鉴定范围、增强开放档案的时效性、规范档案开放鉴定标识并界定档案密级内涵方面提出改进档案开放鉴定方式的思路。

二是对档案开放鉴定方法、性质等的探讨。杨茜茜①从技术方法层面对档案开放鉴定面临的问题进行分析，从概念层面建构了包括开放鉴定统一描述框架、主体概念表达、客体特征分析和概念特征匹配的档案开放鉴定方法框架。李军②认为，档案开放鉴定具有内在的矛盾性，因为向社会开放档案是开放鉴定工作的目的，而许多档案本身却具有一定的机密性，这就构成了档案保密与开放之间的矛盾。在从事档案开放鉴定工作时，正确对待和处理好其矛盾性是这项工作成功的关键。

三是对档案开放鉴定主体的讨论。明确档案开放鉴定的主体构成及责任主体权责是构建档案开放监督与责任追究机制的基础。贺军等人③分析了档案开放责任主体和权利主体，重点对档案形成及保密机构、国家档案馆、授权的档案形成单位及档案行政管理机构等档案开放责任主体的权责进行了探讨。张娟④认为应该由文件形成者、档案人员(包括档案业务人员、档案行政管理部门的业务指导人员）和档案利用者三个方面人员组成档案开放鉴定主体，由他们共同完成档案开放鉴定。

四是对档案开放鉴定中涉及的个人隐私问题的分析，大部分综合档案馆的馆藏中涉及大量含个人隐私的内容，容易牵涉公民的隐私权、知情权等问题，作为公共文化部门的档案馆负有保护公民隐

① 杨茜茜．我国综合档案馆档案开放鉴定研究：方法框架构建[J]．档案与建设，2020(9)：11-16.

② 李军．试论档案开放鉴定的性质、原则及工作要求[A]//中国档案学会．中国档案学会第六次全国档案学术讨论会论文集．中国档案学会：中国档案学会，2002：1.

③ 贺军，李扬新．档案开放程序规制构建的主体及权责探析[J]．北京档案，2016(8)：18-21.

④ 张娟．关于档案开放鉴定的探讨[J]．北京档案，2009(11)：24-25.

私的责任，是档案馆开放鉴定工作中的重点和难点。陈萌①从细化开放规定、预判利用方式、寻求国际参照、契合公众心理四个方面提出开放鉴定中保护个人隐私的对策和建议。吴海琰②认为在涉及个人隐私方面内容的档案开放审查，还需要更为详细的审查标准，甚至利用标准，以便实际操作中加以衡量，达到标准统一，避免开放审查因审查人不同而导致审查结果不同。

我国学者对档案鉴定销毁的主要研究内容如下：一是对历史档案的销毁鉴定展开了探讨。陆军③认为对民国档案的销毁应持审慎态度，主要基于三点，民国档案数量未到爆炸状态；缺乏广泛的鉴定实践基础；没有成熟的鉴定理论作指导。徐玲丽④从梳理我国历史上唐、宋、清代的档案销毁工作入手，指出当前档案销毁工作的现状以及销毁工作的必要性，分析销毁不作为的原因并针对性地提出一些建议，包括做好销毁前期的鉴定工作、做好销毁前期的鉴定工作、细化档案销毁的相关规定。

此外，学者们还从法律角度探讨了档案的销毁问题。程训方等人⑤对《档案法》规定的“鉴定档案”和“销毁档案”进行探讨，认为“鉴定档案”与《档案法》本身相矛盾；“销毁档案”与档案法定定义相矛盾；在《档案法》制度下，“销毁档案”将陷入尴尬境地。裴佳勇等人⑥对比分析新修订《档案法》与1987版、1996版《档案法》，发现档案销毁工作“销有据”特征的不变性，从销毁档案的鉴定观、

① 陈萌. 档案开放鉴定中个人隐私的保护[J]. 浙江档案，2014(2)：14-16.

② 吴海琰. 谈谈档案开放鉴定工作中的几个具体问题[J]. 北京档案，2013(11)：18-19.

③ 陆军. 积极鉴定慎重销毁——谈民国档案的鉴定[J]. 档案，2001(1)：17-18.

④ 徐玲丽. 档案销毁不作为之原因分析及建议[J]. 山西档案，2014(2)：41-44.

⑤ 程训方，刘东斌. 对“鉴定档案”和“销毁档案”的思考——《档案法》审视之九[J]. 档案管理，2006(1)：24-27.

⑥ 裴佳勇，刘东斌，吴雁平. 论法律规制下的档案“销有据”特征——新修订《档案法》的规制解读[J]. 档案管理，2020(6)：5-6.

依据观、程序观和计划观四个方面对法律规制下的档案“销有据”特征的具体内涵进行解析。

针对档案鉴定面临的多元环境，周林兴等人①提出弱化鉴定的档案鉴定理念，他认为档案鉴定给档案完整性、证据价值权威性带来了负面影响，当前环境下完全可以借助于信息技术的力量以及引导政府加大投入来解决这种微妙的悖论关系，即通过弱化档案鉴定来维持档案材料齐全与完整，可把更多的精力投放在对档案信息资源的开发上，实现其社会价值的增殖。徐欣云等人②从理论认识、理论前提、实现方案三个方面对“弱化鉴定”的观点提出批驳，认为“弱化档案鉴定”的提出，并不是档案鉴定理论的升华，在信息社会档案鉴定更必不可少。

（5）不同载体档案鉴定研究

对知识图谱与关键词中心汇聚度数据进行分析，“电子文件”“纸质档案”都是高频关键词，且关键词汇聚度分别高达0.04、0.12。信息时代，电子文件日益增多。电子文件不同于传统的纸质文件，它所具有的信息的易逝性，信息与载体的可分离性、可变性等特性使得电子文件鉴定的内容、方法等都受到了严重的挑战。在电子文件价值鉴定方面，主要的研究方向包括基础理论、制约因素、与纸质档案价值鉴定的比较以及鉴定原则与方法等。我国学者对电子文件鉴定的研究可分为如下几个方面：

一对电子文件鉴定理论的讨论。张铁洪③运用库恩的范式论分析了原有纸质档案价值鉴定理论的形成、发展和理论范式的建立，进而阐述了电子环境下该范式的不适用性以及新范式确立的要求。傅荣校④认为从方法上看，“直接鉴定法”将受到挑战；从程序上

① 周林兴，邓晋芝．错位的价值判定应该被纠正——对档案鉴定及销毁的历史视域考量[J]．档案学通讯，2015(2)：38-42.

② 徐欣云，张震雄．不能弱化档案鉴定——与《错误的价值判定应该被纠正》一文作者商榷[J]．档案学通讯，2015(4)：17-22.

③ 张铁洪．论电子文件下档案价值鉴定理论的范式转变[J]．云南档案，2007(1)：5-6.

④ 傅荣校．欧美国家档案价值鉴定理论发展趋势探论[J]．档案与建设，1999(12)：13-16.

看，电子文件的鉴定比之于传统文件的三级鉴定程序更增加层次；从标准上看，电子文件建立了其保存价值的两个支点：内容分析和技术分析。于丽娟①认为，档案理论思想基础的转变、文件数量的激增、越来越多的文件产生于机构的协作活动中，以及电子文件的产生是职能鉴定法形成的原因，并提出职能鉴定不是电子文件鉴定的“专利”。王萍②从后现代主义的角度出发，探讨其对电子文件鉴定的影响，一是把鉴定工作方向从对单份文件价值的推敲转向批处理，通过宏观鉴定形成者的职能、计划和活动来挑选应保存的文件。二是电子文件也记录了形成机构的权力关系，应由文件本身转入电子文件，保护集体记忆。刘越男③从为谁鉴定、由谁鉴定及如何鉴定等三个方面入手，阐释了电子文件价值鉴定的基本问题，指出电子文件价值鉴定是为全体公民而进行的，应由多元化主体开展，以职能鉴定法为基础、内容鉴定法为补充的电子文件价值鉴定。

二是对国外电子文件鉴定理论与实践的探讨。章丹、谭铮培④从电子文件鉴定的程序、方法、内容方面分析了国外电子文件鉴定理论的演进，并对美国、英国、加拿大等国电子文件鉴定实践进行探讨。黄霄羽⑤从鉴定的组织、鉴定的程序、鉴定的依据、鉴定的标准、鉴定的制度、鉴定的方法出发，总结了国外代表性国家电子文件鉴定的共同特点。周文弘、加小双⑥梳理了国外档案界的电子文件鉴定观，总结出对中国电子文件鉴定的启示，如引入多元利益

① 于丽娟．职能鉴定的提出及其引起的思考[J]．北京档案，1999(5)：27-29.

② 王萍．后现代主义对电子文件鉴定理论的影响[J]．湖南档案，2000(4)：8-10.

③ 刘越男．关于档案价值鉴定的理论与实践(五)——对电子文件鉴定问题的思考[J]．档案学通讯，2001(5)：35-38.

④ 国外电子文件鉴定理论与实践[J]．浙江档案，2001(3)：32-34.

⑤ 黄霄羽．国外档案鉴定实践的共同特点[J]．北京档案，2010(1)：44-46.

⑥ 周文泓，加小双．数字时代的国外电子文件鉴定观及其对中国的启示[J]．北京档案，2015(12)：19-21.

主体的多元鉴定参与、协作的鉴定主体鉴定方法和功能的改进。

三是探讨电子文件对鉴定工作实践的影响。吴江华①认为价值鉴定在电子文件时代受到冲击体现在：鉴定由传统的、被动的、滞后的鉴定环节转化为主动的、超前的控制核心；鉴定内容的扩大和难度的提高；价值鉴定被提前于整个档案工作之首。宋魏巍②分析了大数据环境下电子文件鉴定面临鉴定的功能、鉴定的方法、鉴定过程三个方面的挑战，并提出大数据环境下电子文件鉴定策略与关键问题。张翠翠等人③探讨了影响电子文件鉴定的障碍性因素，从鉴定内容、鉴定方法、鉴定主体三个方面的转变提出了破解电子文件鉴定难题的应对之策。

四是对比研究纸质文件与电子文件鉴定。冯惠玲④认为电子文件的内容鉴定可以从纸质文件鉴定的原则、标准、方法中获得很多有益的经验，电子文件的鉴定工作与纸质文件一样也需要分阶段进行。但是，在电子环境中文件存在的方式、人们获取和使用其中信息的方法等与纸质文件有很大不同，这些特性必然对从内容上判断其保存价值的方法和尺度产生特殊的影响。黄新苏等人⑤从鉴定的内容、鉴定的时间及程序、鉴定的方法、鉴定的标准分析了电子文件和纸质文件鉴定的区别。吴双英等人⑥对比分析了电子文件与纸质文件鉴定的不同，区别主要体现在鉴定时间、鉴定方法、鉴定内容与鉴定人员上。

---

① 吴江华．论电子环境下档案价值鉴定的重要性[J]．档案学研究，2001(2)：40-42.

② 宋魏巍．大数据环境下电子文件鉴定研究[J]．北京档案，2015(12)：16-19.

③ 张翠翠，张云．电子文件鉴定的问题与对策[J]．黑龙江档案，2015(6)：49.

④ 冯惠玲．电子文件的双重鉴定——《拥有新记忆——电子文件管理研究》摘要之三[J]．档案学通讯，1998(3)：33-36.

⑤ 黄新苏，李和邕，李晓玲，翟素萍．论电子文件鉴定与纸质文件鉴定的区别[J]．档案学研究，2002(6)：49-51.

⑥ 吴双英，李婧．电子文件与纸质文件鉴定工作之比较[J]．四川档案，2006(2)：20-21.

(6)档案鉴定影响因素研究

从知识图谱与关键词中心汇聚度数据进行分析，“权力”“档案利用”是高频关键词，学者们对档案鉴定工作影响因素的研究展开了诸多探讨。

首先是权力因素。档案作为权力的承载物，呈现出话语控制的权力行为，其从产生到销毁或永久保存总会受到权力无形的操控，权力影响着档案信息内容的留存，作为国家叙述系统基本组成部分的档案必然要从其价值取向、档案内容、归档范围、组织形式等方面反映其对维护国家权力的工具性作用，以此作为维护权力运行、巩固权力统治的国家公器。杨映驰①从权力合法性的角度探讨其在档案鉴定理论和实践中占主导地位背后的原因，并验证权力操控档案鉴定的合法性。何小菡②认为档案鉴定与权力互相建构，一定程度上影响了档案的客观性、真实性和可获取性，权力选择档案鉴定主体，界定档案鉴定规则，从而影响档案鉴定结果。陈建③从档案工作流程出发审视权力的渗透与影响，他认为权力对档案和档案工作的建构呈现出隐蔽性和合法性的特点，档案工作的三个阶段——档案形成、档案管理和档案利用都隐藏着权力控制和干预的身影，权力对档案鉴定的建构体现在权力界定档案鉴定标准与权力介入档案鉴定组织两个方面。

其次是对利用因素的探讨。丁华东④认为在档案价值鉴定中，价值评价的主体是鉴定人员(鉴定主体)，是独立于价值关系之外对这种价值关系的实现予以评价的主体，因此属于一种认知性的评价，只有当鉴定者同时为利用者时，评价主体与价值主体才能统一。鉴定人员应努力实现鉴定主体的价值趋向与未来利用者的需求

① 杨映驰．论权力在档案鉴定中的合法性及其疏导[J]．档案管理，2018(6)：7-9.

② 何小菡．论权力与档案鉴定的相互建构[J]．档案，2020(2)：10-14.

③ 陈建．论权力与档案管理的相互建构[J]．档案管理．2017(2)：8-10.

④ 丁华东．关于档案价值鉴定的几点思考[J]．浙江档案，2004(4)：4-6.

一致，弥合鉴定过程的双重分离，使鉴定工作发挥更强的现实和历史功能。华榕等人①认为价值鉴定论把档案的“保存价值”建立在档案“未来用户需求”的基础上，不仅超出了档案工作者的能力极限和实践操作的可行性，而且使档案鉴定陷入“主观臆测”的悖论。对此，档案鉴定应立足于鉴定环节的基本职能，从档案作为“社会记忆”的本质出发，以档案的社会记忆作用为鉴定依据和标准，判别文件的“保存价值”，从主客体和主客观方面建构档案记忆鉴定理论。

孙大东②从历史和现实两个方面视域考量档案鉴定的影响因素。从历史角度来看，档案鉴定的存在主要源于对文件与档案价值的判定和选择，档案利用效率不是其考量的主要因素，馆藏档案与库房不足的矛盾亦是后期产生的、外在的推动力量。从现实层面考量，对于纸质档案而言，馆藏档案与库房不足的矛盾并未得到解决，在档案室和经济欠发达地区的档案馆室这一矛盾仍然存在甚至更加尖锐。

1.2.2 国外研究现状

本节主要以 ProQuest 学位论文全文检索平台（PQDT）、ProQuest-Academic Research Library、Web of Science、EBSCO 数据库并辅之以谷歌学术搜索、美国匹兹堡大学图书馆档案类书籍作为检索来源，以“archival appraisal”“archival selection”为主题词进行检索，检索范围为世界范围内的英文档案学相关著作、期刊论文、会议论文和学位论文。检索到相关学位论文共 33 篇；期刊论文 873 篇，剔除无关和重复论文后，学位论文和期刊论文共 761 篇。具体分布详见表 1-4。

① 华榕，赵和选．社会记忆理论视角下档案鉴定的本质回归与理论突围[J]．档案学研究，2018(1)：40-43.

② 孙大东．档案鉴定的历史和现实视域考量——与周林兴、邓晋芝二位作者商榷[J]．档案学通讯，2015(5)：13-17.

表 1-4 英文期刊论文统计表

数据库	数量	剔除后
ProjectMUSE 人文社科期刊数据库	658	469
ProQuest 学位论文全文检索平台	33	33
Web of Science	135	126
EBSCO 数据库	149	133
总数	975	761

针对国外档案鉴定理论的专著分析，笔者通过匹兹堡大学图书馆进行了检索，OCLC 数据库辅助查询，共得到 18 部著作，如表 1-5 所示。

表 1-5 英文档案著作统计表

年份	书　名	作者
1922	A Manual of Archive Administration Including the Problems of War Archives and Archive Making	Hilary Jenkinson
1956	Modern archives: principles & techniques	Theodore R. Schellenberg
1977	Archives & manuscripts: Appraisal & accessioning	Maynard J. Brichford
1989	Appraisal of social welfare case files	Thomas Mills
1991	Archival appraisal	Frank Boles; Julia Marks Young
1992	Varsity letters: documenting modern colleges and universities	Helen Willa Samuels
1992	Archival sampling: a method of appraisal and a means of retention	James Gregory Bradsher; Bruce I. Ambacher
1993	Selecting and appraising archives and manuscripts	F. Gerald Ham

续表

年份	书　名	作者
2003	Appraising moving images: assessing the archival and monetary value of film and video records	Sam Kula
2003	Ethics and the archival profession: introduction and case studies	Karen M. Benedict
2004	Archival appraisal: theory and practice	Barbara Craig
2004	No innocent deposits: forming archives by rethinking appraisal	Richard J. Cox
2005	Selecting & appraising archives & manuscripts	Frank Boles
2009	From Polders to Postmodernism: A Concise History of Archival Theory	John Ridener
2014	Using functional analysis in archival appraisal: a practical and effective alternative to traditional appraisal methodologies	Marcus C. Robyns
2014	Archives and Recordkeeping: Theory into practice	Caroline Brown
2015	Donors and archives: a guidebook for successful programs	Aaron D. Purcell
2015	Appraisal and acquisition	Kate Theimer

档案鉴定起源于14世纪初，1794年的法国档案改革形成的穑月七日档案法令标志着档案鉴定理论研究的开始，19世纪末20世纪初，各国着手制订更为详细的鉴定标准，这意味着鉴定理论开始萌芽。国外最早发表档案鉴定理论的是任德国普鲁士枢密院国家档案馆①馆长的海因里希·奥托·迈斯奈尔(Heinrich Otto Meissner)，1901年他提出“高龄文件应该受到尊重”“避免极端”和“选留过多

① 德国普鲁士枢密院国家档案馆是普鲁士文化遗产基金会总部设在柏林的机构。参见 https://en.wikipedia.org/wiki/Prussian_Privy_State_Archives.

是一种罪过”，这些鉴定原则，至今都在国际上流行并遵守，他提出的标准与《荷兰手册》提出的尊重来源相似，看起来更像是格言性质的标准，而不像严谨的标准。后来的著作基本上描述了每个时期的档案鉴定理论或者提出了自己的档案鉴定理论，如行政官员决定理论、文件双重价值鉴定论、社会分析鉴定理论、黑盒子鉴定模式、职能鉴定法等。在国外的研究文献中，除了对档案鉴定理论的描述外，不少档案学者的著作主要是对档案鉴定理论的反思，如理查德·考克斯(Richard J. Cox)①、路易斯安娜·杜兰蒂(Luciana Duranti)②、安·甘兰德(Ann J. Gilliland)③。此外，还有莱德纳·约翰(Ridener John)④、特里·库克(Terry Cook)⑤对档案范式的演变过程的分析。具体来看，国外的研究现状如下：

一是对电子文件鉴定方法、模式等的研究。Myoung Hun Kim⑥分析了澳大利亚的整体政府职能分析、英国的收集与鉴定策略、德国的协作鉴定以及加拿大的宏观鉴定战略，旨在建立档案鉴定制度的基础，以及协调好电子文件的第一价值和第二价值。Jim Suderman⑦认为档案工作者是塑造人类记忆积极主动的参与者，他

① Cox R J. No Innocent Deposits: Forming Archives by Rethinking Appraisal[M]. Scarecrow Press, 2004.

② Duranti L. Archives as a place[J]. Archives & Manuscripts, 1996, 24(2): 242-255.

③ Brown Caroline. Archives and Recordkeeping: Theory into Practice[M]. London, GB: Facet Publishing, 2014: 46-47

④ Ridener John. From Polders to Postmodernism: A Concise History of Archival Theory[M]. Duluth, US: Litwin Books LLC, 2009

⑤ Cook T. Evidence, memory, identity, and community: four shifting archival paradigms[J]. Archival Science, 2013, 13(2-3): 95-120.

⑥ Kim M H. A study on reconstructing archival appraisal regime of foreign countries in electronic record environments: focusing on archival appraisal strategies in a national point of views[J]. Journal of Information Management, 2008, 39(2): 95-130.

⑦ Suderman J . An accountability framework for archival appraisal [J]. Esarbica Journal Journal of the Eastern & Southern Africa Regional Branch of the International Council on Archives, 2004, 23(1): 51-61.

构建了一个档案鉴定的问责框架，并提出，任何问责制框架的一个重要组成部分，就是确定档案管理者的问责时间。Lin Su-Kan① 通过构建鉴定模型来研究电子文件的价值，发现社会因素、档案机构和电子文件生产者都影响着电子文件的价值鉴定，电子文件包含的信息是鉴定其价值的关键因素。

二是对档案鉴定参与模式的探讨。国外学者探讨了档案形成者参与档案鉴定的问题，有学者以澳大利亚文化人权文书为例，提出让档案形成者共同参与鉴定过程中②；Elisabet M. Nilsson③介绍了协同归档的原型实践，让用户群体共同参与到鉴定与归档过程中，旨在确保用户群体收集、存储和分享他们的记忆和文化遗产。

三是对档案鉴定理论与实践的反思。理查德·考克斯(Richard J. Cox)在其著作《没有纯真的收藏：对档案鉴定的反思》(*No Innocent Deposits*：*Forming Archives by Rethinking Appraisal*)中对过去的档案鉴定理论存在的问题进行了批判，如"档案工作者对档案职业的关键作用的展示不太热心，对于被赋予的选择档案文件的权力也不太热心，甚至不去相信或者不去思考他们的这种权力"；"为什么博物馆、美术馆、历史遗迹经常上演'文化战'，而看不到档案馆的'文化战'？"④

---

① Su-Kan L. A Study on the appraisal of archival values for electronic records[J]. Journal of Educational Media & Library Sciences，2010，48(2)：247-268.

② Iacovino L. Shaping and reshaping cultural identity and memory：Maximising human rights through a participatory archive [J]. Archives and Manuscripts，2015，43(1)：29-41.

③ Nilsson E M . Prototyping collaborative (co)-archiving practices：From archival appraisal to co-archival facilitation [C]// 2016 22nd International Conference on Virtual System & Multimedia(VSMM). IEEE，2016：313-316.

④ Cook，Terry. Book Review：No Innocent Deposits：Forming Archives by Rethinking Appraisal [J]. The American Archivist，Spring-Summer 2005，68(1)：164-16；特里·库克. 海外书评——《没有纯真的收藏》：对档案鉴定的反思[J]. 李音，译. 中国档案，2006(9)：56-57.

三是对影响因素的分析。档案价值鉴定是档案鉴定中最重要的内容。对档案鉴定的影响因素分析，主要见于国外的文章中。在众多影响因素中，档案本身是最重要的一个因素，加拿大档案学者路易斯安娜·杜兰蒂(Luciana Duranti)认为“档案学的核心是档案联系(archival bond)的概念，档案联系是指档案集合中每个文件与其他文件之间的关系，具有原始性——形成于文件创建之初、必要性——存在于每份文件中和决定性——由文件集合的文件的功能所赋予的。…… 档案必要和丰富的组成是介质、物理形式、逻辑形式、内容、背景、人物、行动和档案联系，在这些组成中，UBC(英属哥伦比亚大学)电子文件研究项目的目的中最为关键的是档案联系。”①库恩认为“科学绝不是游离于社会文化之外的孤立因素。”②档案鉴定同样受到社会各方面因素的影响，莱德纳·约翰(Ridener John)认为影响档案理论发展的因素是“范式”“技术”“历史学”。③ 范式因素是指这些理论是什么，以及如何和为什么改变。技术因素是指文件形成于不同的介质中，需要不同的鉴定、保管方法，因此形成了不同的鉴定理论。历史学因素是指档案理论，特别是鉴定理论来源于史料编纂。理查德·考克斯(Richard J. Cox)将档案鉴定理论的要素归结为12条鉴定原则：“(1)所有的记录对文件形成者和社会都有持续价值；(2)由于大量记录信息妨碍了信息价值的发挥，因此需要减少信息数量，也就引发了档案鉴定；(3)偶然的人为因素或者自然事件导致的文献资源的减少，会对文件形成者和社会造成伤害，如战争、火灾等事件；(4)即使错误的档案鉴定决策也比不鉴定保存或者不保存要好得多；(5)一套完善而通用的档案鉴定标准对档案工作是最重要的因素之一；(6)档案鉴定决策独立于文件形成者和其形成机构，并具有通用性；

① Duranti L. The archival bond [J]. Archives and Museum Informatics, 1997, 11(3-4): 213-218.

② 刘刚.《科学革命的结构》导读[M]. 成都：四川教育出版社，2002: 12.

③ Ridener John. From Polders to Postmodernism: A Concise History of Archival Theory[M]. Duluth, US: Litwin Books LLC, 2009.

(7)鉴定的最基本内容是判定文件与机构的目的和功能的相关性；(8)在认真确定和经过检验的鉴定标准的基础上，应该使档案信息的数量有计划地减少；(9)档案鉴定的制定不应该基于不可预测的未来研究，而是应该基于可预先确定的当前机构和社会的显著重要的特征；(10)档案工作者必须重视来源于大众文化和其他来源的材料；(11)档案工作者应该在鉴定标准和理论的指导下积极介入收集过程；(12)档案鉴定的主要目的是记录个人、机构和社会。"①

四是结合具体案例对档案鉴定进行探讨。Flores Varela 等人②分析了省级历史档案馆在西班牙国家行政总局和自治区文献鉴定机制中的作用。调查内容包括鉴定委员会中是否存在省级历史档案馆，它们在鉴定文件过程中的地位。Sinn 等人③从档案形成到档案保存的整体角度来分析鉴定的作用。通过调查纽约州立档案馆的档案，了解档案管理员如何与文件形成者和管理者合作来鉴定纽约的历史文件，以此来强调档案管理人员在鉴定过程中的作用和责任。Kim Youseung④ 通过英国的案例分析探索适合数字时代的鉴定政策和指南。从政策的角度探讨了英国公共档案鉴定政策的变化，并对现行的英国公共档案鉴定体系进行了分析。在分析各种政策和指导

---

① Cox R J. The Documentation Strategy and Archival Appraisal Principles: A Different Perspective[J]. Archivaria, Fall 1994, 38: 11-36; 理查德·考克斯. 档案鉴定的不同视角: 文献战略和档案鉴定原则[J]. 郝建苹, 译. 北京档案, 2002(10): 34-36.

② Flores Varela Carlos. Provincial historical archives and documentary appraisal in spain[J]. Revista General De Informacion Y Documentacion, 2020, 30(1): 11-39.

③ Sinn Donghee. Records and archival appraisal from a holistic perspective: a case study of new york state archives[J]. Journal of Korean Society of Archives and Records Management, 2020, 20(1): 177-199.

④ Kim Youseung. A study on public records appraisal policies in the digital age: based on the case of the national archives in the UK[J]. The Korean Journal of Archival Studies. 2019: 5-39.

方针的基础上，讨论了通用的鉴定标准、60 项业务政策和鉴定过程。Rhee 等人①对美国国家档案馆的档案鉴定实践进行实证调查，旨在研究美国国家档案管理员如何定义档案鉴定概念以及如何对州政府档案进行鉴定。

1.2.3　对以往研究的评价

(1)理论性介绍较多，对档案鉴定理论缺乏深层次的分析。许多著作对档案鉴定理论的研究停留在对档案鉴定理论的介绍层面，并没有分析档案鉴定理论在不同地区、不同时代产生的原因。另外有些著作是对档案鉴定中涉及的问题，如为谁鉴定、由谁鉴定、如何鉴定、保管期限表的制定等进行了论述，但是这些论述仅限于对当前档案鉴定遇到的问题的分析，如鉴而不销、不考虑成本等问题，没有将档案鉴定理论与广阔的时代背景联系起来。

(2)已有的档案鉴定理论的规律值得商榷。傅荣校认为档案鉴定理论中史学影响的色彩在消退。实际上，在笔者的分析中，发现史学在档案鉴定理论中的影响并没有消退，而是一直在影响，比如社会分析的鉴定理论，是基于历史书写方式的改变而变化的。另外，还有“鉴定的实用主义功能目标反映越来越明显”②的规律。在笔者看来，鉴定的标准自始至终都是实用的，因为档案鉴定就是一项实实在在的工作，为档案鉴定所指定的标准也是以实用为目标的，只是实用所指向的方向不同而已。

(3)对档案鉴定理论的分析，缺乏对未来档案鉴定理论走向的指示功能。目前对档案鉴定理论的研究主要集中在理论介绍和实践经验分享，以及对一些档案鉴定理论的批判，这些研究并没有为未

---

① Rhee Hea Lim. Archival appraisal practice in U. S. state archives and records management programs[J]. Archival Science. 2016, 16(2): 167-194.

② 傅荣校. 档案鉴定理论与实践透视——基于效益和效率思路的研究[M]. 2007: 102-123.

来的档案鉴定理论走向指明一个出路。

1.3 相关概念的界定

1.3.1 档案鉴定

在中国，档案鉴定工作一般有两方面的含义“一方面是对档案真伪的鉴辨，另一方面是对档案保存价值的鉴定。”①国外的一些学者对档案鉴定的定义是“识别进馆资料的价值的过程”；“根据文件当前和潜在的价值，确定文件保管期限的过程”；“档案鉴定是决定文件是否有永久保存的价值的过程；鉴定可能存在收集、形成者、系列、案卷或者条目的各个层级；鉴定发生在捐赠之前、移交之前，或者收集之后。”②国外多强调档案鉴定的过程，或者说档案鉴定的方法及原则。为了档案鉴定的概念在国内外研究的统一性，本书选用“档案保存价值的鉴定”这种概念，即是对档案鉴定的理论、方法、原则、影响因素等方面进行探讨，不涉及对档案真伪的鉴辨，假定文件或者档案的内容都是真实的活动记录。

1.3.2 档案价值

马克思主义的价值学说把价值解释为主体与客体之间一系列关系的表现形式，档案价值是档案价值主体(档案利用者及其利用需求)与客体(各不同时代产生的各种类型、载体、内容的档案)之间的关系范畴。通俗来说，档案价值就是档案对国家、社会组织或个人的有用性。

① 王向明. 档案管理学原理[M]. 上海：上海大学出版社，2009.

② Pearce-Moses R, Baty L A. A Glossary of Archival and Records Terminology[M]. Chicago, IL: Society of American Archivists, 2005: 22-23.

1.3.3 档案历史联系

在英语中档案的历史联系为“Archival bond”①，其意思与中国的档案的历史联系是相同的。档案的历史联系是指在同一活动中档案内文件与其他文件的内部关系。产生于业务活动的文件之间具有自然的历史联系，在文件生成之时，它本身携带的与其他文件的联系已经存在。中国档案学者刘新安认为档案卷宗内的文件之间的历史关系是文件之间客观历史关系的反映。②

1.4 研究方法

1.4.1 研究策略

鉴于档案鉴定理论演化这一选题的特点，本书采取定性研究的方法，围绕档案鉴定理论及其发展规律这一主题，收集相关资料，包括国内外期刊论文、图书、会议论文、行业标准等一系列文献，并对这些文献进行分类，梳理档案鉴定的发展历程并分析影响因素，探究档案鉴定理论演化的规律。

1.4.2 研究方法的选择

1.4.2.1 文献研究法

文献研究法是指根据学术研究的主题和目的，通过调查相关文

① Pearce-Moses R, Baty L A. A Glossary of Archival and Records Terminology[M]. Chicago, IL: Society of American Archivists, 2005: 25.

② 刘新安. 档案物质实体的双重构成[J]. 档案学通讯, 2003(5): 10-14.

献获取资料，全面掌握拟研究问题的一种科学方法。文献研究法在本书中的应用体现在两个方面：一是在分析和研读相关文献的基础上，对中外档案鉴定相关的理论有全面和深入地了解，为后续研究准备坚实的理论基础；二是对目前国内外已有的、与档案学共同体相关的研究成果进行梳理和分析，以期对其有全面地把握，并在此基础上发现规律。本书运用文献研究的方法来研究档案的理论，目的就是为了理解档案鉴定理论是在历史的长河中如何发展的，理解过去熟悉的思想是如何形成的，如何弥补思想上的空缺，思考未来的新思想将从什么地方产生。这次对于詹金逊、谢伦伯格等理论的阐述并不是为了批判，而是为了调查。

1.4.2.2　比较分析法

对国内外档案鉴定理论和实践进行横向和纵向对比，比较不同时期的鉴定理论以及政治、文化等社会背景因素。确定哪些因素是可变因素，哪些因素是不可变因素，找到那些不受人的意志和环境影响的内在规律。

1.4.2.3　系统研究法

用系统论的方法研究档案鉴定理论中各种因素间的相互作用关系，从而构建出档案鉴定理论发展趋势模型，并且根据模型推断出未来档案鉴定理论发展趋势。系统研究方法有助于揭示档案鉴定理论研究的问题起因和本质，帮助笔者在档案鉴定理论面临的复杂的问题和环境中做出抉择。

1.5　主要研究内容及逻辑联系

1.5.1　主要研究内容

第一章：绪论。介绍文章的选题缘由及选题意义；通过对国内外档案鉴定相关文献的述评，阐述本书对档案鉴定理论规律的研究目标、研究方法、研究内容及文章逻辑框架，并说明本书创新点和研究难点。

第二章至第六章：主要介绍了历史上出现的档案鉴定理论：行政官员决定理论、双重价值鉴定理论、社会分析鉴定理论、黑盒子鉴定模型理论、宏观鉴定和文献战略理论。对它们的提出者和档案鉴定理论提出的时代背景做一个较为全面的介绍，并对档案鉴定理论的中心思想进行分析，最后比较同一时期中国的档案鉴定思想和实践。

第七章：规律一：变革——档案鉴定理论符合范式转变规律。首先对库恩的范式概念进行一个简短的介绍，然后根据档案鉴定理论发展过程中呈现出来的特点与范式理论进行匹配，阐述了基于“证据”的档案鉴定理论范式、基于“利用”的档案鉴定理论范式、基于“社会分析”的档案鉴定理论范式、基于“定量”的档案鉴定理论范式、基于“职能”的档案鉴定理论范式的转化过程，并提出了当前档案鉴定理论范式面对的危机。

第八章：规律二：跨界——档案鉴定理论的影响因素分析。档案鉴定理论变化是由于当时的社会背景、信息技术和历史书写方法的变化引起的，分析了不同鉴定理论时期的三个影响因素的特征，为构建档案鉴定理论发展趋势模型奠定基础。

第九章：规律三：波动——档案鉴定理论的主观性和客观性变化。档案鉴定理论的发展过程是一个主观性与客观性交替变化的过程，文章介绍了不同档案鉴定理论中主观性和客观性的偏向。

第十章：规律四：推动——档案鉴定理论是实践部门的产物。通过对第二章至第六章中档案鉴定理论提出者的职业分析，国外档案鉴定理论发展的推动者是来自实践部门的档案工作者。笔者通过对中国档案鉴定著作、期刊论文、会议论文的分析，笔者发现在对档案鉴定的原则、标准、实施方法等系统性的论述方面是高校学者比较多，而在实践中对档案鉴定存在的问题、解决办法等方面是实际部门的档案工作者论述较多。针对中国的情况，笔者为以后档案研究提出了参考建议。

第十一章：档案鉴定理论发展趋势模型。本章在前面得出的四个规律的基础上构建了一个动态的档案鉴定理论发展趋势模型，并对其进行解释。

第十二章：根据当代的社会背景——互联网+、社交媒体、后真相时代，信息技术——大数据、人工智能、区块链技术，历史书写方法——新历史主义思潮三个因素，得出未来档案鉴定理论范式是基于“历史构建”的档案鉴定理论范式。

1.5.2　研究的逻辑联系

本书是在档案鉴定理论的基础上进行归纳总结档案鉴定理论发展的规律，进而构建档案鉴定理论发展趋势模型，因此，本书的研究逻辑共分三个部分：

第一部分为上篇，介绍档案鉴定理论，包括第二章至第六章；第二部分为中篇，归纳档案鉴定理论演化规律，包括第七章至第十章；第三部分为下篇，构建档案鉴定理论发展趋势模型并预测未来档案鉴定理论范式，包括第十一章和第十二章。全文的逻辑框架图如图 1-3 所示：

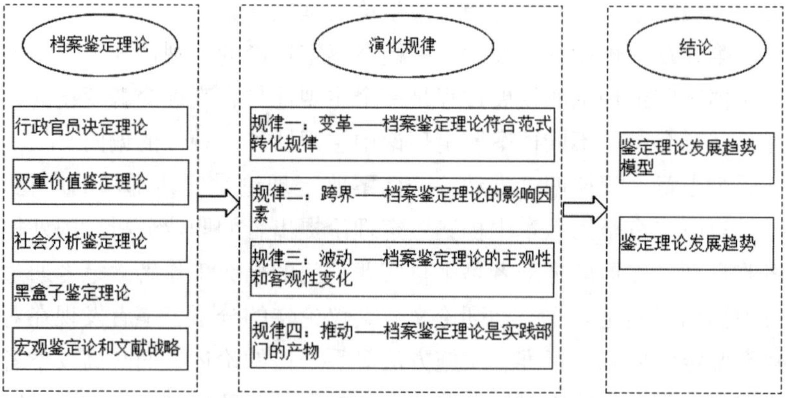

图 1-3　论文研究逻辑图

1.6 创新之处及存在的困难

1.6.1 创新之处

(1)研究视角的创新，本书不再沉湎于对档案鉴定理论演化的历史回顾和陈述，而是在回顾的基础上，利用已确认的历史事实，通过分析每个时期档案鉴定理论的影响因素，来探究决定档案鉴定理论演化的规律，寄期望完成对档案鉴定理论演化认识的一次升华。

(2)理论的创新。根据文章找到的档案鉴定理论演化规律，构建一个动态的档案鉴定理论体系，将其纳入基础理论研究，拓展档案学理论空间。

1.6.2 存在的困难

在文献回顾中，对档案鉴定理论规律发展进行深层次挖掘的研究比较少，并且发展规律不成体系，对未来档案鉴定理论发展的趋势研究还不够充分，最困难的是找到推动演化的规律，并且按照这个规律来构建一个新的档案鉴定理论体系更为困难。

上　篇

鉴定理论

第2章　行政官员决定理论

2.1　希拉里·詹金逊其人

希拉里·詹金逊(Hilary Jenkenson)出生于1882年11月1日，英国伦敦南部城市斯特里特姆。詹金逊是一个房地产经纪人的儿子，他在德威学院和剑桥大学彭布罗克学院接受教育，1904年以一等生荣誉获得古典文学专业学位。1906年，他开始就职于伦敦公共文件署，主要从事中世纪文件分类工作。直到1954年詹金逊退休，他一直在政府部门工作了48年。在第一次世界大战期间，他加入皇家驻军炮兵，并于1916—1918年在法国和比利时服役，随后在战争办公室工作，直至1920年。1920年后，他回到公共文件署，重组了文件保护部门和后来的档案保管机构。1938年，他被任命为秘书长和首席助理保管员，1947年被任命为副代理(首席执行官)，直至他退休(1954年)。①

詹金逊不满足于作为政府的一名行政人员，他通过多种职业方式在档案专业中获取机会。这些方式包括1920—1925年在伦敦大学学院的图书馆学专业教授古文书学和档案学课程，1920—1947

① Hilary Jenkinson [EB/OL]. [2016-09-11]. http://medlibrary.org/medwiki/Hilary_Jenkinson#cite_note-ODNB-1.

年在伦敦大学国王学院教授历史文献学和档案学，并在此期间撰写了一系列书籍，其中包括《档案管理手册》(1922 年和 1937 年的再版)①。

在詹金逊的早期职业生涯中，他是萨里考古学会(Surrey Archaeological Society)的荣誉秘书长，并于 1912 年组织筹备成立了萨里文件协会(Surrey Record Society)。1932 年，詹金逊组织筹备了英国文件协会(British Records Association)，1932—1947 年担任其联合名誉秘书长，1954—1961 年担任英国文件协会副主席，1955—1961 年担任英国档案工作者协会的主席。②

《档案管理手册》是詹金逊受卡耐基国际和平基金会的资助，用来建立战后文件保存方法的一部著作。③ 第一次世界大战产生的文件数量超过了以前任何时期，由于战争时期的特殊环境，许多部门是临时产生的，文件产生的环境和数量与《荷兰手册》中所描述的非常不同。由于战争期间临时的军事和政府配置，詹金逊处理的战争档案不仅仅有文书档案、财务档案，还包括战略、设备文件，这些文件的产生与现代化的机械化生产有一定的关联。战争时期形成的档案，如果不及时处理，很容易丢失、损坏或者被故意销毁，并且文件产生的背景联系也很容易丢失，这些情况在《荷兰手册》及以前的档案理论中均没有涉及。《荷兰手册》中的关注点是档案的整理和著录，《荷兰手册》所处的环境是一个档案慢慢形成积累的时代。詹金逊没有足够的时间按照《荷兰手册》中的理论保存、整理第一次世界大战中产生的文件和档案。英国等其他国家也没有类似的经验。因此在这个理论和实践的空白时期，需要詹金逊同一时代的档案工作者建立一个新的范式，填补以前的范式和他目前职

① Ridener John. From Polders to Postmodernism: A Concise History of Archival Theory[M]. Duluth, US: Litwin Books LLC, 2009: 48.

② Hilary Jenkinson [EB/OL]. [2016-09-11]. http://medlibrary.org/medwiki/Hilary_Jenkinson#cite_note-ODNB-1.

③ Eastwood T. E. Introduction to 2003 Reissue[M]// R H Ellis, P Walne, Eds. Selected Writings of Sir Hilary Jenkinson. Chicago: Society of American Archivists, 2003: vii-xx.

业所需要的档案管理范式之间的空白。

詹金逊的《档案管理手册》正是填补这一空白时期的集理论和实践于一体的著作。詹金逊的《档案管理手册》是第一部正式出版的英语语言的档案理论著作，得到了广泛的传播。虽然许多档案理论来源于穆勒、斐斯、福罗英三人所著的《荷兰手册》，如档案的整理和著录原则，但是詹金逊提高了《荷兰手册》的实践指导原则，作了进一步的解释，并对界限进行了描述，使英国档案工作由低水平的行政工作转变成具有高度职业化的严谨工作。詹金逊也成为同时代最有影响力的档案工作者。

2.2　时代背景

1922 年希拉里 · 詹金逊（Hilary Jenkenson）所著的 *A Manual of Archive Administration Including the Problems of War Archives and Archives Making*（《档案管理手册——包括战争档案和档案形成中的问题》）出版，这本书是以战争档案为契机探讨 20 世纪 20 年代档案管理问题的一部划时代著作。1914—1918 年的第一次世界大战是帝国主义国家争夺世界霸权和殖民地战争。英国在 17—19 世纪建立了大量的殖民地，由此也成为第一次世界大战的主参与方。战争时代产生的公共文书和私人文书要比平时产生的数量多得多，20 世纪初期至 20 世纪 20 年代，是英国第一次世界大战后重建的 10 年，因此 1922 年出版的《档案管理手册》正是时代变化的反映，詹金逊的一些鉴定思想也具有深深的时代烙印。

社会结构的变化对詹金逊鉴定思想产生了一定影响。18—19 世纪的英国工业革命使英国社会结构发生了重大变革，这次技术革新导致了城市特权的产生，城市特权包括租地法、财政自主和司法自主三个方面。租地法保障房主有权自由买卖城市土地；财政自主是指市民每年缴纳固定的税金给国王或者贵族外，其他财务由市民自由支配；司法自主的内涵是城市市民具有选择自己城市官员的权利和司法自主权，并可以按照自己的习惯决定城市范围内的事务。① 这些特权主要集中表现在国家对私有财产的保护，私有财产是神圣不可侵犯的，国家立法规定政府应当保护私有财产。基于整个社会大背景，档案在形成之初，是行政官员为了处理具体事务而形成的文件，这些文件在进入档案馆之前，是属于行政官员部门机构所有，档案管理人员无权并且也没有能力对文件的形成部门进行文件选择上的干涉。因此，詹金逊认为"档案应该由行政官员来进行选择，档案工作者的主要职责是保管馆藏档案"，詹金逊一直强调"档案形成者形成档案，主要是为了本机关服务，其次才是为未来的历史学家和研究者利用服务，这两者永远不能颠倒。"②这与城市特权中城市自治的思想是相符合的，行政部门按照自己的习惯处理事务(包括档案选择问题)，并且按照自己对档案重要性的理解，保管与行政职能或者个人相关的档案。

第一次世界大战期间，英国社会还发生了一件十分意想不到的事情。战争的爆发，导致国家产生对工人和后方补给的强大依赖。"战争爆发不久，即有 250 万英国人开赴前线，其中绝大多数是工人。其后随着战事的进展，又有大批工人投入战场。为保证有充分的人力在前线和后方进行战斗和生产，英国政府向工会做出了承诺，答应在战后保证给予非技术工人的充分政治权利。"③工人们在战争时期表现出来的重要性，使英国整个社会都意识到工人们在国家建设中的重要作用，因此赋予了年满 21 岁的成年男性公民选举权。在同一时期，英国妇女在战时工作中的地位和重要性也日益明显，她们不是被强制征集来从事战时工作的，而是大多数人自愿地为国效力。据统计"到 1918 年 7 月，英国就业妇女总数已达 830 万人，比 1914 年净增 235 万人。"④国家和社会对于妇女们对战时国

① 钱乘旦，陈晓律．英国文化模式溯源[M]．上海：上海社会科学院出版社，2003：58-59.

② Jenkinson H. A Manual of Archive Administration Including the Problems of War Archives and Archive Making[M]. Clarendon Press, 1922: 15.

③ 高岱．英国通史纲要[M]．合肥：安徽人民出版社，2002：364.

④ 高岱．英国通史纲要[M]．合肥：安徽人民出版社，2002：364.

家的贡献有目共睹，因此，对她们的参政要求也更加支持和理解。“1918 年 1 月，英国议会通过了一个新的选举权法案，根据这一法案，‘成年男子的普选权’基本上得到实现，年满 30 岁的英国妇女也获得了选举权。同年 11 月，议会又通过了一个法案，允许英国妇女成为议员。这样，英国的选民从 800 万增加到了 2100 万，其中包括 600 万妇女。”①第一次世界大战为英国的民主铺平了道路，也为世界各国民主化建立了典范。具有选举权的英国群众渴望参与到快速发展的政治变化中来，在 1922 年选举了工党作为第一届国家政府领导组织。公民权利的变化带来了对政府和文件管理的新期望。而政府的新职责包括对市民的责任和扩展的权利的维护，政府期望能够以政府文件的形式保护这些权利。这些背景同詹金逊之前的时代是不同的，原来的档案管理理论并不适用于这个战后的新环境。

历史书写方法正在改变。战争对英国人民的创伤是巨大的，战后人们对政府缺乏信任的思想正在蔓延。过去的主流意识形态是书写历史要完全遵循历史客观的价值，战后也被主流媒体和群众质疑，但是许多英国历史学家仍然忠实的维护他们工作中的客观性。当时许多历史学家的研究兴趣点在中世纪和当地的历史，这对当时的群众运动和战后文化加强的论证来说是比较少见的主题。从这一点上来看，这些历史学家对他们工作中客观性的保证变得较不顽强，并且更惺惺相惜，历史学家们打算建立至少表面上看起来不混乱的社会秩序。②

技术创新促进了科学和工业创新的快速发展。固定翼式飞机和坦克第一次在战场上使用。潜水艇和无线通信也在战场上发挥了重大作用。军事技术也逐步应用到民用生活当中，电话的使用动摇了在通信中地理位置的重要性，打字机使用的增加也带来了书写方式的改变，导致詹金逊时代的政府文件数量大幅度增长。机器打印文

① 高岱. 英国通史纲要[M]. 合肥：安徽人民出版社，2002：364-365.

② Ridener John. From Polders to Postmodernism：A Concise History of Archival Theory[M]. Duluth，US：Litwin Books LLC，2009：44-47.

本使每天文件产生的数量在增加，也快速形成了很多复制文件。通信技术的创新带来了手写文件和档案利用的重大变化。

2.3　行政官员决定理论的内涵

2.3.1　档案工作者选择文件时想要完成的目标

詹金逊在《档案管理手册——包括战争档案和档案形成中的问题》第一部分的第二节"什么是档案"中提到，1914 年英国和德国的关系破裂，那些未来的被要求撰写第一次世界大战历史事实的历史学家将会从办公室的各种备忘录包含的信息中着手工作，实际上这些是当时各公共部门的书面信息。这些历史学家发现，他们可以从外交部保存的各个时期各国的国际条约的副本集合、驻外大使和国务卿之间的信函往来中得到大概的情形。海军和战争办公室在准备一个可能的战争时会成立一个筹备组，形成一系列的报告、命令和备忘录；当时的警务安排也会通过内政部的文件研究揭示出来。这些机构以及类似的机构保存的档案显然是战争爆发历史事实的再现。这些档案是战争相关机构组织和执行部门的真实材料。后来的历史学家为了他们自己写作的目的检验、解释、分析和整理这些材料。这些著作无主观臆断的猜测，只是通过相关机构中保存的真实事件产生的材料形成的简单的、真实的记录。詹金逊认为档案工作者拥有的档案是机关在过去业务办理过程中真正留存下来的文件材料，并且是被业务机关保存与自己职能有关的材料，这些材料是第一手的证据，因为它们是事件中的一部分。如果有足够的留存下来的第一手的证据，历史学家就能够利用这些材料描绘出一个真实的历史事实，历史学家对这些文件的意义也是很满意的。① 在这里詹

① Jenkinson H. A Manual of Archive Administration Including the Problems of War Archives and Archive Making[M]. Clarendon Press, 1922: 2-3.

金逊认为档案就是历史学家书写历史的工具。这一小节中，詹金逊多次提到档案文件的公平公正和真实性，并且多次提到历史学家基于这种无偏见和真实的历史材料，撰写的历史才是真实客观的，是历史事实的再现。詹金逊的档案鉴定理论是将文件的公平公正和真实性作为档案材料的两个基本特点。

詹金逊在对档案工作者的职责界定时明确强调档案工作者的主要职责是保管本单位的档案，其次才是为历史学者或者其他研究者尽自己可能提供利用需求；主要职责和次要职责一定不能逆转。①

詹金逊并不排斥档案为未来历史学家所用，但是他坚决反对为了历史研究的目的而保存档案。因为他认为历史学家的思想是不确定的，因此不能以历史学家的爱好为导向来选择要保存的档案。他一直强调的是保持档案的无偏见性。

2.3.2　档案工作者选择文件的时机

詹金逊强调档案不是搜集物，他希望将“搜集”这个词汇从档案工作者中去掉，因为档案不是为了某个目的搜集而来的，这个目的有可能是为了未来的研究，也有可能是证明某个观点或者理论。詹金逊在其著作中多次强调成为档案的文件是自然汇合在一起的，档案中文件的最终排列顺序是一个自然的过程，就如同一头动物或一棵树，整个有机体中的每个部分都有它自身的意义和联系。档案中的单独一份文件能够告诉后人的信息比它在档案组合中告诉人们的信息要多得多。② 因此档案工作者为了保存档案原有的质量，不能破坏档案文件之间的自然形成的形态和联系，也就是不能参与到档案的选择中来。詹金逊为了保证档案的原来面貌，他将档案工作

① Jenkinson H. A Manual of Archive Administration Including the Problems of War Archives and Archive Making[M]. Clarendon Press, 1922: 15.

② Schellenberg T R. Modern Archives: Principles & Techniques [M]. Chicago: Society of American Archivists, 2003: 18; 谢伦伯格著. 现代档案：原则与技术[M]. 黄坤坊，译. 北京：档案出版社，1983: 25.

者定义为档案保管者，是被动的档案接收者，坚决反对档案工作者参与鉴定工作。

2.4 同一时期中国的档案鉴定工作

20世纪30年代，“文书档案改革运动”的开展，催生了中国档案教育，在这一过程中档案鉴定也得到了重视，在论述20世纪30年代中国档案学思想时，本书选取当时在中国有影响力的13本档案学著作进行分析。它们是：徐望之先生的《公牍通论》(1931年)、陈国琛先生的《文书之简化与管理》、许同莘先生的《公牍学史》、周连宽先生的《公文处理法》(1935年)、《档案管理法》(1947年)、程长源先生的《县政府档案管理法》(1936年)、何鲁成先生的《档案管理与整理》(1938年)、龙兆佛先生的《档案管理法》(1940年)、梁上燕先生的《县政府公文处理与档案管理》(1942年)、傅振伦、龙兆佛先生的《公文档案管理法》(1946年)、黄彝仲先生的《档案管理之理论与实际》(1947年)、秦翰才先生的《档案科学管理法》(1947年)、殷钟麒先生的《中国档案管理新论》(1943年)。其中徐望之先生的《公牍通论》(1931年)、陈国琛先生的《文书之简化与管理》、许同莘先生的《公牍学史》、周连宽先生的《公文处理法》(1935年)是以文书学为主，对档案的管理方法阐述不多；周连宽先生的《档案管理法》(1947年)、程长源先生的《县政府档案管理法》(1936年)、何鲁成先生的《档案管理与整理》(1938年)、龙兆佛先生的《档案管理法》(1940年)、梁上燕先生的《县政府公文处理与档案管理》(1942年)、傅振伦与龙兆佛先生的《公文档案管理法》(1946年)、黄彝仲先生的《档案管理之理论与实际》(1947年)、秦翰才先生的《档案科学管理法》(1947年)、殷钟麒先生的《中国档案管理新论》(1943年)，这些著作以档案管理为主，对民国时期档案的整理、鉴定有了系统的阐述。目前得到广泛认同的是著名历史学家徐中舒先生1934年将“档案鉴定”一词最早应用于档案工作中，在那个年代，中国已经保存了数量巨多的档案，重要的档案和不重要的档案一起保存，但是当时中国档案保存条件有限，保存设备不完备，造成了许多重要档案的毁灭，徐中舒先生建议这些档案经过多数学者鉴定后，选择重要的档案进行保存。① 在随后的一些民国著作中可见档案鉴定的身影。下面将从档案鉴定的原则、鉴定的方法、鉴定的人员来阐述。

2.4.1　档案鉴定的原则

从时间上看，程长源在 1936 年其所著的《县政府档案管理法》一书是对档案鉴定的原则阐述最早的，在《县政府档案管理法》中认为销毁与保存均不能以绝对的年限来规定，“至何者重要，何者不重要，也很难具体说明，不过办稿的人或管卷员都可在事态上看出，总以涉及经费司法数方面的为最重要。”②在鉴定方面，程长源虽然没有提出具体的鉴定方法，但是他在鉴定思想上给予了指导，那就是倾向于保存司法、财政的文件。梁上燕(1942 年)认为档案的清理仅包括存和毁两方面。但是哪些档案需要保存，哪些档案应销毁，一定要经过仔细谨慎的鉴定。③ 他提出了一些存和毁的原则，这些原则相比之前的程长源和龙兆佛，更具体，操作性更强，例如针对哪些文件应该予以保留：“(1)有文献价值者：档案中有些虽失时效，而内容有关地方文献，及有重大历史价值者，应保存。(2)法令规定者：档案中，有不少与当前行政工作，无丝毫关系，如票照之类，但法令规定，要保存之年限未满，亦应保存。(3)悬案未决者：凡司法、行政卷宗，有关本案未决的各件，纵无

① 徐中舒.“中央研究院”历史语言研究所所藏档案的分析[J]. 中国近代经济史研究集刊，1934，2(2)；参见李财富. 中国档案学史[D]. 中国人民大学，2002：27；陈忠海. 档案鉴定的理论与实践[M]. 北京：中国档案出版社，1999：10.

② 程长源.县政府档案管理法[M]//档案经典著作，第二卷，上海：世界图书出版公司，2013：67.

③ 梁上燕.县政府公文处理与档案管理[M]//档案经典著作，第二卷，上海：世界图书出版公司，2013：450-451.

重要价值，亦应保存。(4)效用未失者：案件未失时效，为处理行政事务所必要，不能废弃。(5)其他应存案卷：鉴定者除依上方原则鉴定保存外，如发现特殊事项之案卷，有保存的价值的，亦应保存。”可以销毁的案件，应具有以下原因：“(1)平凡久远者：平凡的公牍，如核准请假，呈报到职，此种平凡公牍，又属年代久远，无保存价值，应予废弃。(2)失却时效者，凡公牍案卷，失却时效，与现行政务关系已绝，应予废弃。(3)虫蚀破烂者：案卷中年代久远，保存不好，经虫鼠咬破，或霉烂而又不能鉴别其性质，已无价值者，应予废弃。”①黄彝仲的《档案管理之理论与实际》(1947年)②与前面几位先生的著作相比，在档案鉴定原则方面具有两个明显的不同之处，第一是关于档案价值的讨论，他认为档案的主要价值是对形成单位的参考价值，而档案的其他价值如供后代研究和编纂只是档案的用途之一。③ 在这一观点上，黄彝仲与英国的詹金逊所持的观点一致，也就是档案的主要价值是为形成单位服务，在鉴定时做主要参考，对于其他的价值如对历史学家和其他社会利用者的价值，则应当次要考虑。第二，虽然黄彝仲认为档案的鉴定首要考虑的是对本机关的参考价值，档案对现阶段的价值是办理公务的根据和参考，但是在鉴定时也将档案的史料价值予以考虑，他明确提出了有些档案形成者认为无用的档案，史料编纂机关和历史学家及研究者则认为具有参考价值，这一类型的档案不能销毁。

2.4.2 档案鉴定的人员组成

程长源的《县政府档案管理法》也是20世纪30年代最早阐述档案鉴定人员的文献，鉴定人员主要是“办稿的人或者管卷员”也

---

① 梁上燕．县政府公文处理与档案管理[M]//档案经典著作，第二卷，上海：世界图书出版公司，2013：450.

② 黄彝仲. 档案管理之理论与实际[M]//档案经典著作，第二卷，上海：世界图书出版公司，2013：527.

③ 黄彝仲. 档案管理之理论与实际[M]//档案经典著作，第二卷，上海：世界图书出版公司，2013：527.

就是我们通俗说法中的机关的文件形成者或档案工作者。随后，1940 年，龙兆佛先生的《档案管理法》出版，对档案鉴定人员的组成进行了变动，龙兆佛认为确定哪些文件重要或者不重要须多征求办案人员的意见，才可确定取消(销毁)的标准，对于清理(鉴定)的责任"则不能由管理档案的人员独负之，必须另外有一个组织，担负清理的责任，此种组织宜采用委员制，由各主办部门派员会同组织之，定名为档案清理委员会。"①梁上燕在 1942 年出版的《县政府公文处理与档案管理》也指出组织临时委员会负责清理工作，临时委员会由县政府各科室主管、县临时参议会人员、对地方关心且有研究兴趣的人组成。② 中国档案学者在 20 世纪三四十年代对档案的销毁工作非常重视，其鉴定人员不是英国的詹金逊所提倡的由行政官员来决定，也不是后来美国档案工作者谢伦伯格提倡的由档案人员来最终决定档案的留存问题，而是由档案工作者和各业务部门人员共同组成一个档案清理委员会，并且将清理委员会定为常设组织，这种做法在当时乃至现在都是非常实用的方法。

2.4.3　档案鉴定的方法

对于清理的方法，梁上燕(1942 年)认为，工作的分配可以分为四个程序，一是编定存毁案卷目录，管卷员负责；二是审查，县政府科室人员编定存毁目录；三是由档案临时参议会派出人员及聘请人员、县长做最后审查，最后确定存毁的案卷；四是由县政府将最后确定销毁的文件，报省政府核准烧毁。关于清理的时间，不能过于延长，时间不宜超过半年。傅振伦、龙兆佛(1946 年)认为重要的档案应慎重保存，过时的或无历史意义的可及时销毁，在他们的著作《公文档案管理法》中又对档案鉴定工作进行了更为细致的

① 龙兆佛. 档案管理法[M]//档案经典著作，第二卷，上海：世界图书出版公司，2013：422.

② 梁上燕. 县政府公文处理与档案管理[M]//档案经典著作，第二卷，上海：世界图书出版公司，2013：450-451.

规定，并且对档案鉴定工作也更为重视，其主要贡献为将文卷保存年限进行了细分。文卷的保存年限分为“永久保存，二十年保存，十年保存，五年保存，一年保存五种。”①，每一种保存年限下详细列出了文件类型。黄彝仲(1947 年)认为档案鉴定的方式分为两种，一种是根据档案的保存期限——永久保存、十年期限、五年期限、三年期限、一年期限，保存期限已满时，即可提出销毁；另一种是销毁档案；这两种方法可根据不同的单位实情而定。同年，周连宽(1947 年)在其著作《档案管理法》中也将各机关的鉴定方法归为两种“一种为归档案件指保存年限，如某案保存一年，某案保存二年，某案保存十年等；另一种为不规定年数，只注明‘永久’、‘分期’等字样”②。规定年数，比较困难，缺乏合理的根据，因此将案件分为“永久保存”“长期保存”和“短期保存”三类。这一点与几十年后的美国的做法类似，说明当时在中国已经有先进的档案鉴定思想。

2.4.4　国内外档案鉴定思想比较

2.4.4.1　档案鉴定原则的趋同

20 世纪三四十年代中国档案鉴定原则呈现出从宏观到微观的变化趋势，在开始阶段，由于经验不足，只能从宏观上进行把控，如程长源认为哪些档案重要，哪些不重要，办稿的人或管卷员都可在事态上看出，总以涉及经费司法数方面的为最重要。随着“文书档案改革运动”的深化，全国各地对档案鉴定有了更多的经验，档案鉴定的原则也逐渐向微观演化，如后来梁上燕针对哪些文件应予以保留，哪些文件应该予以销毁，提出了更为具体可操作性的档案

① 傅振伦，龙兆佛．公文档案管理法［M］//档案经典著作，第二卷，上海：世界图书出版公司，2013：498-500.

② 周连宽. 档案管理法［M］//档案经典著作，第二卷，上海：世界图书出版公司，2013：614.

鉴定原则。

中国档案鉴定原则在当时与西方国家的档案鉴定原则是基本一致的，对档案价值的认识也基本是相同的，英国档案学家詹金逊认为档案鉴定主要是为了对文献形成单位服务，其后才是为历史学者或者其他研究者尽自己可能提供利用需求；在这一点上，中国档案学者黄彝仲持相同观点。黄彝仲认为档案的鉴定首要考虑的是对本机关的参考价值，档案对现阶段的价值是办理公务的根据和参考，但是在鉴定时也将档案的史料价值予以考虑，史料编纂机关和历史学家及研究者则认为具有参考价值的档案，也应予以保存。

2.4.4.2 中国档案鉴定人员组成的先进

詹金逊在对档案工作者的职责界定时明确强调档案工作者的主要职责是保管本单位的档案，档案的鉴定工作由形成单位的行政官员来决定，他认为档案是在业务活动中形成的记录，行政官员对于档案的价值和作用是最清楚的，档案人员不能参与档案的鉴定活动，如果有档案人员的参与，则会破坏档案证据的完整性。詹金逊反对档案人员任何形式的鉴定活动。在 20 世纪三四十年代的一些中国档案学者已经意识到由行政官员来决定档案的存毁问题存在着一定的弊端，行政官员只是从个人角度或者单位角度来考虑档案的存毁问题，而不能从社会或者整个机构来考虑，并且会存在一些行政官员为了个人利益故意销毁或者保存一些档案的现象；然而由管理档案的人员独自负责档案鉴定工作，也是不妥的，档案管理人员并没有参与到文件的实际形成过程中，对于业务活动中形成的文件缺乏完全的了解，因此决定形成一个档案清理委员会，这个清理委员会可以是临时的组织，也可以是长久存在组织，由档案管理人员、各科室主管人员，对地方关心并有研究文献兴趣的人组成，负责档案的鉴定工作。在今天看来，档案清理委员会是对詹金逊的行政官员决定论和谢伦伯格的由档案人员鉴定档案的一个折中办法，虽然当时还没有出现谢伦伯格的思想，这正说明中国档案的鉴定思想在 20 世纪三四十年代已经处于国际领先水平。但是，由于当时的国际和国内环境的影响，并没有在国际上发挥中国档案学界应有的影响力和号召力。

2.4.4.3　中国档案鉴定方法的优化

在档案价值和档案鉴定人员组成两方面的影响下，中国档案鉴定方法与西方档案鉴定方法相比具有一定的优越性。主要表现在：(1)鉴定方法更为谨慎。梁上燕(1942 年)工作的分配可以分为四个程序，一是编定存毁案卷目录；二是县政府科室审查；三是由档案临时参议会派出人员及聘请人员、县长做最后审查，确定最终存毁的案卷；四是将最后确定销毁的文件，报省政府核准烧毁。这些程序将档案管理人员、文件形成人员、文史编纂人员、上级领导机关均覆盖进去，在很大程度上避免了对档案的错误鉴定，并且考虑到了对档案当前的需要和对未来的需要。(2)对档案保管期限表的制定，在詹金逊时代，由于没有档案人员参与鉴定，行政官员不可能对档案的保管期限进行区分，只是将档案划分为保管和销毁两个状态；中国档案学者将档案管理人员编入鉴定委员会中，起到主导作用，在鉴定方法上划定保管期限表，无论是二十年、十年、五年、一年的划分，还是永久、长期、短期保存的划分，对于档案鉴定的实施提供了理论依据。中国档案鉴定方法也是从档案管理实践中探索出来的，但是与国际档案鉴定方法相比，具有一定的先进性和优越性。

2.5　小　　结

“行政官员决定理论”的提出者是任职于英国国家档案馆的希拉里·詹金逊，基础思想是：档案工作者不宜参与文件的鉴定和销毁，档案文件鉴定工作由行政官员来决定。詹金逊将档案馆定义为记忆的组成部分，强调档案“证据的神圣不可侵犯性”。这种观点的提出背景是第一次世界大战后产生了大量的文件，由于机器打印技术的发展，这些文件的数量比人们预期的要多得多，对档案的鉴定工作迫在眉睫。詹金逊在受命整理战后文件之前的主要工作是对中世纪档案的整理工作，詹金逊认为中世纪的档案和第一次世界大战后的文件都是在业务活动中产生的，行政官员最了解文件的价值，因此由行政官员决定档案的去存问题，档案工作者不参与鉴定。这一时期的中国档案鉴定原则与詹金逊的鉴定思想的趋同；在档案鉴定人员组成上具有一定的先进性，表现在建立档案清理委员会对档案进行鉴定；鉴定方法更为优化，表现在鉴定方法更为谨慎和制定了易于操作的档案保管期限表。

第3章　双重价值鉴定理论

3.1　西奥多·谢伦伯格其人

西奥多·谢伦伯格（Theodore R. Schellenberg）（1903.2.24—1970.1.14）是美国档案工作者和档案理论学家，1928年在堪萨斯大学获得历史学学士学位，随后在堪萨斯大学获得历史学硕士学位，在宾夕法尼亚大学获得历史学博士学位。他在美国国家档案馆成立的第二年1935年进入国家档案馆工作，直到1963年退休为止。1945—1948年，谢伦伯格任职于第二次世界大战的美国战时生产委员会，担任美国物价管理局的文件管理员。

1950—1956年谢伦伯格担任档案管理部主任，正是在这一期间，他对档案馆的旧文件进行了重新鉴定，他认为欧洲的档案学鉴定方法不完全适用于美国，应该从美国的实际情况出发，制定并实施适用于美国情况的一种对新文件的鉴定方法论，这种鉴定方法论体现在他在1956年所著的《现代档案——原则与技术》（*Modern Archives: Principles and Techniques*）一书中。谢伦伯格的工作经历与詹金逊的工作经历有些类似，都是在国家档案馆工作。

《现代档案——原则与技术》是谢伦伯格在澳大利亚讲学的讲稿修订而成。原书出版以后，在西方档案学界产生了广泛的影响，曾被译成德文、西班牙文出版，已经成为档案学界的“圣经”。

3.2　时代背景

谢伦伯格的档案鉴定理论出现在美国正处于一个社会、文化和历史变化的时代。由于罗斯福新政、第一次与第二次世界大战和后战争年代，美国的文件的数量呈指数增长。

第一次世界大战后，行政权力分化的局面逐渐形成，行政权力的分化导致了文件管理和控制的分化，造成大量文件复制件的出现。在权力集中阶段，档案保管机构时刻保持着控制能力的理性思想，档案工作者的主要关注点不在控制不必要的复制件。但是到了权利分化的时代，中央的权利对地方的约束没有以前那么大的影响力，地方机构保存档案主要是依据当地的特色和当地的需要进行选择，主要服务于那些最经常利用档案的用户。档案的保管很少是根据规章，而是根据个人的保管习惯，档案的整理也是根据当地的资源和需要进行处理。新技术的产生又导致了矛盾的加剧，在行政权力分化阶段档案工作者的主要任务之一则是控制文件的数量。20 世纪 30 年代，美国需要重新鉴定的政府文件的数量非常巨大，在这种时代背景下，美国国家档案馆于 1934 年成立。

另一个重要的原因就是 1933—1937 年美国实施的“罗斯福新政”。1929 年 10 月纽约股票交易所的崩溃开启了 20 世纪 30 年代的美国大危机，然后大危机席卷了整个世界的资本主义国家。1933 年 3 月 4 日，罗斯福宣誓就任美国总统，两天后，美国实施“银行休假令”，标志着新政开始。① 罗斯福新政是 20 世纪中叶美国联邦政府唯一影响国民生活的重要法令，包括“调整工业生产”“限制农业生产”、颁布“失业救济和以工代赈政策”、颁布“社会安全法”、

① 赵涛. 罗斯福新政：积极的反危机政策[M]. 北京：经济科学出版社，1999：26-27.

国会通过“全国劳动关系法(即瓦格纳法)”。[1] 这些法案在确保全国经济的复苏和人民生活的同时，也产生了从未预料到的前所未有的政府文件的扩增，并且也产生了新的和多形式的文件利用。罗斯福新政增加了政府对文件创造的需求和能力，而机器复印和打字机的广泛应用、文件的分散保管，共同产生了巨大数量的政府文件。

第二次世界大战后，美国社会处于一个科学技术价值增加的时代，空间技术的发展促进了科学教育和军事支持的新技术的发展。政府对科学技术的支持也达到了一个顶峰。美国从以工业为主的经济结构转化，劳动力开始向第三产业转移，科学技术的不断发展，使成本不断降低，又进一步促进了美国文化产业的发展。[2] 1946年世界上第一台计算机的诞生，为以后的信息技术发展奠定了基础，复印技术也已日益成熟。

这一时期出现了新的历史写作手法的作品，例如施莱辛格(1949年)的《生命中心》和丹尼尔·布尔斯廷(1953年)的《美国政治的天才》等。这些著作试图复制在20世纪二三十年代比较流行的相对主义，同时创造一个新的现代的道德历史的共识，反对共产主义，争取自由市场和自由民主。这种历史书写的巩固和道德主义，使档案的需求和利用发生了改变。[3] 这种改变表现为历史学家甚至不能把他了解的全部材料纳入他的叙述中，他会挑选一些认为有用的材料用于描述某一事件的某些方面，而不管其他方面。

美国国家档案工作者也对谢伦伯格思想的影响产生了一定影响。美国档案学家有关档案鉴定的理念在一定程度上受到欧洲档案鉴定观念的影响。美国最早探索档案鉴定理论的是20世纪40年代

① 赵涛. 罗斯福新政：积极的反危机政策[M]. 北京：经济科学出版社，1999：26-27.

② 张慧娟. 美国文化产业发展的历程及启示[J]. 中国党政干部论坛，2011(10)：29-31.

③ Ridener John. From Polders to Postmodernism：A Concise History of Archival Theory[M]. Duluth，US：Litwin Books LLC，2009：73.

的菲利普·布鲁克斯(Philip C. Brooks)，他认为“选择文件保存，需要考虑三种价值：一是文件产生单位的价值：评估文件产生单位在其业务执行时所具有的效用；二是行政历史的价值：探究文件形成单位的行政历史价值，是否能提供先前的行政惯例或程序，以提供后续行政人员参考；三是历史的价值：指文件中所涉及的人物、地点、时间、事件或业务等相关的信息，对各种研究可能具有的潜在效用。”①1944年同为国家档案馆工作人员的鲍尔(G. Philip Bauer)也提出了两项准则：“一是费用对于鉴定应该扮演的角色；二是档案的选择需基于日后使用的优先级的信息(prioritizing information)。”对于使用的优先性，鲍尔列出了四类档案：“一是可以供政府机关参考的；二是用以保护人民的权利的；三是学者研究迫切需要的；四是可满足谱系和古董兴趣研究者的。”②美国国家档案馆的工作人员为早期的鉴定做了很多贡献，但是谢伦伯格的一些著作成为最重要的部分，主要包括《现代档案——原则与技术》(1956年)、《档案管理》(1969年)，其中《现代档案——原则与技术》是最为经典作品。在该作品中，他提出了双重价值鉴定理论。

谢伦伯格将书命名为“现代档案”，为的是区分现代文件和档案以及它们的保管系统与中世纪和早期现代欧洲的保管方式。“现代”表现在许多不同的方面，如行政单位形成的档案的数量和质量、档案馆在国家和历史中承担的责任等。这种区别对档案鉴定及其方法有深刻的影响。

“鉴定”在“现代档案”管理中的作用是决定哪些文件应该被作为档案保管起来，“鉴定”作为一种功能被应用到收集档案决定之前。美国国家档案馆和谢伦伯格非常喜欢将国家档案馆和档案工作者的职责定位为政府有用的部门，他们的想法又与美国政府通过科

① 薛理桂. 档案收集与鉴定[M]. 台北：文华图书馆管理资讯股份有限公司，2012：56.

② 薛理桂. 档案收集与鉴定[M]. 台北：文华图书馆管理资讯股份有限公司，2012：64.

学办公的方法提高效率一致。

3.3　双重价值鉴定理论内涵

谢伦伯格结合美国当时档案管理的状况，认为英国的档案鉴定原则在美国并不适用，他提出了自己的档案价值判断原则，即公共文件具有两种价值，一种是对原形成机关的原始价值，另一种是对其他机关和非政府方面利用者的从属价值，简称为原始价值和从属价值或者第一价值和第二价值。

3.3.1　原始价值或者第一价值的内涵

(1)什么是原始价值或者第一价值

在谢伦伯格的《现代档案——原则与技术》一书中将文件的原始价值或第一价值定义为行政价值、法律价值和财务价值。

文件的行政价值是用以支持文件形成者日常持续进行的行政事务的价值。

文件的法律价值是与单位的法律证据、保障法律权利的价值。

文件的财务价值是指用以建立单位财务责任和可信度的价值。

(2)由谁来评定?

在文件双重价值鉴定理论中，文件的原始价值应由文书工作者和其他的机关行政人员负主要责任。因为机关行政官员保存文件是为了供行政、法律和财务方面的使用，因而倾向于根据这些方面评价文件的价值。

原始价值或者第一价值通常是短暂的价值，机关行政人员把文件保存到对机关的价值利用完毕为止，当这些文件的原始价值利用完毕时，机关行政人员必须处理这些文件，只有少数的文件具有长期或者永久的保存价值，大多数的原始价值会随着业务的完成而消失。

3.3.2 从属价值或者第二价值的内涵

(1)什么是从属价值或者第二价值

从属价值或者第二价值为文件可以用作其他的目的，这种价值是档案工作者所关注的。第二价值包括“证据价值”(Evidential)和“情报价值”(Informational)。判断证据价值的三个标准为：(1)每个部门在机构的组织层级中的位置，部门位置越高，部门文件成为档案的可能性越大；(2)每个部门在组织机构中的职能，部门的职能越接近组织的核心业务，文件成为档案的可能性越大；(3)履行职能的一些活动记录。① 谢伦伯格认为这里的“证据价值”与法律中用于法庭上的“证据”是不同的，这里的“证据”主要是用于历史学家记录机构的行政职能，而不是用于律师为了机构法律事务进行辩护的法律行为。

谢伦伯格将其他的价值归为“情报价值”，情报价值主要包括记录在文件中的认为重要的一些人物、事物，或者现象的信息。人包括个人及其单位；事物包括地点、建筑物、实物及其他事物；现象是发生与上述人或事有关，如某种情况、问题、活动、计划等。谢伦伯格认为档案工作者寻求文件的情报价值应该要识别出这些文件包含的各种各样的信息，同时这些重要的信息没有在其他地方被发现，并且可以被各种研究者用于不同类型的研究。谢伦伯格在没有任何现存的理论框架和可供参考的情况下，形成了自己的鉴定标准，这一点是很罕见的。②

(2)由谁来评定？

对于文件的从属价值的判断，则由档案工作者和文书工作者共同完成，由档案工作者承担最终的责任。文书工作者在判断文件是

① Schellenberg T R. Modern Archives: Principles & Techniques [M]. Chicago: Society of American Archivists, 2003: 139-160.

② Frank Boles . Selecting & Appraising Archives & Manuscripts [M]. Chicago: Society of American Archivists, 2005: 11-13.

否含有该机构形成、发展进行的系列活动的证据方面，可以提供有价值的信息。文书工作者和机关官员在行使自身职责的过程中，会积累大量的关于本机关及其产生的文件的知识，这些知识对于鉴定机关文件非常有用，但是由于工作原因，文书人员和机关官员可能更多的将关注点放在文件的原始价值方面，因此在制定档案长久保存政策方面，就需要档案工作者的参与，档案工作者是中立的一方，档案的证据性对该单位是有利的还是不利的，档案工作者是不予考虑的，他关心的是保存机构的全部重要证据。也就是说，档案工作者应该在文件的原始性用途完毕后，参与到对文件从属性价值的判断中来。

3.3.3 档案工作者选择文件时想要完成的目标

《现代档案——原则与技术》的第二章专门论述了“文件和档案的性质”。谢伦伯格认为档案的性质是由三个方面来决定的，前两个方面是主要因素。第一是与产生和积累文件材料的原因有关；第二是同材料的保存价值有关，这个保存价值除了能够供形成者利用外，还能够供其他单位和个人使用，也就是档案的文化上的价值；第三个方面，詹金逊认为是非常实质性的因素，但是在谢伦伯格看来，只是可以适当加以考虑，那就是“保管问题”。詹金逊认为，只有不间断的保管条件下，积累起来的文件才能称为档案。现代文件数量庞大，来源复杂，产生过程也是多种多样，无规律可循，谢伦伯格认为“任何追求‘始终一贯’、‘不间断保管’的企图都失去了意义。”①也就是说，不同时代，不同国家的档案工作者对文件的选择想要完成的目标是不同的，他们所考虑的是如何选择能够适用于他所在单位需要的材料。谢伦伯格认为档案工作者选择文件时，“应该是着眼于某一机构的职能和组织，而不是着眼于内

① Schellenberg T R. Modern Archives: Principles & Techniques[M]. Chicago: Society of American Archivists, 2003: 13-15；谢伦伯格著. 现代档案：原则与技术[M]. 黄坤坊，译. 北京：档案出版社，1983：18-20.

容主题。"①在评价或者鉴定某份机构所产生的文件材料时，档案工作者并不会在单件的基础上对其进行评价，不会就个别的一份报告、请示等其他某种材料单件，说它有或者没有价值，要联系其他材料，譬如说请示的回复、报告的相关证明材料，要联系到产生该材料的活动的全部文献证据，才可判断出这份单件的价值。因此，档案鉴定工作总是一卷一卷，而不是一件一件的选择准备保存的文件。

文件双重价值鉴定理论认为档案工作者在选择文件时，想要完成的目标有两个，一个是希望保存的文件能够反映文件产生机构的历史渊源、组织机构的发展情况、制定的计划、规章制度、行使的职责等能显示机构发生过的活动细节。另一个是保存某些因具有情报性内容而可能对经济性或社会性研究工作非常有用的文件。②

3.3.4　档案工作者选择文件的时机

谢伦伯格专门就文书工作者和档案工作者在鉴定方面进行了专门的论述。在论述两者档案鉴定职责之前，谢伦伯格明确地指出档案具有两种价值，即"原始价值和从属价值。"③文件工作者和其他的机关官员主要对文件的原始价值负主要鉴定责任，因为文件工作者和机关官员是为了现行机关的行政、法律和财务方面的使用而保存文件，所以，对文件的原始价值的判断，文书工作者和机关官员最有话语权。

在这里，谢伦伯格与詹金逊持相同的观点，那就是档案机构不从事档案材料的搜集工作，他认为档案馆是接收单位，档案馆是为了保存它所服务的主体而成立的，在正常情况下，一个档案馆的来源只有一个，即它所服务的主体，包括政府、机构、企业或个人。

① 谢伦伯格著. 现代档案：原则与技术[M]. 黄坤坊，译. 北京：档案出版社，1983：27-28.

② 谢伦伯格著. 现代档案：原则与技术[M]. 黄坤坊，译. 北京：档案出版社，1983：28.

③ 谢伦伯格著. 现代档案：原则与技术[M]. 黄坤坊，译. 北京：档案出版社，1983：36.

谢伦伯格以价值为基础形成了他的鉴定思想，这也就是后来人们常说的“文件双重价值论”，他将文件根据“第一价值”(Primary)和“第二价值”(Secondary)分为两种类型。他定义第一价值主要为对文件形成者的价值，主要包括法律的、财政的和行政价值的。文件只有行使完第一价值才能变为档案。

3.4　同一时期中国的档案鉴定工作

这一时期，被诸多中国档案学称为“发展时期的中国档案学”。1952 年中国人民大学成立了专修科档案班和档案教研室，1953 年改为中国人民大学档案专修科，1954 年国家档案局成立，1955 年中国人民大学成立历史档案系，增设档案学专业本科，学制 4 ~5 年，研究生学制 2 年。在这一时期内，中国初步建立了档案学的理论与学科体系，借鉴苏联档案学的经验，中国档案学人编写了中华人民共和国第一批具有重要影响力的档案学著作，如档案史教研室编写的《中国档案史教学大纲》及其系列丛书、档案学教研室编写的《档案工作的理论与实践》、历史档案系编写的《档案学基础》《档案管理学》、技术档案管理学教研室编写的《技术档案管理学》等。这些著作综合反映了 20 世纪五六十年代中国现代档案学的研究水平，几乎涵盖了当时中国档案学的所有分支学科，其中不少书籍将档案鉴定作为一章进行论述，通过对这些著作的研读可以了解当时的档案鉴定原则和方法。

1952 年吴宝康先生从中共中央办公厅秘书处副处长任上调入中国人民大学，负责筹办档案专业，同年，周恩来总理亲自致电苏联有关方面，聘请苏联档案专家来中国人民大学讲学。1952—1955 年姆·斯·谢列滋涅夫在专修科档案班讲授苏联档案学，为中华人民共和国档案高等教育做出了重要历史贡献。① 从 1953 年第一期

① 中国人民大学信息资源管理学院院史展览[EB/OL]. [2016-11-12]. http://irm.ruc.edu.cn/dong.php? cid=6 & id=5138.

起，《档案工作》连续登载了苏联专家姆·斯·谢列滋涅夫在中国人民大学档案专修班“档案的组织与技术”这一课程的讲授提纲，包括《苏联档案史》(1953年第1期)、《苏联档案工作的理论与实践》(1953年第2期至第10期)。在《苏联档案工作的理论与实践》的第四讲中，论述了苏联国家档案馆即现行机关档案室中文件材料的科学鉴定问题，将文件材料的鉴定定义为“确定文件的科学与实际意义，是档案工作的理论与实践的最重要的问题之一。在档案馆(室)中应当保存那些具有科学价值的，能真正用于发展国民经济、科学和文化的，以及能用来研究与其他国家的相互关系的文件材料。”①鉴定的原则之一就是“要求具有丰富的知识和政治警惕性，这对于保证不犯错误很为重要。”在这一点上20世纪50年代的中国借鉴了苏联的鉴定原则，1962年由中国人民大学历史档案系技术档案管理学教研室编写的《技术档案管理学》一书中，就强调“若要搞好技术档案价值的鉴定工作，必须做到下列几点要求：第一，在技术档案价值鉴定工作中，必须坚决地贯彻执行以党的方针政策为纲的指导思想。我们保存档案是有其明确目的的，那就是利用档案来为无产阶级的政治、社会主义建设事业服务，因此，鉴别技术档案价值时，是以其反映科学实践的意义大小及其对社会主义事业是否有作用和作用大小来衡量的。”②

3.4.1　鉴定人员组成

苏联在20世纪50年代执行的鉴定文件材料的制度是：“唯有苏联内务部档案总管理局才有决定关于文件材料的政治、科学与实际意义的问题。因此文件之保存与否的问题就要由档案总管理局及其地方管理机关来决定。而且档案管理机关不仅负责保护国家档案

① 苏联档案工作的理论与实践(续)第四讲：苏联国家档案馆及现行机关档案室中文件材料的科学鉴定[J].档案工作，1953(4)：1-9.

② 中国人民大学历史档案系技术档案管理学教研室.技术档案管理学[M].北京：中国人民大学，1962：126.

馆中的文件材料，同时也负责保护现行文书处理部门的文件材料。”①苏联采用的是由档案管理局和地方管理机关对档案进行鉴定，并最终决定档案的留存问题，具体的鉴定工作由鉴定委员会进行。

中国在对鉴定人员的选择上采用了同样的策略，1960 年国务院批准的《技术档案室工作暂行通则》第十七条规定：“鉴定工作由技术档案室和有关机构组成鉴定小组进行。鉴定小组的成员是由技术档案室和各个有关的业务机构分别指派熟练的技术档案工作人员和技术人员参加，并且最好由本单位的领导人或指定有关的负责人直接领导。”②鉴定工作由鉴定小组进行，鉴定小组的成员，既包括档案工作人员，文书工作人员和技术人员，又有单位的领导参与，这样，就会最大限度地避免偏差和错误，提高鉴定工作的准确度和质量。20 世纪五六十年代的中国档案鉴定工作人员继承了民国时期所推行的鉴定委员会制度，最大限度的利用档案人员、业务人员和历史人员的知识进行档案鉴定工作，确保档案馆(室)中保存的档案的质量。

3.4.2 鉴定的依据

鉴定工作小组或者鉴定委员会制定档案保管期限表作为档案价值鉴定工作的依据，并根据文件的内容、来源、时间和外形特点进行分析。凡是记载和反映党在生产建设、科技活动中重要方针政策的，在一定历史时期内对推动社会进步具有重要意义的，在政治、历史等方面具有重要政治意义和政治影响的，都具有重大的价值。一般来源越重要的单位，如中央主管机关、中央直属厂，这样的档案材料越具有重大价值。档案材料产生的时间越早，档案材料越古

① 苏联档案工作的理论与实践(续)第四讲：苏联国家档案馆及现行机关档案室中文件材料的科学鉴定[J]. 档案工作，1953(4)：1-9.

② 中国人民大学历史档案系技术档案管理学教研室. 技术档案管理学[M]. 北京：中国人民大学，1962：128.

老，比如气象、水文等材料，形成时间越早也就越珍贵，也就越具有科学历史参考价值。另外，档案材料的外形特点，能够反映一定时期的特点，也具有科学历史的研究价值。

1949 年，中华人民共和国成立，在成立初期，西方国家对中国实行封锁政策。世界上第一个社会主义国家——苏联成了中国了解外面世界、加快我国各项事业建设的唯一选择。在档案管理实践的过程中，中国积极汲取苏联档案管理的方法，同时也结合中国当代实际情况和民国期间形成的良好的知识积淀，虽然中间也存在着一些缺点和波折，但是经过档案学者的努力，最终形成了中国特色的档案鉴定方法。正如吴宝康先生在《努力发展档案学》中写道“向苏联学习，这是应该肯定的，因为要根据集中统一的原则来系统地建设我国的档案事业，就只有向苏联学习。几年来我们已经翻译了几本苏联档案学方面的著作以及其他材料，它对于发展我国档案事业以及档案学研究来说是有很大帮助的，今后还应该继续收集，翻译出版。但是向我们国家自己的好的传统学习，也是很重要的。”①

3.5　小　　结

“文件双重价值鉴定理论”是由任职于美国国家档案馆的谢伦伯格提出的。谢伦伯格将档案的价值分为两种，一种是对原形成机关的原始价值，另一种是对其他机关和非政府方面利用者的从属价值。原始价值与从属价值两者之间的消长关系正好相反，原始价值在产生之初的价值最高，随着时间的流逝其价值也随之降低。相反地，从属价值在产生之初的价值最低，随着时间的推移，其价值逐渐增加。谢伦伯格注重对档案的从属价值的研究，将档案工作者定义为文件选择者，增加了档案鉴定的主观性。“文件双重价值理论”的提出背景是美国国家档案馆在第二次世界大战后遇到了前所未有的快速增长的文件数量，技术的快速革新带来了快速扩张的档

①　吴宝康. 努力发展档案学[J]. 档案工作，1957(2)：16-19.

案文件复制品，另一个重要的因素是快速增长的历史学家和社会大众依赖于获取档案进行的研究兴趣。

这一时期，中国档案学被称为“发展时期的中国档案学”，1952 年中国人民大学成立专修科档案班和档案教研室，1954 年国家档案局成立。这一时期中国档案学显著的特点是借鉴了苏联的鉴定原则，要求具有丰富的知识和政治警惕性，这对于保证不犯错误是很重要的。

第4章　社会分析鉴定理论

4.1　汉斯·布姆斯和杰拉德·汉姆其人

4.1.1　汉斯·布姆斯其人

汉斯·布姆斯(Hans Booms)出生于1924年，1946年接受档案学教育，从1955年直至退休在联邦德国(西德)档案馆工作。布姆斯在国际档案学界享有较高的声誉，他在国际档案理事会历任副主席、主席、荣誉主席等职务。布姆斯是德国战后政治、社会和文化重组的见证者，其档案观念也深受20世纪二三十年代德国独裁主义遗留的“早期普鲁士”档案学派的影响。因此从1965年开始，布姆斯开始撰写一些文章寻求德国档案学的转变，希望在德意志联邦共和国(西德)的档案学能够与社会存在的民主更一致，他的思想遭到了来自德意志民主共和国(东德)的档案工作者的强烈批判。布姆斯感到自己不得不考察民主德国档案学所声称的马克思列宁主义意识形态下的优越性，因此布姆斯的《社会与文献遗产的形成：档案资源鉴定中的问题》其实也是这样一种考察的产物，也成为对民主德国档案理论和实践的破坏性指控的著作。①

4.1.2　杰拉德·汉姆其人

杰拉德·汉姆(Gerald F. Ham)1930年出生在美国新泽西州汤姆斯河镇，在汤姆斯河镇和纽约长大。汉姆在伊利诺伊州的惠顿上大学，读大学期间他喜欢研究美国历史，在1955年他中断在肯塔基大学的研究生生活，前往华盛顿工作，在美国国会图书馆他每周工作两个半天，在工作期间，他继续他的论文《著名人士的历史》的研究。回到肯塔基大学后，汉姆认为自己成为一个“偶然的档案工作者”的机会是在肯塔基大学图书馆特色收藏中心的工作经历。两年后，汉姆完成了他的毕业论文，随后在西弗吉尼亚大学图书馆的西弗吉尼亚收藏中心找到一份工作，这份工作的薪水很高，让他不用再备课，有时间建立图书馆的手稿中心。在西弗吉尼亚的六年时间里，汉姆教授美国历史调查课程，期间完成了他的博士论文，并编制了西弗吉尼亚收藏指南。他加入了美国档案工作者协会，并在1961年第一次参加美国档案工作者年会，成为学院和大学档案管理委员会的成员。1963年秋天，汉姆做出了对他自身职业有关的重大决定。他回忆说：“当我接受威斯康星州提供的档案工作者和档案手稿部主管这个职位后，我关于是做一名档案工作者还是一名历史教师的矛盾解决了。”②威斯康星州历史学会成立于1846年，比威斯康星州成立还要早两年。威斯康星州历史学会长期以来一直是美国的主要历史机构，在北美历史收藏中具有非同一般的档案收藏和仅次于美国国会图书馆的图书。20世纪60年代初，威斯康星州历史学会的专业档案人员翻了一倍，而档案馆藏翻了三倍，对于新的档案工作者来说，责任无疑是巨大的。汉姆不仅很快就熟悉了

---

① Booms H. Society and the formation of a documentary heritage: issues in the appraisal of archival sources[J]. Archivaria, 1987 summer, 24: 69-107.

② F. Gerald Ham. Untitled autobiographical essay submitted to the SAA Oral History Project[C]. p. 3.

威斯康星州和地方手稿，而且整理了有关国家工会和企业、剧院和广播界知名人士以及州、县和地方政府的大量文件。这些文件的范围包括从 19 世纪早期第一任会长收集的文件到 20 世纪 60 年代的民权运动中历史协会收集的照片、视频、录音和其他非文本性的记录。汉姆的著作反映了他对这些多样性档案记录的关注。汉姆分析了这些现代化的存储方式带来的管理上的问题，在为整个档案职业考虑的基础上给出了他的结论。①

4.2　时代背景

20 世纪六七十年代是一个变革的年代，最主要的表现是美国的民权运动、世界上的反传统文化和计算机技术的迅猛发展。

4.2.1　民权运动

1960—1980 年是美国文化和民族多元化兴起的时代，民权运动在 20 世纪 60 年代达到了高潮，特别是非洲裔美国人争取平等的斗争致力于非暴力的直接行动，马丁·路德·金与其他的南部黑人领袖组成的南方基督教领袖联合会和由较年轻的活动人士组成的学生非暴力协调委员会力求通过和平反抗，实现改革。比较著名的集会是 1963 年的“华盛顿游行”(March on Washington)，马丁·路德·金的著名演讲“I have a dream”将运动推向高潮。1964 年美国通过了民权法案。随着非洲裔融入美国主流白人社会，拉美裔、印第安原住民等少数族裔开始积极争取自身权利，将美国的民权运动推向另一个高潮。

第二次世界大战以后，世界各国越来越多的已婚妇女参加工作，但是 1963 年的美国女工的平均收入仅为男工的 63%，20 世纪

① Fleckner J F. Gerald Ham: Jeremiah to the Profession[J]. The American Archivist, 2014, 77(2): 377-393.

六七十年代的妇女运动从民权运动获得启迪。她们寻求新的角色和责任，找到自己个人和事业的认同，并且争取同男性同样的薪酬和社会地位及权利，反对种族歧视和性别歧视。

4.2.2　反传统文化

通过民权运动，人们支持平等机会的觉醒引起了其他形式的剧变。年轻人开始抵制父辈在二战后数十年中一成不变的中产阶层生活模式。有些人投入激进的政治活动，更多人追随新的着装和性行为标准。

20世纪60年代末和70年代初，反传统文化的一些明显特征在美国社会流行。留长头发和蓄须非常普遍；蓝色牛仔裤和T恤衫取代了制服裤、夹克衫和领带；使用非法药品增多；摇滚乐发展、流行并转化成多种音乐变体形式。年轻人这种新意识的另一表现是新左派(New Left)的崛起，它代表着一批年轻、大学年龄的激进青年。这些新左派与西欧的一些群体极其相似，其成员中有很多是上一代激进派人士的子女。但是，他们拒绝马克思主义的老派说教，他们形容大学生自身就是受压迫阶级，对美国社会其他受压迫群体的斗争独具洞察力。①

1968年，在世界范围内青年一代反叛主流文化运动以及美国大学生运动的影响下，联邦德国的大学生运动达到了高潮。他们要求教育改革，实现人人(社会)机会平等。同时，法兰克福学派的代表人物特奥多尔·W. 阿多诺、马科斯·霍克海默尔、赫伯特·马尔库塞、于尔根·哈贝马斯等利用马克思的政治经济学批判立场和方法，提出“社会批判理论”。社会批判理论是关于社会批判和文化工业批判的学说，强调基于社会的公正、合理、人道，实现个人的自我价值和自由解放。② 这种强调个人、平等的思想是对传统

① 1960-1980：变革的年代——文化和民族多元化的兴起[EB/OL].[2016-12-10]. http://iipdigital.usembassy.gov/st/chinese/publication/2013/03/20130318144339.html#axzz4V4mkja7p.

② 20世纪60年代：德国文艺走向政治化[EB/OL].[2016-12-10]. http://www.gmw.cn/01ds/2009-08/19/content_966333.htm.

文化强调国家、集体概念的一种批判，并且在 20 世纪的六七十年代得到了世界各国的普遍认同。

4.2.3　计算机技术的飞速发展

计算机技术经历了 20 世纪 40 年代的萌芽期和 50 年代实用化之后，在 60 年代得到了迅速发展。在 1960 年西方大量生产晶体管计算机，到 60 年代中期，“迅速进入了第三代(集成电路)计算机时期”①。计算机技术广泛应用在科学计算、数据处理、自动控制等各领域，极大地推动了社会生产的发展。20 世纪 70 年代微型机的诞生和迅猛发展，使得一些计算机在发达国家诸如美国、日本、德国等广泛应用在办公室、家庭、汽车、电器等各行各业中。“数字化”正在改变着社会生命的面貌，业务过程中文件的易生成性，也进一步造成了文件的增加，无论是电子形式还是纸质形式的文件在人们日常生活中随处可见，人们接收到的信息量也在增加，对外界发生的事物了解的也就更迅速，世界其他地区发生的事情也在一定程度上影响着本国人们的生活。

4.3　社会分析鉴定理论内涵

4.3.1　联邦德国汉斯·布姆斯的社会分析鉴定理论

自从 20 世纪 60 年代中期以来，随着新的社会运动的兴起，社会越来越强调身份认同、多元文化的生活方式，这也给档案馆收集带来很大的压力。德国档案工作者汉斯·布姆斯(Hans Booms)的

① 陈厚云，王行刚. 电脑的成长：20 世纪 60 年代计算机发展史[J]. 自然辩证法通讯，1980(6)：52-63.

《社会与文献遗产的形成：档案资源鉴定中的问题》①用德语在1972年发表后，《美国档案工作者》杂志编辑基于以下两方面的考虑，“第一，从1972年到1987年的15年来，信息复制技术、处理技术、存储和检索技术发生了很大的变化，但是档案鉴定却没怎么发生变化，只有在20世纪的70年代和80年代初有很少的关于档案鉴定的研究，并且这些研究的方法和理论多是从第二次世界大战后美国档案工作者中形成的，人们普遍接受了谢伦伯格的鉴定思想。第二，虽然中间也有大量使用英语语言的作者引用布姆斯的文章中的观点，但是被引用的观点主要是集中在档案实践的方法论上，而布姆斯的文章中对档案工作者作为鉴定者的社会职能的学术性和独创性的讨论没有给予足够的重视，对于在德国形成的档案鉴定理论的性质和隐藏在鉴定背后的社会、政治和哲学上的问题基本被忽视了。”1987年这篇论文被翻译成英文在《美国档案工作者》杂志上发表，论文发表后，基于社会分析的档案鉴定思想在档案鉴定领域引起了很大的反响。

布姆斯突破档案工作者在鉴定方面的社会角色定位，讲述了档案鉴定理论在德国的发展过程，分析了隐藏在鉴定背后通常被忽视的社会、政治和哲学问题。民主德国档案工作者汉斯·施雷肯巴赫（Hans-Joachim Schreckenbach）提出的“资本主义社会是没有能力提出一个全面、科学的信息鉴定系统来真正解决档案鉴定的问题，只有社会主义社会才能进行最终的分析”，和1957年赫尔曼·迈纳特（Hermann Meinert）在第35次德国档案大会上提出的“一个非常有趣的问题，也是大会非常值得注意的议题：是否所谓的辩证唯物主义的方法——今天被宣扬为东欧国家的教义，能够完全引导建立真正的档案材料的选择原则？”针对这种意识形态上的问题，布姆斯认为不应该将意识形态和专业机会主义放在第一位来考虑，而应该从档案工作对社会的总体意义和档案职业功能对公众承担的最大的社会责任来考虑。目前档案工作者定义的社会职责主要包括两方

---

① Booms H. Society and the formation of a documentary heritage: issues in the appraisal of archival sources[J]. Archivaria, 1987 summer, 24: 69-107.

面，一方面是收集自己所处时代产生的材料，另一方面是向公众提供材料来源的解释，这种社会职责缺少中心任务。如果不将意识形态和专业机会主义放在第一位来思考，就能缓解人们对“社会”和“文献遗产的形成”概念在一开始确定的责任。这就需要首先分析档案工作者与社会的关系；其次检查档案工作者在文献遗产形成中的功能。这样的检查有助于确定社会价值和档案鉴定标准之间是否存在联系，以及这种联系在意识形态背景影响下的程度是怎样的。布姆斯认为档案工作者鉴定档案不可避免地会受到当时的社会条件的限制，“只要确定个人是存在于人类中，只要他们属于一个群体，一个社区，一个社会，他们最终不能将自己从自己存在的社会历史条件中分离出来，当然也无法避免受到当时条件下的部分价值的影响，因为人们的教育和社会条件起到了很大的作用。”①

布姆斯特别强调档案材料形成时代的社会背景，认为只有文献形成的和为谁的利益保存的“社会”（society）才是档案工作者评估把过去带到现代的概念的必要工具。“在构建可以作为文献遗产模型的历史概念时，档案工作者必须不能遵循他们自己所处的时代的价值概念，而是应该遵循文件形成时代的价值概念。就像历史研究的最根本的问题是文献来源的问题，对档案形成者来说形成文献遗产最根本的问题就是赋予那个时代的材料的价值。通过分析同时代附加的价值，衡量过去事实的社会意义，应该作为形成文献遗产的所有档案的基础。”②布姆斯将档案鉴定思想基础从国家的理论发展到了社会理论，社会在一定程度上赋予了文献的价值，选择要保存的文献必须如实地反映这些价值。

布姆斯强调档案工作者的社会嵌入性和社会责任（societal embeddedness and social responsibility），呼吁档案工作者要与政府档案部门和非政府档案馆合作，并且希望在档案鉴定方面扩大第三方

① Booms H. Society and the formation of a documentary heritage: issues in the appraisal of archival sources[J]. Archivaria, 1987summer, 24: 73-74.

② Booms H. Society and the formation of a documentary heritage: issues in the appraisal of archival sources[J]. Archivaria, 1987 summer, 24: 104.

的参与度："在我们现代工业社会的多元结构中，文献遗产形成的目的和目标，只能是记录全部的公共生活，而全部的公共生活是由共同利益或其他关系所形成的社区所组成的，全社会应该对鉴定文献遗产方法的形成和应用贡献自己的力量。在一个联邦结构的社会，需要各层级公共档案馆的档案工作者之间、档案工作者与非政府机构在鉴定方法方面共同合作。"①也就是说档案的价值应该考虑全社会的想法，保存的档案除了要反映政府的职责，还要尽可能全方位反映公民的个人权益，在一定程度上就是要为人们提供根源感、身份感。进一步说，档案价值的鉴定要取决于人民大众。

布姆斯强调档案鉴定的客观性，不同于谢伦伯格时代由档案工作者最终来决定档案的存毁问题，布姆斯认为人类只能在一个非常有限的条件下刻画出过去的画面，即使是亲身经历了过去活动的人，也只能是通过回忆来将过去的画面带到现在。但是个人经验告诉我们，我们的记忆中的不可靠的图像和概念是如何重建的，以及它们随着时间的流逝是怎么变得越来越不可靠。因此，如果历史学家不想创造幻觉的产物，他们要避免依赖自己的幻想，所以他们必须依靠过去的具体证据。② 为了对某些历史现象进行解释性审查，历史学家就需要来源来鉴定过去的概念，这个来源就是档案文献，这就需要档案文献的客观性以及全面性。

布姆斯认识到他的想法在本质上是非常理论性的，是没有直接从实践中得来的，因此，他的想法提供了一个理论框架而不是实用指南。然而，布姆斯认为，没有理论公式的向导，档案工作者在实践中很容易迷失。

4.3.2　美国杰拉德·汉姆的档案鉴定思想

布姆斯分析"冷战"时期德国的档案管理引起了其他档案工作

① Booms H. Society and the formation of a documentary heritage: issues in the appraisal of archival sources[J]. Archivaria, 1987summer, 24: 106.

② Booms H. Society and the formation of a documentary heritage: issues in the appraisal of archival sources[J]. Archivaria, 1987 summer, 24: 104.

者的认同。杰拉德·汉姆(Gerald F. Ham)，是北美第一个受到布姆斯思想影响的档案工作者。汉姆是威斯康星州历史协会档案和手稿部负责人，也受到了 20 世纪六七十年代美国政治、社会和文化运动的影响。汉姆促进了新一代档案工作者重新思考档案选择这个问题。在 1974 年第 38 届美国档案工作者年会的主席报告中，他提出："制度化、批量化、缺失数据、脆弱的记录和技术，这五个因素已经影响到了档案数据的各个方面，是同时代档案收集的特点，已经永久性地改变了档案工作者的工作，迫使他们做出从未有做过的选择。"①汉姆预测档案领域有三个发展方向："专门档案馆、州档案网、一个新兴的城市文件模型。"弗兰克·波尔斯(Frank Boles)认为："在汉姆之前，大家几乎采用谢伦伯格的思想，在汉姆提出质疑之后，一些新的思想像是大杂烩，有赞成的，有反对的。美国档案工作者的思想也偏向于国际化，原来主流的鉴定思想的影响力逐渐下降，被各种思想取代。"②

纵观詹金逊的行政官员决定论和谢伦伯格的双重价值鉴定论，他们的鉴定思想都是基于国家机构层面的，并不能很好地代表一些以主题或者当地地方特色为主要收集对象的其他类型的档案馆。这些类型档案馆的档案工作者必须以满足特殊类型的用户或者公共用户的需求。这些需求和优先性导致了 20 世纪 70 年代鉴定思想的根本性改变。这种鉴定思想的代表者是汉姆，一位供职于美国威斯康星州历史协会的档案工作者。汉姆的思想来源于他在协会中对档案的作用和目的的观察和思考。汉姆的观点更具有包容性，不仅包括保管传统的大型国家或者州的文件和档案管理，而且包括社会全体、个人和机构。

汉姆的争论点在政府机构及其下属机关的文件并不能完全代表整个社会对档案作用的看法。大型政府机构和大型企业只是社会的

① Ham F. The archival edge [J]. The American Archivist, 1975, 38(1): 5-13.

② Frank Boles. Selecting & Appraising Archives & Manuscripts [M]. Chicago: Society of American Archivists, 2005: 18-19.

一部分，并且这部分是最有权力的一部分。他对当前不合时宜的鉴定方法感到非常的惋惜，并通过撰文和实践，提出应用正确的档案选择目标。对于汉姆来说，这个目标是记录广泛意义上的活动，包括那些在社会上不是精英阶层的团体活动，这些团体在以往是不被记录下来的。汉姆的思想在很大程度上是对谢伦伯格强调档案的特殊职责的一个扩展。档案在这个层面上可以给那些不在企业和政府机构档案中出现的人类组织一个声音。汉姆提出了两个建议，第一个是支持档案记录口述证据，第二个是根据合作计划，促进档案项目参与记录其他利益群体。

汉姆的思想来源于他的工作经验——收集历史手稿及小机构和社会团体的档案。这些档案工作者与公共机构的档案工作者有不同的关注点，第一个不同的关注点是在档案中要识别出那些在社会中不发声群体和个人，第二个不同的关注点是档案的视角也强调档案对社会活动的潜在作用。这些观点为档案工作者塑造了一个新的角色——社会产品的形成者，这个角色更符合作为行为主义者，而不是过去有价值的文件的保管者。

为了完成一个有价值的职业目标，汉姆向世界和社会发出了积极的信号。对于汉姆和他同时代的档案工作者来说，档案好像已经变成了社会的构建者，保存大机构的声音和思想。在收藏特定主题的私人机构中的档案工作者，会寻求方法，记录那些在文件中失声和沉默的声音。这些档案工作者好像是置于结构之外观察人类，将寻找文件作为寻求公平的方法，为不平等提供救济。新一代档案工作者寻求新的方法来表现那些以前没有被认识到的或者只有通过严格的机构才可以看到的现象，如法院、监狱、福利系统。这些档案工作者相信比较新的鉴定方法具有将档案变为社会活动的轨迹的潜力。这种积极的方法将会扩大收集范围，丰富的社会记忆将会被保存。在一定程度上，社会记忆实际上是由档案工作者在他们的新的职业任务中形成的，这个新的职业任务是社会的记录者，而不是已形成文件的保管者。修正主义者认为，大型公共机构的国家档案馆形成的思想和方法比较窄而不能全面反映社会，对现存的文件的关注点非常严格，忽视了社会建构和非正式共享中的知识与经验。更有甚者，他们认为大型机构档案馆的收集范围是偏向于精英主义、富有阶层、受过教育的群体以及男性。

有关文件和档案社会作用的观点，反过来又影响了在大型机构档案馆中工作的档案工作者，特别是在国家政府或者州公共机构档案馆工作的人员。一方面，一些档案工作者批评他们的上一级机构，特别是有关文件的质量和文件管理系统方面，以及可怜的文件记录并不能信服的解释公众利益。这种批评可能是对档案馆中职责、保管、鉴定意识变化的最好见证。另一方面，档案工作者在正在兴起的文件管理者职业中积极寻找同盟，许多档案馆也积极寻找他们领域外的机构，争取在文件保管上形成联盟，这种现象在以前是不会出现的。

4.4 同一时期中国的档案鉴定工作

在世界变革的潮流中，中国在 1966—1976 年上演了“文化大革命”这样一曲荒诞的悲剧。当时欧美国家档案工作者反思现存的档案鉴定理论与实践的差异之处，提出了一系列的研究成果，最著名的当属前文所述的德国档案工作者汉斯・布姆斯以及美国档案工作者汉姆。中国档案学者在这时期内没有欧美档案学者们那么幸运，中国的档案事业和档案馆藏在“文化大革命”中遭受了严重的破坏，无论是档案机构还是档案教育以及档案学者在这一阶段都受到了严重的挫折和损失，党和国家千辛万苦建立起的档案事业几乎被毁于一旦。

1970 年 10 月，北京市“革命委员会”通知中国人民大学停办①，中国人民大学历史档案系的教职员工被下放到位于江西余江县的“五七干校”接受劳动锻炼。1973 年因为中国人民大学的解散，

① 中国人民大学历史沿革[EB/OL].[2016-12-11]. http://www.ruc.edu.cn/history.

历史档案系无对口接收专业而被列为解散单位，多年精心培养起来的档案专业教师全部被遣散，档案教学实验设备、实验教学材料、图书资料等被全部销毁或瓜分，档案专业教育在中国遭到全面废弃。①

首先是大量的档案材料损失严重。1967 年上海“一月风暴”之后，上海的不少档案机构被冲砸，保存的许多中央机关的档案文件被烧毁。其他省份无一幸免，如陕西省、河北省均发生了抢劫档案和丢失档案的事件。②“文革”中，甘肃省平凉县取消档案部门，县里的个别别有用心的人和一些不明真相的群众组织也趁机冲击各级档案部门，大肆抢烧和破坏档案。他们的破坏行为主要是：(1)抢劫烧毁。平凉县的档案遭到抢劫、烧毁、被查封、内页被挖或涂抹的案卷达 1000 多卷。(2)传抄、公布。一些所谓“犯错误”人员的档案被广大群众组织翻阅，并在大街上传抄和公布，违反了人事档案管理规定，泄露了机密。(3)乱借、丢失。据 1977 年清查，10 年“文革”期间，借出档案丢失的共 72 卷，归还破损的 10 卷。③损失的档案材料数量触目惊心，但是在当时的社会环境下，又是那么的无可奈何。“四人帮”一方面歪曲档案内容，制造诬陷中央和地方领导人的材料；另一方面，为了掩盖他们的罪行，他们不择手段地窃取和隐藏、销毁有关他们的档案材料，进行他们的阴谋活动。④ 地方上一些不明真相的群众纷纷效仿“四人帮”的做法，制造假材料，销毁真档案，造成原始档案材料残缺不全，给当地的历史造成了无法弥补的缺憾。

其次是档案教育被迫停止。1960 年，高等学校开始了以批判

① 李财富. 中国档案学史论[D]. 北京：中国人民大学，2002.

② 周雪恒. 中国档案事业史[M]. 北京：中国人民大学出版社，1994：551-553.

③ 赵志飞. 无法弥补的历史缺憾：新中国成立后至“文革”期间平凉重要档案失毁原因[J]. 档案，2000(6)：43-43.

④ 上海档案志[EB/OL]. [2016-12-13]. http://www.shtong.gov.cn/node2/node2245/node4511/node54551/index.html.

修正主义为目标的教学检查运动。档案教育单位无一幸免，运动批判“以利用为纲”的方针，污蔑“以利用为纲”是从苏联那里搬来的，是“修正主义的方针”，是“反对以阶级运动为纲”“反对无产阶级专政”，是阶级斗争熄灭论的产物。① 1965 年，档案界唯一的业务指导期刊《档案工作》被迫停刊。1970 年 10 月，中国人民大学历史档案系的教职员工被下放到位于江西余江县的“五七干校”接受劳动锻炼。档案工作体制被打乱，档案理论研究被搁浅，档案专业教育遭到废弃。

最后是档案工作者和档案研究人员受到迫害。1966 年“文化大革命”开始不久后，中办向全国发出了《关于揭发档案工作中反党反社会主义黑线的通知》，各省市档案部门开始揪“黑线”人物，同年 11 月 15 日中共中央办公厅又撤销了曾三同志中共中央办公厅副主任兼国家档案局和中央档案馆负责人职位，给曾三同志扣上了各种反党、反国家的“大帽子”，国家档案局和地方档案机构被砸烂，大批从事档案工作的同志被撤职或者坐牢，不少同志被打伤致残或迫害致死。

20 世纪 60 年代至 70 年代，中国的档案学理论和实践遭到严重破坏，不仅没有发展，而且出现了停滞和倒退②，档案鉴定理论更没有得到健康发展，从那些被销毁的档案情况来看，凡是与“修正主义”沾边的档案全被销毁，凡是与当时被打倒的领导同志有关的档案，进行了涂、抹、裁等破坏行为，把个别领导人的档案材料从其他卷宗中随意抽出，严重破坏了档案文件的原貌，破坏了档案案卷的完整性，破坏了档案文件之间的原始历史联系。以反映政治性、阶级斗争作为档案鉴定工作的唯一标准，忽略了档案的历史价值和科学价值。③ 但是，这一时期中国档案鉴定思想的发展从另一方面也印证了欧美国家所研究的档案鉴定受到政治、社会和文化的影响。

① 李财富．中国档案学史论[D]．北京：中国人民大学，2002.
② 李财富．中国档案学史论[D]．北京：中国人民大学，2002.
③ 李财富．中国档案学史论[D]．北京：中国人民大学，2002.

4.5 小　　结

“社会分析鉴定理论”最初是由联邦德国(西德)档案馆工作者汉斯·布姆斯于1972年提出，1987年其著作《社会与文献遗产的形成：档案资源鉴定中的问题》英文版在《美国档案工作者》杂志上发表后，基于社会分析的档案鉴定思想在档案鉴定领域引起了很大的反响。布姆斯分析了隐藏在鉴定背后通常被忽视的社会、政治和哲学问题，强调档案材料形成时代的社会背景和档案工作者的社会嵌入性与社会责任。社会分析鉴定法受到20世纪六七十年代在世界上流行的文化革命的影响，如联邦德国的大学生运动，美国发生的著名的民权运动，非洲裔要求融入美国主流白人社会，拉美裔、印第安原住民等少数族裔开始积极争取自身权利，妇女争取同男性同样的薪酬和社会地位及权利。信息技术的发展，也使人们对外界发生的事物了解更加迅速。美国威斯康星州历史协会档案和手稿部负责人汉姆是北美第一个受到布姆斯思想影响的档案工作者。汉姆认为档案鉴定的第一个关注点是在档案中要识别出那些在社会中不发声群体和个人，第二个关注点是档案的视角要强调档案对社会活动的潜在作用。

同时期中国经受着“文化大革命”的摧残，中国档案事业遭受到了严重的破坏，无论是档案机构还是档案教育以及档案学者在这一阶段都受到了严重的挫折和损失，党和国家千辛万苦建立起的档案事业几乎被毁于一旦。

第5章　黑盒子鉴定理论

5.1　弗兰克·波尔斯和茱莉亚·马克斯·杨其人

弗兰克·波尔斯(Frank Boles)是美国密歇根大学本特列图书馆的一名档案工作者，他的职责是鉴定和处理大学文件，同时他也是美国芝加哥历史协会的一名档案工作者和国家人文科学基金会的项目负责人。波尔斯在《美国档案工作者》《保护》等期刊上发表多篇文章，并作为发言人在多个档案会议上发表演讲。他在韦恩州立大学获得档案学专业的学士学位和硕士学位，在密歇根大学获得博士学位。

茱莉亚·马克斯·杨(Julia Marks Young)在撰写《探索黑盒子：大学行政文件的鉴定》(*Exploring the Black Box*: *The Appraisal of University Administrative Records*)这篇文章时是美国密西西比报纸保护项目的项目总监，美国南密西西比大学图书馆服务学院的兼职教师，以及美国档案工作者协会机构评估工作组成员和《美国档案工作者》期刊的编辑。杨在1982年以前是密歇根大学本特利历史图书馆的大学档案服务处的助理档案研究员，1983年夏天至1984年，是本特利图书馆现代文献研讨会的研究员。杨于1972年在美国埃默里大学获得学士学位，1978年在美国奥本大学获得历史硕士学位，1981 年在美国密歇根大学档案馆获得高级图书馆学硕士学位和档案管理专家称号。①

5.2 时代背景

5.2.1 美国 20 世纪七八十年代的经济危机

美国在 20 世纪发生了两次比较大的经济危机，一次是 1929—1933 年的大萧条，第二次是 20 世纪七八十年代的滞胀时期。

美国在经历了大萧条和第二次世界大战后，经济迎来了高增长、低通胀的黄金发展时期，但是这一段经济高速发展的黄金时期为 20 世纪七八十年代的经济危机埋下了伏笔。由于大量科技成果在工业中应用，使得整个工业劳动生产率大幅提高，生产成本降低，利润增加。到了 20 世纪 70 年代，经济滞胀开始困扰着美国和欧洲，1973—1975 年发生了世界性的经济危机，这场危机从英国开始，蔓延到美国、日本和西欧，为了刺激国内需求，西方国家财政开支不断扩大，美国、英国、法国、西德、意大利、加拿大西方六国和日本的政府支出占国内生产总值比重从 1967 的 32%上升到 1982 年的 40%。同时，这些国家还采用低息借款政策吸引私人投资和消费②，这两项政策造成了货币供应量的过快增长，接下来 1979—1982 年更严重的是由通货膨胀造成了的物价上涨。在物价持续上涨的背景下，档案保护所需要的专业技术人才、供应材料费用也是大幅度上涨。因此，在实践部门工作的档案工作者不得不考

① Boles F, Young J. Exploring the black box: the appraisal of university administrative records[J]. The American Archivist, 1985, 48(2): 121-140.

② 20 世纪 70 年代资本主义国家的经济发展滞胀原因及分析[EB/OL]. http://www.360doc.com/content/11/0915/22/4780807_148587418.shtml, [2016-12-20].

虑档案鉴定中的费用成本问题。

5.2.2　计算机技术的发展

计算机技术在 20 世纪 80 年代延续了 70 年代快速发展的趋势。1981 年美国 IBM 公司推出的微型计算机具有轻便小巧、处理速度快、性价比高等特点，迅速在社会各个领域得到普及。① 经过了 30 多年的发展，计算机技术已经相对成熟，软件更新换代多次，诸如 20 世纪 60 年代的 ALOCOL 语言、70 年代的 FORTURN 语言、80 年代的 C 语言。② 计算机技术的进化是从非智能化缓慢向智能化过渡的过程，公众对计算机的要求也越来越个性化，比如说为了方便携带，IBM 发明了微型计算机。计算机和软件进化的一个结果就是人们追求越来越新的设计，而对以往老的、旧的、不好用的设计的丢弃。对于文件保存者来说，新的计算机软件不断更新的后果就是二三十年前产生的文件不可再读，这对于保存机构、国家的文献遗产来说是灾难性的。如果想让由原来旧的软件产生的文件可读，有两种办法，一种是保存原来的软件和硬件设备，另一种是旧系统中的文件向新系统迁移，无论是哪一种方式，都涉及保存费用问题，这也是档案工作者所面临的问题。

5.2.3　研究方法的改变

第二次世界大战之后，随着科学技术的日新月异，美国经济在主流经济理论体系——凯恩斯主义③的影响下发展迅速，但是也带

① 万琦. 微型计算机技术发展综述[J]. 计算机时代，2005，8：003.

② 高文. 计算机技术发展的历史、现状与趋势[J]. 中国科学基金，2002，16(1)：33-36.

③ 凯恩斯主义(也称“凯恩斯主义经济学”)是建立在凯恩斯著作《就业、利息和货币通论》的思想基础上的经济理论。主张国家采用扩张性的经济政策，通过增加需求促进经济增长。即扩大政府开支，实行财政赤字，刺激经济，维持繁荣。

来了生产过剩的经济危机。此时，各种社会问题愈来愈严重，社会改革制度呼声也越来越强烈。"'后凯恩斯主流经济学'却无视社会、文化等问题，忽视技术进步对制度演化的作用，不能对西方世界所存在的种种严重社会问题作出令人信服的解释和提出有效的解决办法；特别是对20世纪60年代中期以后出现的停滞膨胀问题一筹莫展，这就标志着'后凯恩斯主流经济学'的失灵。"①此时，与"后凯恩斯主义"不同的"新制度学派"受到了经济学家的偏爱。新制度学派更加注重对现实问题的研究，对于价值判断的范围和处方更加具体和广泛，并且特别注重研究与判断经济活动利弊得失有关的价值标准。新制度经济学没有一个统一的、系统的经济理论，这是因为它的研究对象和范围广泛，新制度经济学的思想更容易被其他学科如政治学、社会学等接受和吸收。档案鉴定明显是一个价值鉴定问题，档案工作者在20世纪七八十年代的社会大背景下，很容易受新制度经济学对价值判断的范围和处方更加具体的思想影响，制订出一套与原来抽象的档案鉴定理论不同的概念。

计量分析促进了系列史和区域史的发展。从20世纪50年代开始，计量史学方法向历史研究渗透，出现了以广泛采用计量方法与数学分析为特征的新经济史学派、新政治史学派和新社会史学派。计量史学研究方法引起了历史学家在历史认识论与方法论上的变革。在美国，对于大多数出身于历史学的档案工作者来说，计量方法也引起了档案学者的注意，同时也为档案学研究方法带来了新的改变。

5.3　黑盒子鉴定理论内容

波尔斯和杨认为档案鉴定有时就像是黑盒子，档案工作者结合

① 蒋自强，史晋川，张旭昆等．当代西方经济学流派(第4版)[M]．上海：复旦大学出版社，2014：310.

文件的特点和各种价值，最终确定档案的价值。一些档案工作者认为现存的档案鉴定标准并不完全实用，正如上文所述，詹金逊和谢伦伯格的鉴定思想都是基于国家机构层面的，他们的一些鉴定思想并不能很好的代表一些以主题或者当地地方特色为主要收集对象的其他类型的档案馆。这些类型档案馆的档案工作者必须以满足特殊类型的用户或者公共用户的需求为目标进行选择档案。而汉姆所提的社会分析的思想在更大程度上被视为方法论。梅纳德·布里奇福德(Maynard J. Brichford)在1977年出版的《档案与手稿：鉴定与获取》①，将谢伦伯格的双重鉴定理想与近二十年的实际工作经验相结合，这本书阐述的档案鉴定思想与以往最大的不同之处是，他将成本(costs)做为鉴定时要考虑的一个因素，诸如处理成本(processing costs)、保存费用(preservation costs)、存储成本(storage costs)等。布里奇福德的这本书非常简短，全书只有24页，因为这本书提供了令人启发的实践方面的考虑，对波尔斯和杨的启发非常大。布里奇福德提出的鉴定标准和解释虽然非常有价值，但是并不是一个完整的系统。

波尔斯和杨是奉行实用主义的档案工作者，他们寻求建立一个更好的选择机制，他们借鉴了谢伦伯格和布里奇福德的思想，增加了他们工作中的经验，于1985年建立了一个比较复杂的模型，称为“黑盒子”(the Black Box)②，在《美国档案工作者》上发表。

“黑盒子”鉴定模型总体上分为三个子模型，每个子模型又由一些概念组成。三个子模型分别为情报价值(the value of the information)、保存费用(the costs of retention)和影响鉴定相关事项(implications of the appraisal recommendations)，如图5-1所示。

① Brichford M J. Archives & Manuscripts: Appraisal & Accessioning [M]. Chicago: Society of Amer Archivists, 1977.

② Boles F, Young J. Exploring the black box: the appraisal of university administrative records[J]. The American Archivist, 1985, 48(2): 121-140.

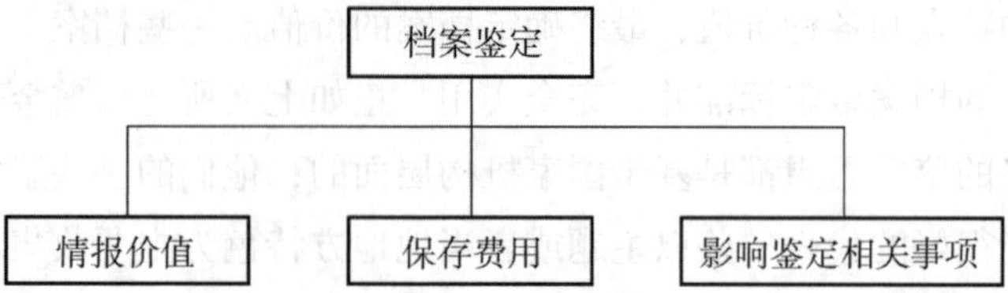

图 5-1　黑盒子鉴定模型(Boles & Young，1985：125)

5.3.1　子模型 1：情报价值

情报价值是档案鉴定中第一个档案工作者需要依据的价值，这部分主要是借鉴布里奇福德在 1977 年出版的《档案与手稿：鉴定与获取》书中的思想，主要包括三部分：(1)形成环境(circumstances of creation)，(2)内容分析(analysis of content)，(3)文件利用(use of the records)，具体模型请见图 5-2，每个部分下面又细分为若干小项，共包括 16 个小项。

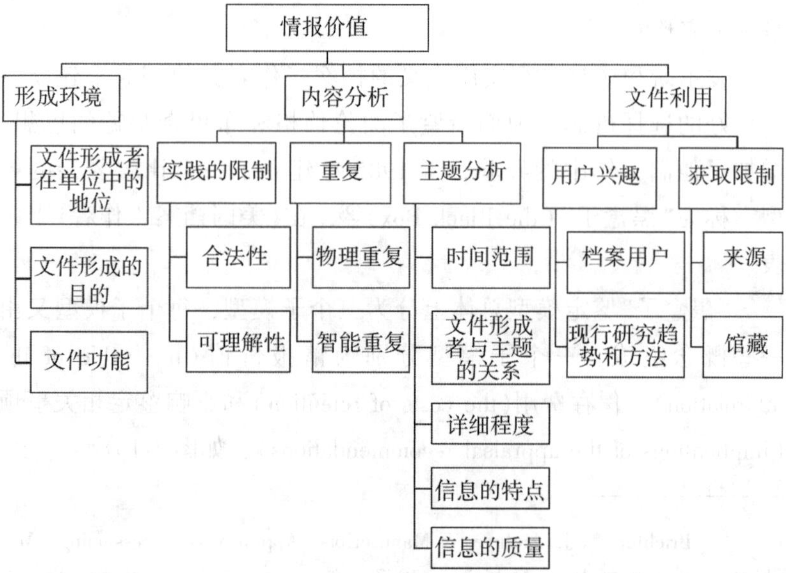

图 5-2　子模型 1：情报价值模型(Boles & Young，1985：126)

5.3.1.1　形成环境(Circumstances of creation)

“形成环境”这个群组中包含三个因素：(1)文件形成在单位中的地位(the position in theorganization of the generating office)；(2)文件形成的目的(the principal activities of the unit or individual generating the records)；(3)文件功能(the significance and function of therecords in the unit's activities)。

档案工作者应该考虑文件形成单位在一个组织中所处的位置，因为文件形成单位的地位在一定程度上也预示着这份文件对形成它的社会活动的指导和决策影响，因此文件形成单位的地位对文件信息的影响也是非常大的。如果忽略了这种层级地位的考虑，各种社会活动那就太宽泛了。以大学校长办公室为例，决策是主要的活动，但是还有非决策性的“校长接待日”活动。类似地，一个单位中的文件功能变化也很大，有时是单位的主要活动，有时是补充性或者无关紧要的活动的记录。因此，在一个单位中，单位的活动和文件的功能在记录具体的活动时应该区分。

5.3.1.2　内容分析(Analysis of content)

“内容分析”是评估文件的信息质量，其群组包含三个分项：(1)实践限制(practical limitations)；(2)信息的重复(duplication of information)；(3)主题分析(topical analysis)，下面分别进行阐述。

实践限制在文件的实际利用中非常明显，例如一些难以辨认的书写或者不能理解的文章，都可能导致文件不可用。

重复只能在指定的已知文件的背景下进行评估，重复可分为两个方面，一个是物理重复，另一个是智能重复。物理重复是指实际存在的复制件，无论它的格式是什么样的，比如说是纸质的或者电子的，这种形式的重复，档案文件的价值不会增加，因此档案工作者一般会去除这种物理副本。智能重复是对相关信息的增值品，可能是不同的文件或者不同的格式，比如说，在其他文件中包含部分的重复信息，这就要评估这份文件的完整性。

主题分析是对具体主题相关的文件包含的信息进行的评估，主要包括五个分项，一是时间范围，时间范围是档案所涵盖的时间范围，包括文件的日期和在相关事件的日历表中所处的时间点。二是文件形成者与主题的关系，有时一些参与者对这份文件的评论可能比文件本身更有价值。三是详细程度，关于一个主题的信息有可能是肤浅的，也有可能是发人深省的，一组具体的文件可能包含许多主题，但是也有许多主题只是非常肤浅的泛泛之谈。四是看文件中包含的信息属于回答问题的哪种类型，属于"是什么""为什么""怎么样"，还是属于"在哪里""由谁负责"等问题。五是信息的质量，是评估文件包含的信息与它所属的主题匹配之间的关系，这些文件对这个主题来说是提供了新的信息，证实了已经存在的信息，还是对现存信息的补充。

5.3.1.3　文件利用(Use of the records)

文件利用包含用户兴趣(user interest)和获取限制(access restrictions)两个子项。

用户兴趣包含两个要素，一个是档案用户(repository clientele)，另一个是现行研究趋势和方法(contemporary research trends and methodologies)。分析文件的内容和形成的环境，可以评估出哪些用户会利用这些档案。对当前研究趋势和方法的评估也可以预测将来潜在的用户。

获取限制可能包括法律、道德或者行政原因，这些原因主要来源于文件形成者或者档案保管机构本身，目的是为了保护文件形成者或者其他相关方。无论获取限制的范围有多大，对使用的有限获取将会影响档案的利用，也会影响档案保护的信息价值。

5.3.2　子模型 2：保存费用

保存费用是在鉴定过程中对保存的潜在成本的一个评估，实际发生的和延迟发生的四个费用分别为：存储(storage)、处理(processing)、保护(conservation)和参考(reference)。具体模型请见图 5-3，每个部分下面又细分为若干小项，共包括 10 个小项。

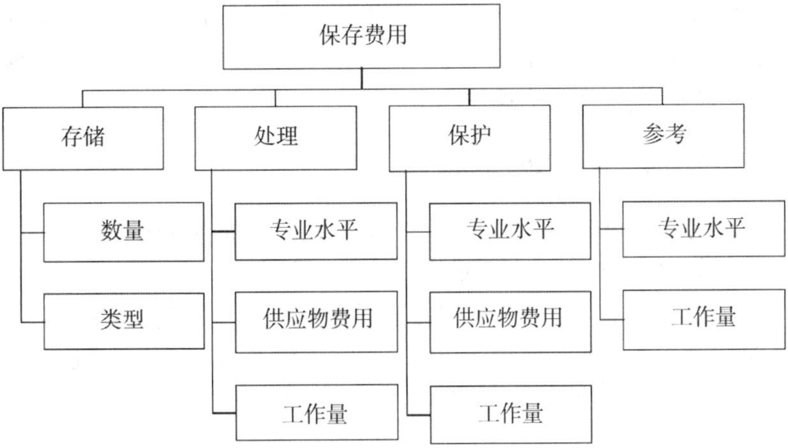

图 5-3　子模型 2：保存费用模型(Boles & Young，1985：127)

5.3.2.1　存储(Storage)

存储费用主要是由档案的数量(amount)和类型(type)决定的。档案工作者需要针对档案馆中的档案数量，事先安排好存储的场所。一些文件的大小和格式需要特殊的存储设施，因此也就创造了特殊的费用。由于所有的文件都必须存储在档案保管机构的房间中，因此存储费用是档案保管机构最低的保存费用。

5.3.2.2　处理(Processing)

处理费用是对文件进行鉴定、整理和著录的必要支出，它们是由档案专业水平(level of archival expertise)、工作量(quantity of work)和供应物成本(cost of supplies)决定的。处理费用可以通过比较现存的文件整理和著录的费用来评估。最低的处理费用必须保证文件的可用，实际中产生的费用要比这个高。

5.3.2.3　保护(Conservation)

保护费用是非常有必要的费用，主要用来延迟或者阻止文件恶化，同样有三个费用因素要考虑：专业水平(level of archival expertise)、工作量(quantity of work)和供应物成本(cost of supplies)。同样，用比较现存和期望的文件保存条件来决定档案保存的措施和费用，如维持库房恒温、恒湿的保护措施、防火、去酸的费用等都应该考虑为保护成本。

5.3.2.4 参考(Reference)

参考成本可理解为为方便用户利用档案所提供的服务成本，主要由专业水平(level of expertise)、工作量(quantity of work)决定。当评估参考成本时，需要考虑档案用户和档案工作者。虽然提供服务是档案工作者的一项责任，但是档案工作者仍需评估参考服务所需的费用，宣传项目也是参考成本的一项支出。

5.3.3 子模型3：影响鉴定相关事项

影响鉴定相关事项是档案鉴定模型的第3个子模型，请见图5-4，保存或者不保存某一具体的文件可能会对档案保管机构是一

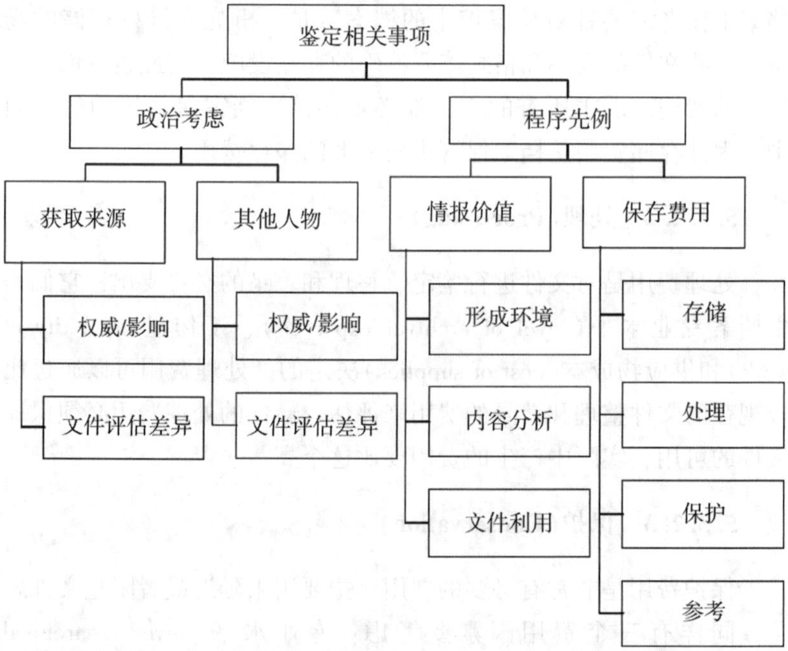

图5-4 子模型3：影响鉴定相关事项模型(Boles & Young，1985：128)

个正面或者负面的影响。在最终做出档案鉴定决定之前，档案工作者应该考虑相关因素的影响：政治考虑(political considerations)和程序先例(procedural precedents)。

5.3.3.1　政治考虑(Political considerations)

政治考虑是评估文件来源(the source of the records)与其他人物(other persons)对机构档案鉴定决定的影响程度，比如说研究者、捐赠者或者文件中提到的人物等。权威/影响(authority/influence)因素在档案工作者评判文件价值方面具有非常重要的作用，当然，档案工作者对权威/影响因素的依赖越大，分歧意见也就越多。文件鉴定中存在的分歧是由对文件中包含的信息价值的认识不同造成的。例如，大学机构可能会保存所有与大学校长相关的文件，而不考虑这些文件的数量，因为档案保管机构认为保存大学校长的文件的政治收益比保存成本要大得多。同样地，对文件评估的差异(records' assessment discrepancy)也是由于档案工作者赋加到文件上的情感不同造成的，这是一个更让人困扰的问题，因为很难用理性来评判。

5.3.3.2　程序先例(Procedural precedents)

程序先例是保管机构的一些规章制度，即内部政策。这些规章制度根据情报价值、保存费用进行加强或者修改执行的鉴定政策。程序先例中的情报价值、保存费用及其两者包含的小项与 5.3.1 节和 5.3.2 节中内涵一致，因此本节不再重复论述。

5.4　黑盒子鉴定理论在实践中的应用

1985 年波尔斯和杨发表黑盒子鉴定模型后，得到了美国国家历史出版和文件委员会(National Historical Publications and Records Commission)的资助，以测试黑盒子鉴定模型的实用性。他们提出了 38 个有关档案鉴定的问题，并采用一套方法将所回答的问题根据量表进行评分。考虑到保管机构政策和情况的不同，他们还开发了一个系统来权衡个别问题。他们挑选了不同的档案馆参加此次测试，每个档案馆同意根据所提的问题和评量表做出一系列的鉴定决定，将所得到的量化表结果送给波尔斯和杨，以供他们分析问题的有效性和各档案馆对问题的不同分数的研究。

纽约公共图书馆是被选择的参与测试的单位之一，纽约公共图书馆拥有 2200 英尺(约 670.56 米)的手稿和 1500 英尺(约 457.2 米)的机构档案。手稿包括大量的机构文件和私人文件，这些文件主要涉及从殖民地时期到 20 世纪 80 年代的政治、社会、文学、经济和历史。其中特别的文件包括有关美国革命、作家、出版社、社会改革机构和纽约市的私人文件。纽约公共图书馆可能具有大多数档案馆的典型性，没有独立的鉴定单位，14 个员工鉴定文件为同一级别。任何负责收集的员工会做出鉴定建议，然后交由主管审查。

经过测试后，纽约公共图书馆参与测试的人员对黑盒子鉴定模型的看法主要有以下四点：

第一，黑盒子鉴定模型以逻辑的方式，提供了一个有价值的分类功能，大部分因素可以包含在档案鉴定的决策中。即使鉴定人员争论模型中一些问题的含义，或者又提出了别的问题，这本身就是一个很有价值的贡献。

第二，这些模型可以促使鉴定人员思考非常基础的档案问题。例如，文件中“时间范围”或者“唯一性”的重要性问题。尤其重要的是，波尔斯和杨在模型中提出采用费用考虑的问题。即使档案工作者越来越认同成本是一个应该适当考虑的问题，但是在概念应用中可能会有差异。比如说，一个在黑盒子鉴定模型中存在的问题：如果一份文件经常被利用，因此它的保护费用会相对较高，在模型中这就是一个负值，但是在实际中，如果高的利用率，这份文件一定不会被认为是负值，因此这可能是这个测量模型中不准确的地方。

第三，波尔斯和杨的黑盒子鉴定模型可成为培训档案工作者的一个工具，这个模型可校正档案工作者人员的决定，促使同一档案机构的人员在制定档案鉴定政策时采用一致性的标准。波尔斯和杨的模型提供了一个结构化的方式，有利于鉴定政策的教学培训。这也是这个模型值得特别强调的地方，对未来的研究和进一步的合作有重要作用。

第四，黑盒子鉴定模型支持“鉴定是一个持续的过程”这一观点，具体到模型中的问题，如内容、费用、政策都与模型各方互相有联系，这些问题在不同的鉴定过程中也会有不同的重要程度。譬如在什么阶段应该评估档案保存的费用？费用在收集阶段的作用比在重新鉴定阶段的作用大吗？与鉴定决策相关的政治影响会随着时间的推移而变化吗？这些问题需要更多的思考和研究。①

总之，纽约公共图书馆经过对黑盒子鉴定模型的测试，认为该模型对档案的鉴定工作是有很大帮助的，但是也有一些需要改进和有待进一步思考和研究的问题。

5.5　同一时期中国的档案鉴定工作

1976 年，中国结束了“文化大革命”，各项事业获得了新生。档案事业也像其他各项事业一样，很快出现了一派欣欣向荣的景象。1978 年中国人民大学恢复办学，历史档案系也同时恢复建制，并改名为档案系，吴宝康任档案系主任。1978 年招收的第一届“文革”后的档案专业大学生，为后来的档案事业的发展发挥了重要作用。1979 年中共中央和国务院正式批准恢复国家档案局，同时将中共中央档案馆恢复中央档案馆，此后，档案行政管理工作得到了加强，档案工作得到了长足的发展。

同一时期，中国档案学界出版了一系列的专著、教材指导档案的管理工作，如 1985 年濮德祥编著的《档案学概论》、1986 年吕智新和刘仕民编著的《档案学概论》，这两部著作论述了实际工作中

① Sink R. Appraisal: the process of choice[J]. The American Archivist, 1990, 53(3): 452-458.

档案鉴定工作的意义，鉴定工作的指导思想、鉴定工作的内容、保管期限表等。1988年吴宝康主编的《档案学概论》，在档案价值界定部分首次借鉴了国外的档案鉴定思想，将档案价值分为凭证价值和情报价值两种，论述了实现档案价值的扩展律、档案机密程度递减律和档案的科学作用递增律三种规律。同时，中国档案学者也翻译了一些对中国当代档案学发展影响非常大的国外著作，如1983年由中国人民大学黄坤坊翻译的《现代档案——原则与技术》(美，T. R. 谢伦伯格著)；出版了一些国外档案管理的书籍，如1986年由中国人民大学黄坤坊编著出版的《欧美档案学概要》，1987年由中国人民大学韩玉梅、张恩庆、黄坤坊编著的《外国档案管理概论》等著作。其中国外的一些鉴定思想为中国档案学者带来了新的思维方式。

档案行政部门出台的一系列规章制度为档案鉴定思想的形成发展奠定了基础。国家档案局在总结过去经验教训的基础上，于1983年10月颁发了《关于文书档案保管期限的规定》及《关于不归档的文书材料的规定》，1986年2月颁布了《各级国家档案馆收集档案范围的规定》，1987年国家档案局又颁发了《关于机关档案保管期限的规定》和《机关文件材料归档和不归档的范围》，把中国的档案鉴定标准进一步具体化。1987年9月5日，第六届全国人民代表大会常务委员会第二十二次会议通过了《中华人民共和国档案法》(以下简称《档案法》)，由当时的中华人民共和国主席李先念签发，通过中华人民共和国主席第五十八号令予以公布，自1988年1月1日期施行。①《档案法》的颁布，标志着中国档案事业进入依法治档的新阶段，是对档案事业体系的完善。《档案法》(1987年)规定了档案价值的鉴定原则、保管期限的标准和销毁档案的程序和办法由国家档案行政管理部门制定。

总体来说，1978年至20世纪80年代末期，中国的档案鉴定思想如下：

① 李先念．中华人民共和国主席令第五十八号[J]．档案学研究，1987(1)：4.

(1)档案鉴定工作分两步走

档案鉴定工作分两个过程进行，第一个过程是在文件材料归档时，有关的部门对所要归档的材料进行一次鉴定，鉴定时要对文件材料是否准确、完整加以审核和鉴别，并鉴定其参考价值和利用价值的大小等。经过文书科技部门的鉴定，将真实、有价值的文件材料整理，填写密级和保管期限，移交档案部门。第二个过程是档案保管机构按机构制定的档案保管期限表的规定，对已过保管期限的档案进行审查，并把失去利用价值的档案拣出做进一步处理，如对过保密期限的档案进行开发利用，对没有保存价值的档案进行销毁、变卖等。①

(2)档案鉴定的原则是从历史唯物主义的立场出发，要体现以本机关制成的文件为重点，用全面、历史的观点去认识和评估文件材料的价值

要体现以本机关制成的文件为重点就是从一个全宗来看，长期保存的文件主要是本机关形成的重要文件或者是与这些文件有密切联系的上下级机关的重要文件。对于同一机关形成的文件，要区分文件内容是否主要反映本机关的主要职能活动。②

全面的观点就是要全面衡量和判定文件材料的价值，“要从党和国家的根本利益出发，从机关档案室、档案馆保存档案的总状况，从每一全宗的实际情况，从每一个年代，每一次会议，每一个问题保留下来的文件多少出发，去全面考虑每份档案材料的保管价值。从每份档案材料的政治、经济、历史、科学等各方面去考虑它的作用。……由于档案的作用是多方面的，不能只从对某一方面有用与否来考虑，要全面衡量其作用。”③

① 范奇媛．科技档案管理学[M]．哈尔滨：黑龙江人民出版社，1987：144-158.

② 濮德祥．档案学概论[M]．合肥：合肥联合大学出版社，1985：183-205.

③ 吕智新，刘仕民．档案学概论[M]．贵阳：贵州大学出版社，1986：138-139.

历史的观点就是按照历史本来面貌，不加主观色彩地反映历史事实。档案是历史活动中真实形成的记录，对档案鉴定时，要尊重历史事实，要按照历史的本来面貌保存相关文件材料。正如在“文化大革命”后，全国开始清理、销毁“文革”期间形成的档案里的假证、伪证。但陈兆祦先生认为，“‘文革’中产生的这些档案内容尽管有些是造假产生的，但这个造假事件本身却是真实的，保存这些档案对研究‘文革’历史具有重要意义”。①

(3)档案鉴定的方法

分析档案文件的保管价值主要从文件的内容、文件的作者、文件的时间、文件的完整程度、文件对各方面的作用、文件的名称可靠程度、有效性及文件的外形特点、制成材料方面进行分析。这几个方面是相互联系的，在鉴定文件材料时要全面判定档案的价值。档案的保管期限分为永久、长期和短期三种。②

20世纪70年代至80年代末期，中国档案学的发展已经逐渐恢复，国外档案管理思想也逐步进入到中国。20世纪70年代末期到80年代初期，中国档案学一方面受到“文化大革命”的影响，发展较慢，对于外国的档案思想引进的也是十几年前的思想，这些思想在欧美国家已经受到了质疑。到了20世纪80年代末期，中国档案学快速发展，一方面受到改革开放的影响，思想转变较快，欧美国家的档案思想能够及时地被国内档案学者消化吸收，另一方面中国档案工作也取得了长足的发展，有了自己的实践基础，所以像谢伦伯格、汉姆、波尔斯和杨等的一些档案鉴定观点，在中国档案学上也有一定的体现，但是由于中国档案教育起步相比欧美国家较晚，中国并没有形成诸如美国档案学者们建立的规范的档案学鉴定理论。

① 陈原，我国著名档案学家、档案教育家陈兆祦先生病逝[EB/OL].[2016-12-21]. http://society. people. com. cn/n1/2016/0410/c1008-28263346.html.

② 吕智新，刘仕民. 档案学概论[M]. 贵阳：贵州大学出版社，1986：138-139.

5.6 小　　结

美国的大学档案工作者弗兰克·波尔斯和茱莉亚·马克斯·杨借鉴了谢伦伯格和布里奇福德的思想，增加了他们工作中的经验，于 1985 年建立了黑盒子鉴定模型，黑盒子鉴定模型包括情报价值、保存费用和影响鉴定相关事项三部分。黑盒子鉴定模型的提出背景包括美国 20 世纪七八十年代的经济危机，以及计算机技术发展带来的保存费用的问题，另外其他社会学科研究方法的变化，如新制度学派、计量史学的兴起也是其中一个影响因素。同时期，中国档案事业刚从“文化大革命”中恢复，主要处于重建档案事业阶段，期间吸收了欧美国家的档案思想，档案行政部门出台的一系列规章制度为中国档案鉴定思想的形成奠定了基础。

第 6 章　宏观鉴定理论和文献战略

6.1　特里·库克和海伦·塞穆尔斯其人

6.1.1　特里·库克其人

特里·库克(Terry Cook)(1947.06.06—2014.05.12)是非常有名的加拿大档案工作者和档案学者。库克 1947 年出生在加拿大的温哥华，2014 年罹患胰腺癌去世，享年 67 岁。1969 年毕业于加拿大阿尔伯特大学(University of Alberta)，获历史学学士；1970 年毕业于加拿大卡尔顿大学(Carleton University)，获历史学硕士；1977 年毕业于加拿大皇后大学(Queen's University)，获历史学博士。

库克具有丰富的工作经历，他 1975 年进入加拿大国家档案馆，任职期间主要负责文件鉴定和处置工作，曾任国家档案馆历史资源司档案整理处处长，社会事务与自然资源文件司主任等职务，1998 年离开加拿大国家档案馆(现加拿大国家图书档案馆)。库克在加拿大国家档案馆一共工作了 23 年，他在加拿大公共档案馆任职期间，特别关注档案鉴定，提出了著名的并在全世界影响重大的“宏观鉴定理论”(macro-appraisal)。

从 1996 年开始直至 2014 年去世，库克一直是 Clio 咨询公司的档案顾问，提供档案事务咨询服务①。Clio 咨询公司“服务对象有美国、加拿大、澳大利亚、葡萄牙和新西兰的国家档案馆，也有美国的马里兰大学、密歇根大学以及澳大利亚的莫纳西大学和惠灵顿大学，此外还有加拿大档案工作者协会、安大略省档案馆、温尼伯格和多伦多市档案馆等。”②

库克从 1998 年开始，成为加拿大曼尼托巴大学档案学专业兼职客座教授，讲授档案学理论、鉴定理论、电子文件管理等课程。

库克自 1975 年加入加拿大档案工作者协会后，他承担了协会多项工作，如 1982—1984 年任职出版委员会、1991—1992 年任职电子文件委员会、1997—1998 年组建土著居民档案馆特别兴趣组。因贡献突出，2009 年他当选为加拿大档案工作者协会资深会员。库克在 2009 年成为美国档案工作者协会研究员。

库克发表学术论文多篇，著有《包含个人信息的档案鉴定：RAMP 研究指南》《宏观鉴定之理论与实践：起源、特征及其在加拿大的应用(1950—2000)》《宏观鉴定之演变、应用与未来》《更平等的职能：澳大利亚国家档案馆宏观鉴定策略之发展》《1898 年荷兰手册出版以来档案理论与实践的相互影响》《四个范式：欧洲档案学的观念和战略的变化——1840 年以来西方档案观念与战略的变化》《对数字时代来源原则的反思》《档案、文件与权力》《档案想象：随笔与反思》等，主编过《历史手册》系列丛书。③

2014 年库克去世后，档案学界多名学者发文悼念。国内中国人民大学的黄霄羽在《中国档案》上发表了《致敬特里·库克——特里·库克的专业经历、成就和影响评析》对库克的人生经历和思想及成就进行了梳理和介绍，本书中对库克的介绍大部分也参考了这篇文章。国外凯伦·安德森(Karen Anderson)、吉莉安·奥利弗

① Terry Cook(archivist)[EB/OL].[2016-12-20]. https://en.wikipedia.org/wiki/Terry_Cook_(archivist).

② 黄霄羽. 致敬特里·库克——特里·库克的专业经历、成就和影响评析[J]. 中国档案，2014(8)：68-71.

③ 黄霄羽. 致敬特里·库克——特里·库克的专业经历、成就和影响评析[J]. 中国档案，2014(8)：68-71.

(Gillian Oliver)伊丽莎白·雅克尔(Elizabeth Yakel)在期刊《美国档案工作者》上发表《纪念：特里·库克(1947—2014)》的文章，由于篇幅不长，笔者将这篇纪念文章翻译如下：

“我们的好朋友、同事、导师和自《档案学》2000年成立以来的编辑委员会成员特里·库克，于2014年5月12日去世。无论是作为个人还是为国际档案界，我们悼念他的逝世。

作为加拿大国家档案馆的一名档案工作者，后来又成为加拿大曼尼托巴大学档案学研究项目的教授，他的著作、演讲和创新的档案工作方法，特别是鉴定方法，在国际上影响了几代档案工作者。

特里的奖学金有助于《档案学》创建成为一个严肃的，学术性的，国际性的杂志。作为一名作者，他发表了一些我们最常引用的文章，包括他2001年发表的文章《档案学和后现代主义：旧概念的新表述》，以及他2002年与琼·施瓦茨合著的文章《档案，文件和与权力：从(后现代)理论到(档案)表现》(这篇论文也是他们的专刊《档案、记录与权力》的导论。)在这些和他的其他文章中，特里总是让我们停下脚步，重新思考我们的想法，质疑我们的假设，更深刻地反思档案工作的性质和价值。

特里也是《档案学》编辑部的杰出成员。作为一名评论家，他的所有评论都提出了敏锐的见解和建设性的反思。许多《档案学》刊载的论文都是通过他的评论意见而修改的。然而，在他评论的背后，是他相信我们可以做得更好，帮助塑造了一代学者。

作为主编，我们怀念特里对《档案学》和档案职业的贡献，作为特里的朋友和同事，我们怀念特里的质疑、督促和建议。我们一直都知道，他的目标是提高档案职业水平，提高档案学术水平。他自己做了这个榜样，并推动其他人这样做。再见，特里，谢谢你的真知灼见。

我们想念你。”①

6.1.2　海伦·塞穆尔斯其人

海伦·塞穆尔斯(Helen Samuels)也是一名非常有名的美国档案工作者和档案学者，出生于1943年，于1964年毕业于纽约市立大学皇后学院，获得文学学士学位，1965年从西蒙斯学院获得图书和信息科学(Library and Information Science)硕士学位。1965年至1967年塞穆尔斯在马萨诸塞州布鲁克林公共图书馆担任音乐专家，这也是她的第一个图书馆职位。1967年至1972年，她在哈佛大学的拉德科夫学院担任音乐图书管理员。塞穆尔斯的第一份档案工作是在辛辛那提大学档案馆，于1972—1973年担任助理档案馆员，1973年至1977年担任专业馆藏主管。在辛辛那提图书馆职位之后，她回到马萨诸塞州麻省理工学院工作。1977—1997年，塞穆尔斯从档案工作者职位升职为专业馆藏主管。她在麻省理工学院最后的职位是副教务长，一直到2006年退休，在这个职位上她研究和撰写了许多有关校园政策和信息方面的著作，致力于信息政策和教育技术问题的研究。她的著作介绍了如何把文献战略和机构职能分析当作一种方法来使用，希望以积极、系统、全面的方式研究和记录社会及其机构。塞穆尔斯在档案学研究领域中建立了自己的声望，特别是在档案鉴定理论方面。②

塞穆尔斯积极参与各项档案专业活动，她的活动经历有以下几个方面："首先是国际档案理事会，塞穆尔斯在1988—1992年为其科技工作组服务。

其次是美国档案工作者协会。1979—1982年，塞穆尔斯任大

---

①　Karen Anderson, Gillian Oliver, Elizabeth Yake. In memoriam: Terry cook(1947-2014)[J]. Archival Science, 2014, Vol. 14, October: 205-206.

②　Helen Willa Samuels[EB/OL]. [2016-12-29]. https://en.wikipedia.org/wiki/Helen_Willa_Samuel.

专院校档案馆委员会主席；1980—1986 年，她任职于目标和重点工作组；1983—1989 年，塞穆尔斯任国家历史出版物和档案委员会中美国档案工作者协会的代表；1980—1982 年，她又任职于项目委员会。

第三是新英格兰档案工作者。1982—1983 年，塞穆尔斯任新英格兰档案工作者协会主席；1978—1980 年她任教育委员会主席。

第四是美国国家人文基金会，塞穆尔斯在 1978—1997 年作为其审阅者和小组成员，为其服务。

第五是美国国家科学基金会，塞穆尔斯在 1978—1997 年担任美国国家科学基金会的审阅者。

鉴于塞穆尔斯在档案方面所做出的贡献，她获得了不同部门颁发的各项荣誉，包括美国档案工作者协会 1983 年的研究员职位和 1993 年的利兰奖，以及新英格兰档案工作者 1995 年的杰出服务奖。”①

6.2 时代背景

6.2.1 计算机的普遍应用

20 世纪 80 年代中期到 90 年代是 Internet 快速发展的阶段，计算机网络的形成和发展引发了计算机领域的又一次革命。1985 年美国国家科学基金会建立国家教育科技网，国家教育科技网成为 Internet 上主要用于科研和教育的主干部分，1989 年美国国防部研究计划管理局建立的网络和国家教育科技网连接后，就开始采用 Internet 这个名称。随后，美国其他部门的计算机网相继并入 Internet。②“真正

① 支萍萍. 美国文献战略理论与实践研究[D]. 天津：天津师范大学，2012.

② Internet 的起源与发展[EB/OL]. [2016-12-20]. http://www.supplierlist.com/inter_knowledge/cn/csn-qy.htm.

使 Internet 迅速普及和发展起来是在 20 世纪 90 年代，商业机构开始进入 Internet，Internet 的商业化使 Internet 能为用户提供更多的服务，用户也就越来越多。”①

截至 1997 年，加拿大“已有 36% 的家庭拥有个人电脑，而且电脑也成为各行各业、各种规模企业的标准设备。电脑与互联网的结合如此巨大地改变了信息交流与传递的方式，以至于当电脑无法工作、因特网停用时，整个社会面临着巨大混乱。”②计算机的普遍应用使文件的生产方式和载体发生了巨大的变化，办公、生活中越来越多的文件依赖于计算机技术形成和读取，文件载体也变得多样化，如磁盘、光盘、计算机硬盘等。

6.2.2 对现有理论的思考

计算机技术的快速发展，产生了大量依赖计算机生产和读取的电子文件，电子文件的保管为档案工作者带来了前所未有的压力，所有的档案学理论都受到了挑战，包括之前备受尊崇的“来源原则”“文件生命周期理论”等。黄霄羽在其博士论文《魂系历史主义——西方档案学支柱理论发展研究》中对“来源原则”被重新发现的过程进行了详细的介绍③，冯惠玲也在其博士论文《拥有新记忆——电子文件管理研究》中提出了“新来源观”，“新来源观”的基本思想是注重文件的生成背景，即文件是在什么条件下，为了什么目的，采用何种结构产生的；只要了解了文件的形成过程就有助于档案管理人员管理和利用电子文件。④ 传统文件的运动阶段容易区

① Internet 的起源与发展[EB/OL]. [2016-12-20]. http://www.supplierlist.com/inter_knowledge/cn/csn-qy.htm.

② [加]罗伯特·博斯韦尔著. 加拿大史[M]. 裴乃循，符延军，邢彦娜，耿小岩，译. 北京：中国大百科全书出版社，2012：458.

③ 黄霄羽. 魂系历史主义——西方档案学两大支柱理论发展研究[D]. 北京：中国人民大学，2002.

④ 冯惠玲. 电子文件时代新思维《拥有新记忆——电子文件管理研究》摘要之六[J]. 档案学通讯，1998(6)：45-49.

分，电子文件很难划分各阶段的界限，因为电子文件可能会处于不同的运动阶段。在电子文件管理过程中，就不能套用传统文件的生命周期概念。

在特里·库克提出宏观鉴定理论之前，加拿大一直采用的是美国档案学者谢伦伯格提出的"双重价值"鉴定思想，但是在前面的第四章和第五章中也讲到，随着时代的变化、计算机技术的飞速发展、社会文化的变化，已经导致"双重价值"鉴定理论不是特别适合20世纪80年代的档案文件的鉴定工作。20世纪80年代后期，加拿大国家档案馆鉴定负责人埃尔顿·佛罗斯特(Eldon Frost)认为加拿大的文件鉴定工作是文件管理全流程中最为薄弱的环节。①

6.2.3 政府信息公开立法的影响

加拿大财政委员会于1982年7月颁布《信息获取法》，《信息获取法》是加拿大政府保障公民获取政府信息权利的一部重要法律。法律规定，"除该法明确规定的免予公开者外，加拿大联邦政府档案都应向公众提供。这些档案记录的形式包括信件、备忘录、照片、录音及机读数据等。"②1989年加拿大政府出台了政府信息管理政策(Management of Government Information Holdings Policy，简称MAGIH)，该政策要求各个政府部门对其所掌握的信息资源进行管理，这也与《信息获取法》相对应，这些法律政策的实施为特里·库克的"宏观鉴定"思想的提出提供了可能，也是国家档案馆实施"宏观鉴定"思想的前提。加拿大在全国范围内的图书馆和邮局投放《信息获取登记册》，向市民介绍联邦政府各机构和相关机构的职责；各机构控制的信息；政府部门执行计划或活动的说明；行政官员的职务和联系方式；政府机构提供的免费帮助指南等。③

① 宋魏巍．职能鉴定法研究[D]．北京：中国人民大学，2012.

② 郑丝琳．我国信息公开法与美国、加拿大关于信息公开条款的比较[J]．湖北档案，2007(7)：14-17.

③ 郑丝琳．我国信息公开法与美国，加拿大关于信息公开条款的比较[J]．湖北档案，2007(7)：14-17.

这些法律要求政府每个部门对自己的职责、计划、活动等非常清晰明确，国家档案馆只需要透过这些已经形成的清晰的部门职能，即可分析这些部门形成的文件的价值和重要性的大小。

6.3　宏观鉴定思想

宏观鉴定理论由加拿大档案学者特里·库克在 20 世纪 80 年代末提出，库克同样认为传统的鉴定理论已经不适应于现实情况，需要根据新情况构建出新的鉴定理论，其鉴定思想称为“宏观鉴定理论”。宏观鉴定理论试图连接重要的社会机构、功能、文件生成者及生成过程，全面反映人类社会生活的经验，通过社会结构和社会职能，找到体现文件形成相互联系的档案。特里·库克通过观察文件形成者开始研究宏观鉴定的处理过程，他的目的是确定文件形成者的“职能”(function)，职能这个词是他定义用来描述形成者的目的和意图的。为了“职能”，他增加了“结构”(structure)，即他增加了文件形成者的行为或活动。库克认为政府官员形成文件是他们的行政组织结构所赋予的职能活动。宏观鉴定方法属于“从上而下”(top-down)的方法，需要非常强的逻辑和计划方法来认真执行和详细分析，因此档案鉴定工作者需要对可能影响检验实体文件的众多因素有深刻的理解，包括文件形成者的历史，其职能和任务，它的结构和决策制定过程，文件处理的全过程等。宏观鉴定模型有两部分，一是根据社会职能背景，确定文件的优先级标准；二是确定个人公民与这些结构和职能相关作用的重要程度和变量因素。① 宏观鉴定理论的优点是理论(识别社会中应该记录的重要职能)和实践(鉴定最具有潜在档案价值的文件的能力)并存。

特里·库克的“宏观鉴定思想”于 1991 年在加拿大国家档案馆得到实施，宏观鉴定方法属于加拿大“广泛政府计划”(Government-

① Bailey C A. From the top down: The practice of macro-appraisal [J]. Archivaria, 1997 spring, 43: 89-128.

Wide Plan)中所采用的模式之一，需要档案工作者首先熟悉“政府范围的计划”中所包含的方法和标准。当与政府“多年处置计划”进行谈判时，档案工作者应进一步对该机构本身进行宏观评估，以根据其从档案角度看出的重要性确定适当的目标。档案工作者还应该审查过去的鉴定决策和先例，以便具体机构的其他职能和具类似职能的其他政府机构能够通过咨询现有的文件处置控制系统(the Records Disposition Authority Control System，简称RDACS)中的信息所理解。此外，档案工作者需要熟悉多机构部门管理局(the Multi-Institutional Disposition Authorities，简称MIDA)所做出的政府范围的鉴定决策。加拿大语境下的宏观鉴定有下列10个关键前提：

“(1)鉴定应是对具有档案价值的文件(指具有永久价值的档案——译者注)进行确认的一个主动的、有计划的过程，而不是对文件管理人员(指机关档案管理人员——译者注)请求准许销毁文件的被动答复。

(2)档案文件的鉴定应由档案工作者根据若干预定的‘价值’标准来直接确认，而不是间接或被动地接收形成者销毁后剩余下来的文件。坚决抵制詹金逊把鉴定责任交给文件形成者的做法。

(3)档案工作者在鉴定中最不该做的是考虑研究者潜在的利用可能。谢伦伯格强调档案工作者主要根据现实的或预见的研究趋势来判定文件的‘信息(情报)价值’，这一做法具有根本性的缺陷，只构成宏观鉴定法中最后的例外步骤。

(4)鉴于每天形成的现代文件数量巨大和形式复杂，档案工作者不针对每份文件甚至每个文件系列进行鉴定，而是鉴定它们的各种形成背景和为形成者当下所用的状况：也即文件的虚拟或职能来源。这样一来，某一特定职能在所有载体所有地点上形成的文件便可以同时被综合性地加以鉴定。

(5)宏观鉴定要求档案工作者对组织文化和机构职能，对文件管理体系、信息流、记录载体以及它们在时空转换中的变化进行深入的研究。如果说鉴定乃是判定文件的长期价值，那么宏观鉴定则是对形成者形成和利用这些文件的职能——组织背景和工作文化进行价值判定，对公民如何与这个背景和文化互动、如何受其影响进行价值判定。

(6)鉴定是决定文件是否应长期保存以及哪些文件应予销毁的价值判定过程；不应把它与收集混为一谈，后者是确定已被鉴定为档案的文件实际能否移交到和保存进档案馆；也不应把它与文件采集或文件管理(指机关文件和档案管理——译者注)相提并论，后者是一个有关联但却不同的智能过程。

(7)倘若没有关于鉴定‘价值’的缜密的理论或概念，任何鉴定策略或方法既得不到连贯的实施，其鉴定结果也无法经得起日益挑剔的公众的审视或满足几百年后人们对我们留下的档案遗产的理解。

(8)鉴定理论与档案理论没有直接关系，而且它们似乎可被视作对立的双方：鉴定理论研究文件对社会和机构记忆的价值，而档案理论则研究文件作为可靠证据的特性。当然，没有可靠“价值”的文件几乎不会被判定具有“鉴定”价值，但这反而产生了一个疑问，即无数确实显示出具有可靠档案(证据)价值的文件是否也具有鉴定(记忆)价值。

(9)鉴定不可避免地是一个主观过程，任何‘价值’判断都会随着时间、地点、政府结构/定位，以及社会和民族文化的变化而变化：现在的档案工作者正在建构未来将要知道的过去。

(10)由于鉴定的复杂性、鉴定的社会重要性以及鉴定的主观性，档案工作者及其所在的机构应该通过对背景研究、鉴定过程、存—毁决定以及最终的档案文件移交等做出充分和透明的记录，以保证他们对鉴定决定的负责；应该制订能够规范和评判鉴定过程的基准标准，并严格遵照执行。”①

实施宏观鉴定理论的具体方法包含以下 8 个步骤②：

① 特里·库克著. 宏观鉴定与职能分析[J]. 李音，译. 中国档案，2012(1)：51-53.

② Appraisal Methodology：Macro-Appraisal and Functional Analysis-Part B：Guidelines for Performing an Archival Appraisal on Government Records[EB/OL]. [2016-12-20]. http://www.bac-lac.gc.ca/eng/services/government-information-resources/disposition/records-appraisal-disposition-program/Pages/appraisal-methodology-part-b-guidelines.aspx.

(1)研究决定职能、子职能、子-子职能，项目活动的复杂性和重要程度；

(2)研究定位最重要的职能存在哪些部门(相对于单位的主要利益来说)；

(3)理解职能和项目的本质属性，并分析这些职能与人民群众之间的关系；

(4)提出关于职能或者项目相对重要性的假设，比如这些重要的文件存在于哪些职能部门中，需要多少文件，哪些文件能够成为丰富而不冗余的档案文件资源；

(5)检验或者确定这些假设，根据职能选择出那些文件；

(6)分析计划涵盖之外的文件的价值；

(7)识别出另外一些可能具有法律，或者内在情报价值的其他文件；

(8)识别出任何可能对鉴定决策具有负面影响的因素，然后调整鉴定决策或者制定转让或者监测的条款和条件。

这些研究步骤和方法实际上代表了档案管理处最终批准档案文件保存处置的业务流程。档案鉴定报告旨在反映这一业务流程，并且与政府其他业务流程一样具有相同的透明方式，这份鉴定报告可作为问责和审计追踪的根据。

宏观鉴定的主要成分是“职能分析”(functional appraisal)，档案工作者在进行宏观鉴定时应考虑以下职能准则①：

(1)评估机构中各项职能适用的法律、法规和政策及其复杂性。一般来说，与某一职能相关的立法越复杂，它的重要性或者价值就越大；

(2)评估某一职能在其他机构、其他政府部门和加拿大社会的

① Appraisal Methodology：Macro-Appraisal and Functional Analysis-Part B：Guidelines for Performing an Archival Appraisal on Government Records[EB/OL]．[2016-12-20]．http：//www．bac-lac．gc．ca/eng/services/government-information-resources/disposition/records-appraisal-disposition-program/Pages/appraisal-methodology-part-b-guidelines.aspx.

影响程度，可通过机构的年报、议会辩论、内阁成员的评论、新闻和其他媒体的报道等来源，来进行评判；

(3)评估机构中的人员编制、附属单位、预算的大小对职能的宽度和复杂性的影响，可通过结构组织和支出影响来进行。在从事职能比较时，一定要在同一级别的项目或者在宏观职能上处于同一层次上进行比较，避免不同层级职能比较；

(4)评估某一职能是否半独立(semi-independent)或者完全依附局、法庭、委员会。通常，职能越依赖机构，职能的影响就越大；

(5)在较大的机构职能群组范围内评估其附属部门的职能领导性，以及在群组中机构间和机构内的资历(这相当于职能的结构层级，其中一个单位可能在某一领域内的层级要高，并且对政府或者社会比其子机构、平行机构甚至上级机构具有更广泛和更深远的影响)。可通过评估所有这些子机构对职能整体的相对重要性来进行。

(6)评估现在和过去一段时间内所有行政单位的职能命令。比如每个单位是否主动承担所有或者大部分的事务，或者只是集中在职能的一小方面?

(7)评估地区性机构的职能自主性的程度和性质。评估此项可通过总部与地区性机构之间的预算控制、独立运作或者地区性的修改文件系统、对总部较松散的报告等指标来进行。

(8)跟踪工作流程，包括数据从地区进入总部系统、总部系统和内部机构单位之间、总部与其他政府机构之间的流程。识别这些工作流程中的关键参与者或者形成者。

(9)当分支机构或者部门内所有单位与其他政府客户，更重要的是与公众进行业务往来时，了解这些单位的项目交付活动的性质。确认这些项目交付的产品主要是重复的、同类的特性，还是具有个性化的特性。

(10)评估公众与项目职能之间的关系。这对以后在鉴定纸质和电子文件时至关重要，有利于检查政策、程序和业务流程是否允许直接而不是间接地记录公众的观点，或者说这些政策是否反映了公众的观点和意见，而不仅仅是使用既定的程序或者公众无条件地接受。

(11)确认现有的专业单一的研究机构、单位或者实验室所产生的唯一性记录或者观察资料，因此这就需要特别注意上述单位所产生的档案材料。

(12)通过“官方”披露的年度报告、任务说明书、政策、高级管理手册等资料，评估其实施的程度。比如原始目标与职能、政策、项目或者活动的实际结果之间是否存在有价值的证据。

在分析上述相关准则之后，接下来就是形成宏观鉴定的假设。在形成宏观鉴定假设时，档案工作者应将职能背景与结构两者联系起来，以便确定记录的目标，并确认某一负责控制与处置文件的主体。

一旦宏观鉴定假设形成，真正的文件鉴定工作也就可以开始了。这些假设是一个检验的过程，既可以修改也可以被确定，这一阶段尽可能全面进行。理论上，档案工作者按照逻辑顺序，在同一时间检查所有载体上的所有文件，但是在实际操作时并不可能每次都这样做。如果是第一次鉴定机构中的文件，逻辑上是档案工作者先检查政策性文件(policy records)，然后是业务性文件(operational records)，最后是地区性或者领域性的官方文件(regional or field office records)。①

20世纪90年代以来，电子文件的数量突发猛涨，那时档案工作者已经清楚地意识到现存的档案鉴定实践必须随着电子文件的保管和组织机构的影响而变化。宏观鉴定理论被认为是在数字文件保管系统中一种新的鉴定方法，这种方法能够在分布式虚拟电子文件保存环境中分析文件的组成，和业务流程中这些关系的完整性和可靠性。② 宏观鉴定非常适用于电子时代，因为宏观鉴定不是事后

① Appraisal Methodology: Macro-Appraisal and Functional Analysis-Part B: Guidelines for Performing an Archival Appraisal on Government Records[EB/OL]. [2016-12-20]. http://www.bac-lac.gc.ca/eng/services/government-information-resources/disposition/records-appraisal-disposition-program/Pages/appraisal-methodology-part-b-guidelines.aspx.

② Brown Caroline. Archives and Recordkeeping: Theory into Practice[M]. London, GB: Facet Publishing, 2014: 46-47.

鉴定，而是事前鉴定。系统性的鉴定方法非常符合快速变化的机构处理档案，因为鉴定不是只在一个时间点进行，而是持续的，它促进有计划的方法作为评估价值和功能的目标，它不是以技术或者载体为导向，而是以档案为导向的活动。但是，宏观鉴定理论也存在一定的缺陷，其在形成鉴定决策时并没有考虑用户的作用。①

6.4　文献战略思想

文献战略由美国档案学者海伦·塞穆尔斯(Helen Samuels)在1984 年第一次提出，1991 年塞穆尔斯对文献战略的定义为“文献战略的关键要素是对所有的记录进行分析，了解文献的固有问题，制定计划，来确保一个正在进行的事项、活动或者地理区域的足够的有关记录。这个战略由文件形成者、行政官员(包括档案工作者)和用户来设计、促进和实施。这个战略要通过正在进行中的许多机构和个人的合作努力，通过应用重新定义的档案收集政策和充足的资源，以确保保存合适的档案。战略是根据条件和观点的变化而相应改变的。”②文献战略的概念在实践中不断得到发展与完善，1992 年美国档案工作者协会编制的《档案术语汇编》中将文献战略定义为“文献战略是由文件形成者、行政官员(包括档案管理员)和用户设计、推广和实施的一种持续的、分析的、合作的方法，通过应用档案技术、建立档案馆、完善收集政策、开发充足的档案资源，确保人类活动的某个领域中合适的档案文献保存下来。这种方法的关键要素是对所要记录的世界的分析，对固有的文件问题的理解，以及制定计划以确保一个问题、活动或地理区域有足够的文献

---

① Cook T. Documentation strategy [J]. Archivaria, 1992 summer, 34: 181-191.

② Samuels H W. Improving our disposition: Documentation strategy [J]. Archivaria, 1991 winter, 33: 125-140.

保存下来。"①理查德考克斯认为文献战略有四个基本要素：①文献战略是一个分析工具，为解决一些文献问题提供一种方法；②战略分析的关键是强调文献形成者、保管者(如档案管理员)和文件利用者之间的协调与协作；③承认固有的文献问题，如现代文献急剧增长的数量和越来越复杂的信息技术；④需要制定一项计划，尽可能具体地确定主题或地理区域或正在考虑的任何方面的文件目标。② 总的来说，文献战略的目的是要设计一个分析性的步骤与过程，是一个跨学科的过程，档案工作者、文件形成者、文件利用者应该聚集在一起讨论本地区现存的档案信息和研究者可能会感兴趣的信息。讨论的结果应该有哪些文件、哪些信息被保存，或者具有附加信息的文件或者以某种新方式形成的文件应该被选择进档案馆中保存。文献战略可以看作动态的工具，将根据过去的经验，不断变化的需求和文件形式定期审查和修订。③ 文献战略是一种多机构的、以研究为基础的分析，即通过将众多档案馆的鉴定活动结合在一起，使档案文件反映社会的主要论题、问题、活动或职能，它的注意力首先不是来源，而是某一主题，如教育大学生、发展计算机工业，或作为另一种选择，在某个有限的地域内用文件反映许多主题。文献战略最适宜于个人手稿和非法人文件，而不是政府或机构文件，或者只是作为对后者的补充。塞穆尔斯认识到这一点，在其重要著作《大学的信件：记录现代大学校园》④，书中将机构职能分析并入了文献战略，指出鉴定起点不再是检验具体文件，而是分析文件产生背景，鉴定的着眼点应从形成机关组织

① Cox R. The archival documentation strategy and its implications for the appraisal of architectural records[J]. American Archivists, 1996, 59(2): 144-154.

② Cox R. The archival documentation strategy and its implications for the appraisal of architectural records[J]. American Archivists, 1996, 59(2): 144-154.

③ Boles F. Selecting & Appraising Archives & Manuscripts [M]. Chicago: Society of American Archivists, 2005: 21-22.

④ Samuels H W. Varsity Letters: Documenting Modern Colleges and Universities [M]. Lanham: Scarecrow Press, 1992.

结构转向机关职能，其核心思想转变为依据文件形成机关的职能来判断档案价值。

6.5　同一时期中国的档案鉴定工作

20 世纪 90 年代以来，中国档案事业迎来了繁荣发展。中国档案学者和档案管理工作人员就档案鉴定发表了许多文章，出版了多部有关著作，如 2001—2002 年发表的《关于档案价值鉴定的理论与实践》系列文章，刘东斌发表的有关档案鉴定基本问题思考的为谁鉴定、由谁鉴定、如何鉴定、鉴定什么等系列文章，王岚博士论文《为未来选择历史——论档案价值与鉴定原理》，陈忠海的《档案鉴定的理论与实践》(1999 年)，傅荣校的《档案鉴定理论与实践透视——基于效益和效率思路的研究》(2007 年)，汪孔德的《档案鉴定研究》(2009 年)等。这些文章、专著为新时期档案鉴定研究提供了新的视角。在本书中，笔者摘录 2015 年由中国人民大学王英玮、陈智为、刘越男编著的《档案管理学》(第四版)第二章中对“档案价值的鉴定”要求和标准予以说明。

《档案管理学》(第四版)书中对档案价值鉴定工作的要求是“开展档案价值鉴定工作必须从国家和社会的整体利益出发，既要考虑到档案形成者的业务工作需要，又要考虑到国家和社会历史记忆保存的需要，用全面的、历史的、发展的和效益的观点，科学合理地判定档案的保存价值。”①其他版本的档案管理需教材对此也有类似的表述。这条原则主要有以下含义：

“(1)从国家和人民的整体利益出发衡量档案的价值。这是档案鉴定工作总的指导思想，也是档案价值评价的基本标准。档案是整个国家和全体人民宝贵的历史财富，关系到各方面的利益，从事

① 王英玮，陈智为，刘越男编著. 档案管理学(第 4 版)[M]. 北京：中国人民大学出版社，2015：22.

档案鉴定工作必须站在全体人民的立场上，从国家的整体利益出发，去研究档案的内容实质及其他各种因素，充分估计档案对整个社会发展所起的作用。

(2)采用全面的观点指导档案价值鉴定工作。从立档单位角度看，就是在判定档案保存价值时，应全面分析影响档案保存价值的相关因素，综合判定档案的保存价值；从社会角度看，就是在判断档案保存价值时，应避免只从一个机关、一个部门(机构)或个人的需要出发去开展价值鉴定工作，而应从社会的需要出发去开展工作。从档案管理的整体效益角度看，坚持全面的观点开展档案价值鉴定工作，也是实现整个国家档案资源体系建设整体优化目标的需要。

(3)采用历史的观点指导档案价值鉴定工作。要根据档案产生的历史条件及其在历史上的作用，科学地评价其对维护人类社会历史记忆的有用性，确定其保存价值。在档案价值鉴定工作实践中，坚持历史的观点，就必须坚决反对片面的实用主义观点。

(4)采用发展的观点指导档案价值鉴定工作。档案的保存不仅是现实社会存续和发展的需要，也是子孙万代的生存与发展需要。档案价值鉴定工作人员应具有一定的预测未来社会发展需要的能力。正确的做法是：纸质档案按传统的价值鉴定标准去判定其保存价值；数字档案(电子档案)的价值鉴定标准则应重新确定。

(5)采用科学的效益观点指导档案价值鉴定工作。对于纸质档案等传统载体形态档案的价值鉴定，必须考虑立档单位和国家档案管理部门的保存能力。那种认为只要文件与记录具有些许利用价值就应作为档案加以保存的思想观念，不仅脱离实际，而且一旦实施就会劳民伤财。为此，开展档案价值鉴定工作时，鉴定人员应对列入保存范围的文件和记录的利用价值和利用效益，进行充分的预测和评价。只有当档案发挥作用所带来的经济效益和社会效益大于我们所付出的管理成本时，才能认为档案是具有保存价值的。诚然，单纯的“效益”观点(即只评价档案保存的经济效益，却忽略档案保存的社会效益的观点)，在档案价值鉴定中也要坚决避免。”①

档案价值鉴定的标准要求从档案属性标准、社会需求标准、相对价值标准三个方面②来认识和评价档案价值，提高档案鉴定结论的客观性、可靠性和准确性，以下为具体内容：

档案属性标准包括①档案的来源标准，从档案的形成者，即文件的责任者(作者)和立档单位评判档案价值的大小；②档案的内容标准，通过分析文件内容的重要性、独特性、真实性、文件信息内容的综合性或集中性判定档案价值的大小；③档案形成的时间与时效标准，即从文件形成时间的远近、形成的时期和档案在不同时期满足人们不同需要(例如现实的使用价值、历史的参考价值和鉴赏的文物价值)判断档案价值的大小；④档案的形式特征标准，通过文件名称、文件的文本、文件的外形特点对档案的价值产生影响的大小来判定档案价值的大小。

社会需求标准包括①社会需求方向，是指广大利用者需要利用哪些内容和哪些类型的档案，把握住总的发展趋向；②社会需求面，即档案鉴定要满足社会广泛的社会需求，要满足不同利用领域、不同利用者、不同利用目的的社会需求；③社会需求时间，档案鉴定要考虑近期利用需求(近期需求是指档案形成机关在一定时期内需要查考利用档案，以及档案进馆初期各方面对档案的利用)和长远利用需求(长远利用需求是指鉴定档案价值时，应深入预测未来的潜在利用需求，通过对既往利用频率、利用效果、利用需求、用户状况等方面的调查分析，仔细剖析影响社会对档案需求的种种因素，探索利用需求的发展规律，从而准确地判定社会对档案的潜在需求，充分发挥档案馆史料基地的作用)。

相对价值标准包括①相关档案的保存状况，如看档案的完整程度、档案是否重复、文件的可靠程度、档案内容的可替代程度；②

① 王英玮，陈智为，刘越男编著. 档案管理学(第 4 版)[M]. 北京：中国人民大学出版社，2015：22-23.

② 王英玮，陈智为，刘越男编著. 档案管理学(第 4 版)[M]. 北京：中国人民大学出版社，2015：41-47.

保管条件和费用，要考虑现有档案保管条件和保管费用效益问题。

这一时期中国传统的档案价值鉴定思想已相对比较成熟，其指导原则涵盖了历史上的档案鉴定思想，在众多档案鉴定思想的基础上，取其精华，根据中国档案管理实际，运用马克思主义指导思想制定出了全面的、历史的、发展的和效益的观点。

这一时期另一重要的鉴定思想是电子文件的双重鉴定思想，由于在20世纪八九十年代，中国的计算机技术远远落后于西方发达国家，电子文件产生的数量在社会文件中的比重并不如西方发达国家那样大，因此对电子文件的鉴定在20世纪90年代初之前并没有受到太大的重视。直到1996年国家档案局将电子文件研究项目列入科技计划，1998年我国档案学者冯惠玲撰文阐述电子文件的双重鉴定思想，对于电子文件的鉴定才引起了广大档案学者的关注。电子文件的双重鉴定思想是法国档案学者哈罗尔德·瑙格勒(Harold Naugler)提出的，其在1984年发表的报告《机读文件的鉴定——文件与档案管理计划》(*The Archival Appraisal of machine-records: a RAMP*①*study with guidelines*)专门向档案工作者和其他感兴趣的信息专业人员介绍机器可读记录，并为档案价值鉴定提供指导，这份报告包括：①介绍性讨论计算机在信息管理中的优势和旧业务系统的缺点；②有关计算机系统和机器可读文件的背景资料；③管理机器可读文件的程序；④鉴定机器可读文件的内容和技术属性的准则和标准；⑤用于匿名个人数据以保护机器可读文件机密性过程的描述；⑥跨境数据流涉及的问题的讨论；⑦对推荐的政策、做法或指南形式的简要结论。② 这份报告第四部分论述了鉴定机读文件的两个标准“内容鉴定”和“技术鉴定”，这一思想为电子文件的鉴定提供了新的思路。1998年我国档案学者冯惠玲撰文阐述电子文件的双重鉴定思想，将电子文件的技术鉴定这种新的视角呈现

① 笔者注：RAMP(Records and Archive Management Programme)为联合国教科文组织的档案管理计划。

② Naugler H. The archival appraisal of machine-readable records: A RAMP study with guidelines[R]. Paris: Unesco, 1984.

给国内的档案学界，并且带来了中国档案学界对电子文件鉴定的广泛讨论，极大地拓宽了档案鉴定理论研究的领域。总体来看，电子文件的双重鉴定中的技术鉴定包括“可读性鉴定、可靠性鉴定、无病毒鉴定、载体状况鉴定”①；内容鉴定标准与传统纸质档案鉴定思想区别并不是很大。电子文件的双重鉴定思想始终没有脱离笔者在第二至第六章里叙述的档案鉴定理论，电子文件的双重鉴定理论中对技术的鉴定，犹如在纸质文件时代对纸张文字可读性的鉴定，但是，电子文件的技术鉴定比纸质文件的技术鉴定要复杂得多。王英玮等人在《档案管理学》中也提到“数字档案(电子档案)的价值鉴定标准则应重新确定”，但是目前还没有形成新的档案鉴定理论。

6.6　小　　结

计算机技术的快速发展，产生了大量依赖计算机生产和读取的电子文件，电子文件的保管为档案工作者带来了前所未有的压力，所有的档案学理论都受到了挑战，加拿大档案学者特里·库克在后保管主义思想的启发下，提出了“宏观鉴定”理论，宏观鉴定理论试图连接重要的社会机构、功能、文件生成者及生成过程，全面反映人类社会生活的经验，通过社会结构和社会职能，找到体现文件形成相互联系的档案。美国档案学者塞穆尔斯提出了“文献战略”，基本思想是档案工作者、文件形成者、文件利用者应该聚集在一起讨论本地区现存的档案信息和研究者可能会感兴趣的信息。宏观鉴定理论和文献战略是基于“职能”的鉴定思想，其核心思想是根据社会职能背景，确定文件的优先级。此外，这一时期还有一个重要的鉴定思想是电子文件的双重鉴定思想，即“内容鉴定”和“技术鉴定”。技术鉴定包括“可读性鉴定、可靠性鉴定、无病毒鉴定、载体状况鉴定”；内容鉴定标准与传统纸质档案鉴定时区别并不是很

① 冯惠玲. 电子文件的双重鉴定：《拥有新记忆——电子文件管理研究》摘要之三[J]. 档案学通讯，1998(3)：32-35.

大。这一时期中国的档案鉴定思想能够从国家和社会的整体利益出发，既要考虑到档案形成者的业务工作需要，又要考虑到国家和社会历史记忆保存的需要，用全面的、历史的、发展的和效益的观点，科学合理地判定档案的保存价值来看，是一个比同时期国外档案鉴定思想更综合的鉴定思想，希望能够全面反映国家和社会的历史，但是这一指导原则忽略了档案利用者(用户)要素。

中　篇

演化规律

第7章　规律一：变革——档案鉴定理论符合范式转变规律

档案学理论和思想逐渐形成于1898年荷兰三位档案学者萨穆·缪勒、约翰·斐斯和罗伯特·福罗所著的《档案的整理与编目手册》(简称《荷兰手册》)，此后世界各国又形成了各具特色的档案学思想和著作，如前面章节中所述的英国档案学家詹金逊的《档案管理手册》；中国的十三本旧著；美国档案学家谢伦伯格的文件双重价值理论、德国档案学者布姆斯的社会分析方法以及后来的加拿大档案学者特里·库克的宏观鉴定思想。纵观这些具有代表性的档案理论，除最初的《荷兰手册》中没有涉及档案鉴定外，其他的档案思想的核心转变均为鉴定思想的转变，这种鉴定思想的转变非常符合库恩的“范式”转变特点，下面将进行详细分析。

7.1　档案学鉴定范式导论

7.1.1　库恩“范式”的概念

根据库恩在其所著的《科学革命》及后来的《再论范式》等论著中，对“范式”进行了解释性的表述，如：

“我所谓的范式通常是指那些公认的科学成就，它们在一段时间里为实践共同体提供典型的问题和解答。"①

"'范式'一词有两种意义不同的使用方式。一方面，它代表着一个特定共同体的成员所共有的信念、价值、技术等构成的整体。另一方面，它指谓着那个整体的一种元素，即具体的谜题解答；把它们当作模型和范例，可以取代明确的规则以作为常规科学中其他谜题解答的基础。"②

"一个范式就是一个科学共同体的成员所共有的东西。"③

7.1.2　库恩的科学发展的动态模型

通过库恩对"范式"的不同解释方式和库恩的科学演进动态模型，笔者总结了范式的四个特点：第一，范式是一个特定共同体的成员所共有的信念；第二，范式是具体的谜题解答；第三，范式是变化的；第四；范式之间具有不可通约性。

图 7-1　库恩的科学演进动态模型

7.1.3　档案学者对档案"范式"的理论研究

据现有材料分析，加拿大档案学者休·泰勒(Hugh Taylor)是

① ［美］托马斯·库恩著. 科学革命的结构［M］. 金吾伦，胡新和，译. 北京：北京大学出版社，2003：序 4.

② ［美］托马斯·库恩著. 科学革命的结构［M］. 金吾伦，胡新和，译. 北京：北京大学出版社，2003：157.

③ ［美］托马斯·库恩著. 科学革命的结构［M］. 金吾伦，胡新和，译. 北京：北京大学出版社，2003：158.

最早在1987年加拿大档案工作者协会年会上发言，提出档案学“范式转变”概念。国外对档案学范式研究最多的当属加拿大档案学者特里·库克，其在1996年第十三届国际档案大会上所做的报告——《1898年荷兰手册出版以来档案理论与实践的相互影响》中认为20世纪90年代在电子文件带来的挑战下，世界档案学理论正处于“后保管范例”中，后保管范例的关注焦点是“从文件实体转向文件的形成过程；从分析文件的性质转向文件产生的业务职能、活动和工作流程；从根据文件价值鉴定转向宏观鉴定形成者的主要职能；……简言之，从由此产生的文件或产品转向文件背后的创造活动或创作意图。”①随着社会环境和技术的变化，特里·库克对档案范式又有了新的认识，他认为过去的150年里，档案学范式经历了四个阶段，第一个阶段是“证据”（Evidence）：前现代档案管理阶段，“档案保管者”守卫法律遗产。时间大致为19世纪中期到20世纪30年代。即法国大革命后，档案馆作为国家公共机构的出现，档案主要是国家的比较老的官方记录，档案工作者的初始角色被定义为监护人或者政府机构的司法证据的管理者，其主要思想表现在1898年荷兰三位档案学者所著的《荷兰手册》和20世纪二三十年代英国档案学者希拉里·詹金逊的著作《档案管理手册》。这一时期的原则和思想主要是为了整理、著录和维护档案形成的背景信息，而不是为了按照主题或者区域重新整理档案。在这种背景下，档案作为行动证据的记录的属性可以正确地被建立和捍卫。第二个阶段是“记忆”（Memory）：现代档案管理阶段，“历史学家-档案工作者”选择两次世界大战、大萧条和许多新社会计划的档案，和遇到的前所未有的国家文件。这一时期大概为20世纪30年代到20世纪70年代。这个范式中将档案看作历史来源，历史学家、档案工作者主观地创造文件记忆资源，而不是守卫继承的法律证据遗产。这种记忆资源有助于对越来越大的馆藏资源用现代化的商业工具和

① ［加］特里·库克.1898年荷兰手册出版以来档案理论与实践的相互影响［A］//第十三届国际档案大会组委会.第十三届国际档案大会报告集.北京：中国档案出版社，1996：87-114.

流程进行更有效的管理，也反映了档案工作者对于档案史和档案形成者的细致研究，给定了档案鉴定的新方法。这种结果是，档案仍然是人类活动和组织机构活动的证据，但是这种证据的背景被重新创造、鉴定、著录和理解。第三个阶段是“身份认同”(Identity)：后现代档案管理阶段，“调解员-档案工作者”塑造社会的档案遗产。这一时期大概为20世纪70年代到21世纪初期。从20世纪70年代起，档案工作者作为专门职业已经出现，这时档案工作者受到的教育多是历史学，档案工作者形成了他们自己的职业身份，通过大学中的档案高等教育，创办了档案专业期刊，建立了为了解决档案问题的专业协会。在这个新的身份里，档案工作者越来越多地受到其他学科、不同类型的用户的影响，而不仅仅是历史学家的影响，因此档案工作者们已经成为有关档案权利、档案和文件的特点和性质、创建档案形成背景方面的专家。身份认同范式的焦点是档案作为一种社会资源，被档案学者进行鉴定、收集和著录，在档案学者的权利范围内，为了更广泛的用途，将其看作一种社会资源，在后现代和数字信息时代，越来越尊重多元化和模糊性质，而不是遵从早期的占主导地位的单一模式。档案也从作为支撑学术研究的文化和遗产资源变为身份和公平正义的社会基础。通过共享资源和记忆发现，档案工作者对自己的身份定位为社会身份认同的专家领导者。身份认同是第三个范式的关键词，面对复杂多变的社会组织和数字媒体时代，档案学者将自己的身份认识作为一个社会的辅助媒介，帮助构建多元社会。第四个阶段是“社区”(Community)：参与式档案管理阶段，“活动家-档案工作者”指导协作形成证据和记忆。这是正在面临或者即将到来的时期，这个范式还没有完全形成，但是已经有一种强烈的感觉就是范式正在改变。新的社会交流方式正在改变，随着互联网的发展，每个人都可以成为自己的出版商、作家、摄影师、电影制片人和档案保管员，每个人都可以在线归档。无数的非政府组织、团体、社区活动家和“普通”公民集合在一起，在各种论坛上，分享他们自己的经验、信仰、希望和对某些事件的看法。因此档案工作者有一个非常令人兴奋地记录人类和社会经验的前景，这种丰富的资源和相关性是前所未有的，档案学者也有机会将过去的三个范式——证据、记忆和身份认同的思想将档案资源整合为一个更全面和更充满活力的“总档案”。这个时期的挑战是要保存更民主、包容和整体的档案，需要更多地听取民众的声音而不是更多地听取国家政府的声音，以及更多地尊重本土的知识、证据和记忆。不管社区的档案是怎么建立的，重要的是社区中的大量文件对社会有重大的影响。不要采取将文件直接从他们的社区中分离出去的方法，新的模式建议授权社区照看自己的文件，特别是那些有专业档案人员参与建设的对于社区自己形成的遗产和身份有自豪感的数字文件。在“社区”这个范式中需要一个适应社会时代精神、交流沟通方式和数字化时代社区要求的民主化的档案馆。①

对于中国档案学是处于科学演进的哪个阶段，不同的学者有不同的解读，本书选取几个有代表性的学者的观点进行分析。

中国应用“范式”理论研究档案学问题主要是对档案学科的评估和对中国档案学学科分期的研究，目前还没有将“范式”理论应用到档案学的分支学科上，特别是档案学鉴定理论中。

最早将“范式”理论应用到中国档案学理论变革研究的是1991年发表的《档案学的范型》，这篇文章中运用范式理论分析了档案学作为文献信息管理科学的范型，当时中国特色的档案学学科体系正处于前科学时期向常态科学迈进的进程。② 但是，这两位学者的观点在随后的十多年间，并没有引起中国档案学术界的关注。③

真正将库恩“范式”理论带入档案学研究高潮的是胡鸿杰的博士论文《理念与模式——中国档案学论》的出版，博士论文中提出了一个尖锐而又值得深思的问题，“档案学是正在突破已有的范

① Cook T. Evidence, memory, identity, and community: four shifting archival paradigms[J]. Archival Science, 2013, 13(2-3): 95-120.

② 张国梁、潘天虹. 档案学的范型[J]. 上海大学学报(社科版), 1991(6): 80-82.

③ 丁华东. 档案学理论范式研究[M]. 上海: 世界图书出版公司, 2011: 83.

式，还是就没有形成科学范式？”①胡鸿杰的观点是中国档案学已经具备了科学发展的正常形态的基本特征。中国档案学大致经历了三个发展阶段，“第一个阶段是中国档案学的形成和初步发展时期，时间大致为20世纪30年代初至40年代末。这一阶段的主要表现：一是‘档案学’一词正式被学术界所接受；二是出版了一批档案学著作；三是形成了一批以档案学为研究内容的学者。第二个阶段是重构与渐进发展时期，在20世纪50年代初至60年代中期。这一时期的表现是重构了中国特色的档案学科体系，比如说成立了中国人民大学历史档案系，开设了档案相关课程，创办了《档案工作》刊物。第三个阶段是完善与繁荣时期，为20世纪70年代末至今。主要特点是档案学的分支学科不断建立，基础理论得到研究重视，研究主体及主题呈现多元化趋势等。”②胡鸿杰对中国档案学发展的三个阶段的描述基本上得到了中国档案学者的认同，但是中国档案学是处于科学范式的哪个阶段，目前在学界还没有得到统一。陈祖芬的博士论文《档案学范式论》(2007年)、丁华东的博士论文《范式转型与社会变迁》(2008年)和孙大东博士《基于范式论批判的中国档案学发展研究》(2015年)分别对中国档案学的学科演进进行了详细的研究，然而得出了不同的研究结果。陈祖芬认为20世纪30年代到40年代中后期为中国档案学的前科学时期，16世纪到19世纪末为欧洲档案学的前科学时期；20世纪50年代为中国档案学常规科学时期到来的时间，欧洲的档案常规科学时期的到来是以1898年荷兰三位档案学家所著的《档案的整理与编目》(简称《荷兰手册》)为标志；中国档案学和欧洲档案学目前正处于常规科学时期。③

丁华东根据不同时期国内外档案学者的理论背景、档案研究方向等特征构建了四个档案学范式，即“传统范式之一：档案史料整

① 胡鸿杰．理念与模式——中国档案学论[D]．北京：中国人民大学，2002：112

② 胡鸿杰．理念与模式——中国档案学论[D]．北京：中国人民大学，2002：110-112

③ 陈祖芬．档案学范式的历史演进及未来发展[M]．上海：上海世界图书出版公司，2010.

理理论范型；传统范式之二：档案文件管理理论范型；主流范式：档案信息资源管理理论范型；前沿范式：知识管理理论范型与社会记忆理论范型”①，这四种范型多元并存且相互互补。

孙大东在其博士论文《基于范式批判的中国档案学发展研究》中通过对中国档案学现阶段发展的特点与库恩对范式理论的“前科学时期”“常规科学时期”的特点相比较，得出“中国档案学正处于前科学时期”。②

综上所述，国内外档案学者对档案学范式转变已经进行了深入的研究，对于研究结论也是出现了百家争鸣的景象。笔者在论文第一章绪论中也提到，档案学理论的发展史其实也是一部档案鉴定理论史，如果我们拨开云雾，对档案鉴定理论进行范式研究，是否有助于理清档案学发展的变化脉络。下面将从7.2节、7.3节、7.4节分别进行论述。

7.2 档案鉴定通向常规科学之路

库恩把科学发展分为“前科学”“常规科学”“科学革命”三个基本阶段，将范式作为前科学和常规科学的分界线。“每一门科学都经历了从前科学到常规科学的过渡，这种转变的标志是科学研究者获得一种共同的范式。”③在前科学阶段，科学工作者对于学科的概念、原理的理解都不一样，有时研究方法也不相同。在档案学的早期发展阶段，不同国家不同地区的档案保管者面对着同样的档案，选择保存哪些档案、销毁哪些档案、由谁来负责，并在20世纪以前并没有形成统一的论调。

① 丁华东. 档案学理论范式研究[M]. 上海：世界图书出版公司，2011.

② 孙大东. 基于范式批判的中国档案学发展研究[D]. 北京：中国人民大学，2015

③ [美]托马斯·库恩著. 科学革命的结构(第4版)[M]. 金吾伦，胡新和，译. 北京：北京大学出版社，2012：18.

第一个真正意义上的档案鉴定标准是由任德国普鲁士枢密院国家档案馆馆长的海因里希·奥托·迈斯奈尔(Heinrich Otto Meissner)在1901年提出的，他提出的标准受到了广大档案工作者的认同与尊重。但是与《荷兰手册》提出的尊重来源相似，他提出的五条标准看起来更像是格言性质的标准，而不像严谨的标准，其中包含了《荷兰手册》提出的尊重来源，这些标准强调档案的文件的背景联系而不是逐份地进行鉴定。① 第一条标准是“高龄文件应该受到尊重”，第二条标准是“避免极端”，第三条标准是“选留过多是一种罪过”，这三条标准的意思是：用来完成暂时任务的文件一般都可以处理掉(虽然这类文件的最后结果也可能是被保存)，用来表示起源和发展的永久性整理文件通常是被保存的。第四条和第五条标准考虑到了政府机构的事务，分别为“凡涉及不动产的案卷，或者如果涉及具有特殊意义和历史意义的国家财产的案卷，应该加以保存”和“只有那些涉及非政府权利，这些非政府权利包括涉及实质性的事宜，如不动产、抵押、借贷，或其他事项；或者这些权利与著名人士有关，如可能会受到大宗遗产继承法的著名人士；或者这些与权利有关的案卷可以用来表明典型的行政管理过程和典型的权利时，才应该加以保存。”②第一、二、三条标准的思想和准则对任何时代的档案鉴定都是十分受用的，但是正如谢伦伯格所说，这些标准很像是格言性质的标准，而不像严谨的标准。它已经具备了范式的一些特征，比如“高龄文件应该受到尊重”是大多数档案鉴定人员所共有的信念，虽然在近些年中也有些学者认为并不是所有的高龄的档案都应该保存，但是至少档案工作者在对高龄档案的鉴定问题上都持谨慎态度。

迈斯奈尔还提出了五条标准与政府机构的文件来源有关，“第一条标准是，与行政管理有关的案卷应该按照每个行政单位保存；

① Brown，Caroline. Archives and Recordkeeping：Theory into practice[M]. London，GB：Facet Publishing，2014：38.

② Schellenberg T R. Modern Archives：Principles & Techniques[M]. Chicago：Society of American Archivists，2003：135-137.

第二条标准是一般性的案卷(包括政策、程序以及诸如此类具有普遍适用性的文件组成)应该由这个单位的行政中心和产生这类文件的地方保存，而不应该保存在接收的单位；下级行政单位的一般案卷的价值应该同样由产生它的行政单位来决定；第三条标准是中间级别的行政单位的案卷，如果涉及的不仅仅是上级的指示，而是与这些单位的实际行政管理有关，就应该加以保存；第四条标准是下级或者隶属行政单位的专门案卷，如果与这些行政管理有关，应该加以保存；第五条标准是司法机关的案卷，如果与机关的主管业务活动有关，也应该保存。”①这些标准受到了专家学者的认可，但是其中有些思想也受到了当时一些学者的质疑，比如说，对于确定文件来源，迈斯奈尔并没有做过多阐述。梅纳特认为，“人们不应把文件当作孤立的零碎的材料单独评价，以它本身具有的行政关系背景来判定更为合适。”②

迈斯奈尔第一次系统地提出了系列档案的鉴定原则和标准，结束了几千年来各国粗线条式的档案鉴定方法，这在理论和实践上均是一次重大突破，其中他的“高龄文件应该受到尊重”等鉴定思想一直被使用至今。可以说，迈斯奈尔的鉴定思想和标准是档案鉴定范式理论的开端，他引起了档案工作者对鉴定工作理论和标准的重视和广泛讨论。

库恩在《科学革命的结构》一书中将常规科学的本质定义为范式，其表现就是解谜。迈斯奈尔的鉴定思想并不是一个完整意义上的鉴定范式，或者说不是理论意义上的常规科学，他的思想和理论对于解谜不是特别的适用，不是一个很好的具体谜题的解答，由谁来鉴定档案、什么时候来鉴定等问题在他的思想里并没有体现。他奠定了档案鉴定领域的基础，引导后续档案学者们对鉴定问题开展了更为具体和深入的研究。

① Schellenberg T R. Modern Archives: principles & techniques [M]. Chicago: Society of American Archivists, 2003: 135-137.

② [美]谢伦伯格著. 现代档案——原则与技术[M]. 黄坤坊，译. 北京：中国档案出版社，1983：148.

7.3　档案鉴定理论的常规科学时期

库恩对常规科学定义的表述为“建立在过去一种或多种科学成就基础上的研究，这些科学成就成为某个科学共同体公认的下一步实践活动的基础。”①库恩通过分析物理光学范式的转变，得出“成熟科学的发展模式是一种范式通过革命向另一种范式的过渡。”②档案鉴定理论从英国档案学者詹金逊的“行政官员决定论”到最近的加拿大档案学者特里·库克提出的“宏观鉴定理论”正是体现了范式通过革命向另一种范式过渡的发展模式。

在德国档案学者迈斯奈尔的“高龄文件应该受到尊重”等一系列档案鉴定原则和标准的影响下，英国档案工作者希拉里·詹金逊根据他多年的工作经验和英国的实际情况，提出了具有代表性的“行政官员决定论”思想，核心观点是档案人员不参与文件的鉴定和销毁工作，鉴定应由行政官员自行决定。詹金逊之所以不允许档案人员参与鉴定工作，主要因为他是将档案人员的主要职责界定为保管本单位的档案，其次才是为历史学者或者其他研究者尽自己可能提供利用需求；主要职责和次要职责一定不能逆转。他认为如果档案人员参与文件的鉴定工作，将会玷污档案作为证据的神圣性。詹金逊认为档案是文件经过自然的进程逐渐汇合在一起的，最终达到了现在的排列顺序和文件组合，如果是人为地从一个档案组合中抽出单独一份文件，并不能告诉我们这份文件与其他文件的关系，单独文件的价值要比在档案集合中的价值小得多，档案集合只有保存原有自然形成的形态，它的价值才能一直持续保持下去。③ 保持

① ［美］托马斯·库恩著. 科学革命的结构［M］. 金吾伦，胡新和，译. 北京：北京大学出版社，2003：9.

② ［美］托马斯·库恩著. 科学革命的结构［M］. 金吾伦，胡新和，译. 北京：北京大学出版社，2003：11.

③ ［美］谢伦伯格著. 现代档案——原则与技术［M］. 黄坤坊，译. 北京：中国档案出版社，1983：25.

文件的原有整理顺序在詹金逊看来是档案作为证据的一个必要条件。而保存档案的目的主要是保存证据，如果保证档案证据性的必要条件被破坏，那么就与国家保管档案的初衷背离了。因此詹金逊强调要由行政官员来决定档案的鉴定问题。詹金逊并不排斥档案为未来历史学家所用，但是他坚决反对档案为了历史研究的目的而进行保存。他认为历史学家的思想是不确定的，因此不能以历史学家的爱好为导向来选择性的保存档案。他一直强调的是保持档案的无偏见性。詹金逊的这一思想在20世纪二三十年代受到了世界各国档案工作者的认同，其撰写的著作《档案管理手册》被称为继《荷兰手册》之后的第二部重要著作，特里·库克评价詹金逊的思想为档案专业的"嘹亮的号角"①。《档案管理手册》为档案的鉴定提供了理论支撑，对哪些档案应该保存，由谁负责鉴定和什么时候鉴定均做了详细的说明，这就像是库恩在范式中所描述的解谜。以詹金逊所著《档案管理手册》为标志，即从20世纪20年代开始，档案鉴定理论进入了常规科学阶段，对于此时的档案鉴定范式我们可以暂称其为基于"证据"的档案鉴定范式。

中国"文书档案改革运动"的开展是在20世纪30年代，在20世纪20年代，中国档案界还没有形成具有英国档案学界类似的鉴定理论思想。但是这并不妨碍档案鉴定理论在世界潮流中的发展，世界档案鉴定理论跟随着社会环境和技术等因素的影响继续向前发展。

7.4　档案鉴定理论的科学革命

某一学科中旧范式完全或部分被另一个与其完全并立的新范式所取代，这一变化被称为科学革命。② 库恩十分强调科学革命中的

① ［加］特里·库克.1898年荷兰手册出版以来档案理论与实践的相互影响［A］//第十三届国际档案大会组委会.第十三届国际档案大会报告集.北京：中国档案出版社，1996：87-114.

② ［美］托马斯·库恩著.科学革命的结构［M］.金吾伦，胡新和，译.北京：北京大学出版社，2003：85.

范式变化，“范式一改变，这个世界本身也随之改变了。”库恩在“反常与科学发现”这一节中用氧的发现和X射线为例解释了什么是新的范式发生的过程，例如，“伦琴的发现始于认识到他的屏上本不该发光而发光了。”①这种情况，在他们当时所处的范式下不应该发生的事情发生了，因为当时的范式是存在许多形式的辐射，这些辐射是可见光、红外线和紫外线，并没有X射线，首先科学家感觉到了一种反常，这就是新发现的关键前提，再通过进一步的实验和同化过程，才能形成被大家公认的范式。这个同化过程并不是非常顺利，在X射线发现至少十年后没有导致科学理论上的任何明显变动，更有甚者，开尔文勋爵起初宣称这是一种精心设计的骗局。但是其他人开始对旧的范式表现出了动摇。如果接受了X射线的存在，就要改变现存的合乎先前范式的那些类型的仪器。当科学家们决定使用某种针对X射线的特定仪器时，就等于做了这样一个假定：存在X射线的情况会发生。库恩认为理论上的预期和仪器的预期在科学发展中起着决定性的作用。一些新类型现象出现的特征为：“先意识到反常，然后观察与概念认识逐渐改变，范式与程序随之改变，同时伴随着阻力。”②自然科学中的新发现的特征在档案鉴定理论上也同样存在。

7.4.1　范式的变化

詹金逊所著《档案管理手册》提出的“行政官员决定论”代表档案鉴定理论进入常规科学阶段。在7.3节中，笔者将詹金逊所提出的鉴定理论称为基于“证据的”档案鉴定范式，在接下来的将近一个世纪里，档案鉴定理论又发生了许多变化，生成了不同的鉴定理论范式。

① ［美］托马斯·库恩著. 科学革命的结构(第4版)［M］. 金吾伦，胡新和，译. 北京：北京大学出版社，2012：49.

② ［美］托马斯·库恩著. 科学革命的结构(第4版)［M］. 金吾伦，胡新和，译. 北京：北京大学出版社，2012：48-53.

7.4.1.1　基于“证据”的档案鉴定范式的危机

20 世纪二三十年代流行詹金逊的行政官员决定论思想，当时一方面由于英国在整个世界的影响力非常大，其他国家自然认为英国的技术和思想是比较先进的；另一方面行政官员决定论思想确实在政府部门是行得通的，因此在之后的相当一段时间内，一些开放的国家大多采用詹金逊的这种鉴定思想。但是随着“不断变化的现代行政结构和开口文件系列所造成的异常现象对档案组织概念带来了挑战。”①詹金逊的鉴定思想忽略了当代文件管理的复杂性和数量膨胀的问题，如果政府公共文件完全由行政官员自行鉴定的话，可能会产生两个方面的问题，第一个问题是文件数量膨胀。在 20 世纪 30 年代以后，特别是在 20 世纪 40 年代世界上第一台计算机的发明后，复印技术、计算机技术产生的文件数量比 20 世纪二三十年代产生的多得多。以美国为例，美国国家档案馆从 1934 年成立到 1943 年短短 10 年时间，文件数量从年增长量 6 万立方米，经过 16 万立方米，直至 60 万立方米②，档案馆中文件数量增长之快，超乎当时档案工作者的想象。行政官员负责鉴定档案文件，他们不负责直接管理档案库藏，因此他们是不会考虑库藏容量的，这就进一步导致了文件数量的快速增长。第二个问题是行政官员会销毁或者剔除对于他们不利的文件。例如希特勒和他的陆军中尉销毁了他们试图灭绝的那些人的证据，美国前总统理查德·尼克松在水门事件中销毁录音带上对他不利的内容等。这些文件真实记录了行政官员的活动，如果剔除一部分不利于行政官员的文件则会对使历史记录的真实性大打折扣。

① ［加］特里·库克 . 1898 年荷兰手册出版以来档案理论与实践的相互影响［A］//第十三届国际档案大会组委会 . 第十三届国际档案大会报告集. 北京：中国档案出版社，1996：91.

② ［加］特里·库克 . 1898 年荷兰手册出版以来档案理论与实践的相互影响［A］//第十三届国际档案大会组委会 . 第十三届国际档案大会报告集. 北京：中国档案出版社，1996：91.

7.4.1.2 基于“利用”的档案鉴定范式的提出

意识到以上问题后，美国档案工作者菲利普·布鲁克斯(Philip C. Brooks)和谢伦伯格形成了他们的档案鉴定理论，布鲁克斯认为选择文件应该要考虑三种价值，一是文件产生单位的价值；二是行政历史的价值；三是历史的价值。谢伦伯格在布鲁克斯思想的基础上提出了“文件双重价值论”——第一价值(对原机关的原始价值)和第二价值(对其他机关和非政府方面使用者的从属价值)，第一价值主要由形成机关的行政官员来鉴定，第二价值主要由档案工作者来完成。① 这一理论有效地避免了詹金逊的“行政官员决定论”的缺陷，及时地制止住了快速增长的档案文件数量，也避免了行政官员鉴定的片面性，同时又考虑了档案文件对社会利用者的社会、经济及其他情报价值。谢伦伯格的这一理论成为美国国家档案馆的工作法典，谢伦伯格也被誉为“美国档案鉴定理论之父”。

针对档案鉴定问题，档案工作者和文件工作者最关心的就是谁来负责鉴定、鉴定的标准是什么以及什么时候鉴定。

基于“利用”的档案鉴定范式的解谜就是形成机关的行政官员负责鉴定文件对原机关的原始价值；档案工作者负责档案对其他机关和非政府方面使用者的价值，当然鉴定的时间也是根据档案文件所在的不同场所而定。

7.4.1.3 基于“社会分析”的档案鉴定范式

库恩在其著作中表明“一个理论要成为一种范式，一定优于它的竞争对手，但也不可能解释它所面临的所有事实。”②通过前面两小节的分析，可以看到在当时基于“利用”的档案鉴定范式比基于“证据”的档案鉴定范式接受度更高，谢伦伯格的鉴定思想弥补了

① [美]谢伦伯格著. 现代档案——原则与技术[M]. 黄坤坊，译. 北京：中国档案出版社，1983：36-39.

② [美]托马斯·库恩著. 科学革命的结构[M]. 金吾伦，胡新和，译. 北京：北京大学出版社，2003：16.

詹金逊鉴定思想的不足。但是在基于“利用”的档案鉴定范式中也忽略了一个问题，那就是隐藏在鉴定背后被忽视的社会、政治和哲学问题对档案鉴定的影响。20 世纪 40 年代至 50 年代初是第二次世界大战各参战国的战后恢复时期，西欧各国凭借原有经济基础和马歇尔计划的援助，经济水平在 20 世纪 50 年代初基本恢复到战前水平，欧美各国从 20 世纪 50 年代中期开始进入了经济持续高速发展的时期，随着经济生活的提高，社会不平等现象促使底层社会人员觉醒，他们在 20 世纪 60 年代开始为自己争取更多的权益，最著名的就是美国 20 世纪 60 年代的民权运动。随着新的社会运动兴起，社会越来越强调身份认同、多元文化的生活方式，德国档案学者汉斯·布姆斯意识到档案工作者鉴定档案不可避免地会受到当时的社会条件的限制，人们普遍接受的谢伦伯格的鉴定思想并没有提出社会对档案工作者鉴定档案标准的影响。

布姆斯特别强调档案材料形成时代的社会背景，认为只有文献形成的和为谁的利益保存的“社会”（society）才是档案工作者鉴定概念的必要工具，他还指出档案工作者的社会嵌入性和社会责任，档案在一定程度上要为人们提供根源感、身份感。但是，布姆斯也认识到他的想法太抽象，没有直接从实践中得来。美国档案学者汉姆是北美第一个受布姆斯思想影响的档案工作者。汉姆给出了两个建议，第一个是支持档案记录口述证据，第二个是根据合作计划促进档案项目参与其他利益群体记录社会中来。汉姆对不同类型的机构档案工作者的关注点也提出了两个建议，第一个关注点是在档案中要识别出那些在社会中的不发声群体和个人，第二个关注点是强调档案对社会活动的潜在作用。这些观点为档案工作者塑造了一个新的角色——社会产品的形成者。档案工作者一方面保存大机构的声音和思想，另一方面寻求方法，来记录那些在文件中失声和沉默的声音。

针对基于“社会分析”的档案鉴定范式的解谜最显著的特点是档案鉴定标准的变化，由此导致了档案职业也发生变化，基于“社会分析”的档案鉴定范式将档案职业目标设计的更有价值——档案是社会的构建者。

7.4.1.4　基于"定量"的档案鉴定范式

詹金逊、谢伦伯格、布姆斯提出的鉴定理论均是基于国家档案馆的公共文件的，汉姆作为一个机构档案工作者也提出了一些很好的建议，但是他们的鉴定思想在实施起来，档案鉴定工作者的随意性还是比较大的。当时人们也在寻求不同的鉴定方法。

美国档案学者布里奇福德在1977年出版的《档案与手稿：鉴定与获取》①这本书，将谢伦伯格的双重鉴定理想与近20年的实际工作经验相结合，认为档案鉴定需要考虑三个方面的价值：一是行政价值，包括考虑行政使用、财政价值和法律价值；二是研究价值，包括考虑文件的独特性、真实性、可理解性、时间跨度、可获取性、利用频率和使用的类型和质量；三是档案价值，包括考虑与其他文件的关系、处理的费用、保管费用和存储费用。与以往鉴定思想最大的不同之处是，他将成本作为鉴定时要考虑的一个因素，诸如处理费用、保管费用、存储费用等。这本书为档案鉴定开启了一个不同的开端。这本书存在的一个问题是它并不是一个完整的系统。

弗兰克·波尔斯和茱莉亚·马克斯·杨受到布里奇福德的鉴定思想的启发，于1985年提出了"黑盒子"鉴定理论，并在1991年重新著书进行了完善。黑盒子鉴定模型分情报价值、保管费用和影响鉴定相关事项三个子模型，每个子模型下又有若干小项组成(在第5章有叙述，此部分不再详细叙述)。在鉴定实际操作时将这些考虑事项变为有关档案鉴定的问题，并采用一套方法将所回答的问题根据量表进行评分。

针对基于"定量"的档案鉴定范式的解谜最显著的特点是增加了保管费用这个考虑因素，最重要的是对档案鉴定采用打分的定量形式进行判断。波尔斯和杨期望降低档案鉴定人员的主观性，增加档案鉴定工作的客观性。但是在后来的测试中也存在准确性的问

① Brichford M J. Archives & Manuscripts: Appraisal & Accessioning[M]. Chicago: Society of American Archivists, 1977.

题，比如说前面提到的如果一份文件经常被利用，它的保护费用就会相对较高，在模型中这就是一个负值，但是在实际中，如果有比较高的利用率，这份文件一定不会被认为是负值的。还有档案价值与保管费用的相关关系问题等。因此这个鉴定模型在提出来后，虽然得到了人们的关注，但是在实践操作中并没有受到重视。

7.4.1.5　基于“职能”的档案鉴定范式

(1)宏观鉴定理论

宏观鉴定理论可以说是与黑盒子鉴定理论是同时代的产物，黑盒子鉴定理论后来逐渐被淡忘，而宏观鉴定理论则在加拿大等国家的国家档案馆如火如荼地发展起来。

20 世纪 80 年代以来，电子文件的数量突发猛涨，那时档案工作者已经清楚地意识到现存的档案鉴定实践必须随着电子文件的保管和组织机构的影响而变化。宏观鉴定理论是由加拿大档案学者特里·库克在 20 世纪 80 年代末提出的，其基本思想是“档案的价值通过社会职能来体现。”①②但是，特里·库克的鉴定思想忽略了用户这个因素。

(2)文献战略

美国档案学者塞穆尔斯在 1986 年第一次提出的“文献战略”，认为文献战略应该由文件形成者、行政官员(包括档案工作者)和用户来设计、促进和实施。档案工作者、文件形成者、文件利用者应该聚集在一起讨论本地区现存的档案信息和研究者可能会感兴趣的信息。讨论的结果包括哪些文件、哪些信息应该被保存，或者具有附加信息的文件以及以某种新方式形成的文件应该被选择进档案馆中保存。随后，塞穆尔斯又将机构职能并入了文献战略。

① 冯惠玲、张辑哲. 档案学概论[M]. 北京：中国人民大学出版社，2001：222-223.

② Cook T. Macroappraisal in theory and practice: origins, characteristics, and implementation in Canada, 1950-2000[J]. Archival Science, 2005, (5): 101-161.

在本质上，库克的宏观鉴定思想和塞穆尔斯的文献战略都是基于职能的鉴定思想，“理解谁产生文件，为了什么原因”是解决通过内容分析快速膨胀的文件挑战的一种方法。通过职能从上而下分析组织机构比谢伦伯格提出的从下分析文件内容要容易和快速的多。

基于“职能”的档案鉴定范式的解谜是宏观职能鉴定理论试图连接重要的社会机构、功能、文件生成者及生成过程，全面反映人类社会生活的经验，通过社会结构和社会职能，找到体现文件形成相互联系的档案。

7.4.1.6　新的危机

职能鉴定理论的鉴定标准不够清晰，实施起来“难以具体化，容易造成浮泛、粗放的鉴定结果”。① 职能鉴定回避了“选择”最重要的基本问题：什么是核心职能？澳大利亚国家档案馆利用职能鉴定法分析文件系统，至少在电子文件系统中，他们对于数据的检查非常受挫。“用户”的作用等问题都没有在现阶段得到很好的回应。

随后一些国家和学者对档案鉴定理论存在的问题，提出了自己的解决方案，但是最终都没有受到档案学界的普遍接受。

澳大利亚国家档案馆采取了风险管理的鉴定方法。风险管理提出的问题是：如果一些文件不存在了，将来会怎样？更具体地，风险管理会问，如果出现以下问题，会是什么样的后果，如果：

支持一个机构曾经做过什么的证据不见了；

能够支持当前决策的关键信息不见了；

证明应得或者应还的所属关系或者责任证明不见了；

机构根据法律和政策所制定的文献没有保存；

能够证明有罪或者减少罪行和消除罪行的合适的背景信息不见了。②

---

① 黄霄羽．外国档案管理学[M]．北京：中国人民大学出版社，2008：119-120.

② Frank Boles . Selecting & appraising archives & manuscripts [M]. Chicago: Society of American Archivists, 2005: 31.

风险管理方法已经应用到澳大利亚国家档案馆中，并且作为澳大利亚文件管理标准 AS4390 于 1996 年第一次发布，澳大利亚国家档案馆又对它的实施进行了重新修改。

美国明尼苏达州历史协会的马克·格林(Mark Greene)和丹尼尔·斯豪厄尔(Todd Daniels-Howell)在 1997 年提出了明尼苏达鉴定方法(The Minnesota Method)。明尼苏达州鉴定方法是对前几种鉴定方法的融合，类似于前面提到的黑盒子鉴定理论采用的量表定量方法，明尼苏达州鉴定方法提供了基于数据的决策和结果测量的可能，它指出了一个识别、排序文件形成者优先级别的过程，为每个层级的文件形成者提供一个合适的排名提供了建议。针对文件形成单位，鉴定方法按行业、部门和经济影响、现有文件、州的识别和对明尼苏达州独有的程度审查企业。然后，规定了从“不收集”到“文件完全收集”的五个级别，并且比较各个层级的社会价值、利用目的和保管的费用，还认为大型的收集应该进行取样或者制成缩微胶片。①

从目前情况来看，自职能鉴定理论出现后，各种鉴定理论也是层出不穷，但是还没有出现一个如同上篇中所提到的鉴定理论得到广大档案鉴定人员的认可。当然，这与我们所处的快速变化的社会环境有关，面对如此多的数字资源、社交媒体记录，是时候创建一个满足现代文件特点、同时又得到广大同行的认可的档案鉴定理论了。

档案鉴定理论范式的每一次变化都是一个革命，每一次革命都与对新经验事实的新理论解释相联系。

7.4.2　对不可通约性的理解

库恩的“范式”理论最初对自然科学分析的结果，后来才被应用到社会科学中，档案学属于社会科学，许多社会科学的学者认为

① Mark A. Greene. The Surest Proof: A Utilitarian Approach to Appraisal [J]. Archivaria, 1998 spring, 45: 127-169.

社会科学的范式演进与库恩所描述的自然科学范式的演进是不完全相同的。陈祖芬认为“档案学范式在演进中也不可能有经常性的彻底的范式转换，所以笔者认为档案学范式在演进中具有弱革命性的特点。”①但是，库恩后期的研究中将“不可通约性”作为范式理论研究的基本内容，他在 1990 年发表的《结构之后的路》中再次表示：“不可通约性是任何进化的科学知识观中一个基本的成分。”②孙大东在其博士论文根据这种观点认为中国档案学还处于前科学时期。笔者根据孙大东的博士论文的分析，认同他的结论。但是对于不可通约性的理解，笔者认为在社会科学领域不必僵硬地使用自然科学中对不可通约的解释。自然科学与社会科学在研究内容和研究方法上有很大不同，自然科学的研究对象是不依赖于人类的认识而存在或者改变；社会科学的研究对象是社会现象，人的行为对社会现象的影响很大，并最终影响社会规律。人类不能影响自然规律，但是人类可以影响和改变社会规律。自然科学中新范式取代旧范式代表错误观念到正确观念的转变；社会科学中新范式和旧范式只有受欢迎的程度不同，很少被完全抛弃。③ 不可通约具有强弱之分，“整体的不可通约观点主张一种语言或观点的所有部分都是不可通约的，整理的知识的不可通约是一种不能发现连续性的学说；局部的不可通约观点只是认为某些部分是不可通约的。”④笔者认为，档案鉴定理论范式转换之间是局部不可通约，档案鉴定是对档案价值的鉴定，虽然在不同的鉴定范式中，档案的价值在变化，但是诸如档案的证据价值、档案的情报价值等基础价值没有变化，变化的是人们随着对档案资源的增加，赋予档案资料一些新的价值，对应的

① 陈祖芬. 档案学范式的历史演进及未来发展[M]. 上海：上海世界图书出版公司，2010：26.

② 金吾伦，胡新和.《科学革命的结构(第 4 版)》译后记[M]. 北京：北京大学出版社，2012：204-205.

③ [美]巴比著. 社会研究方法(第 10 版)[M]. 邱泽奇，译. 北京：华夏出版社，2005：34.

④ 牛秋业. 不可通约——费耶阿本德科学哲学研究[M]. 北京：光明日报出版社，2010：4.

是档案鉴定标准的变化。档案鉴定理论中的每一次革命都与新事实、新环境相关，革命后的新范式是对旧范式的思想方法和思维方式的改变，相比旧范式，鉴定理论新范式是对新环境的回应，是鉴定思想发展的一次飞跃。

7.5　科学共同体

库恩在他1974年发表的论文《再论范式》中对于科学共同体的概念进行了较为全面的阐述，有两层含义：一是科学共同体是由实际工作的科学家组成的；二是有不同级别的科学共同体，全体自然科学家可以成为一个共同体，而每个小专业的科学家们也能形成一个科学共同体，科学共同体并不受人员多少的限制，与专业有关。①

最初的档案鉴定理论范式都是由一个人或者一组人针对某一特定的档案工作而产生的改变。如以詹金逊为代表的基于“证据”的档案鉴定理论范式是针对英国第一次世界大战中的档案管理提出的鉴定理论，其科学共同体是英国国家公共文件的档案管理者；以谢伦伯格为代表的基于“利用”的档案鉴定理论范式是在美国第二次世界大战后提出的鉴定理论，其科学共同体首先是美国档案工作者，基于地缘关系，加拿大国家的公共文件鉴定也遵从了谢伦伯格的鉴定思想。而再后来的档案鉴定理论的提出，则不仅仅局限于某一个国家，而是由不同国家的档案工作者针对同一问题提出的。基于“社会分析”的鉴定方法是由德国档案工作者布姆斯提出、美国的档案工作者汉斯发扬光大；宏观鉴定理论是由加拿大的档案工作者特里·库克提出的，同时期美国的档案工作者塞穆尔斯也提出了“文献战略”的鉴定思想，文献战略鉴定思想同宏观鉴定理论思想

① [美]托马斯·库恩著. 必要的张力——科学的传统和变革论文选[M]. 纪树立，范岱年，罗慧生，等译. 福州：福建人民出版社，1987：291-292.

本质上都是基于“职能”的鉴定思想。不同地区的档案工作者在全球化背景下，共享档案鉴定影响因素的共同特征，例如不同载体的文件(纸质的、电子的)、用户等。在电子文件产生之前，世界各国的档案工作者对档案的鉴定不涉及对文件格式的鉴定，电子文件出现以后，特别是广泛应用到日常的生活、工作中之后，对于电子文件的鉴定又增加了许多其他的因素，比如真实性鉴定、可读性鉴定、无病毒鉴定等。这是全世界的档案工作者共同面临的问题，需要他们共享他们的研究成果。在对电子文件的鉴定基本达成共识后，人们发现到了21世纪，社交媒体的快速发展对档案归档内容造成越来越大的影响，特别是，在中国有政府、企业微信公众号，在国外有各种机构组织的Facebook、Twitter账号以机构团体的名义发布信息，又引发了档案学人对社交媒体账号上的内容是否归档、如何归档以及哪些内容需要归档的讨论。当然，按照时代潮流的发展，社交媒体可能只是当下比较流行的网络方式，过段时间(这段时间或许是几年，也许十几年)社交媒体又会过时，又有一种新的网络流行方式兴起，继而引发又一轮的档案学人对其如何归档、如何鉴定等问题的讨论……正是这样，一个档案鉴定理论生成，或者说一个档案鉴定理论范式生成，随着社会环境、技术、社会范式的变化带来的档案鉴定理论与当下问题的冲突，又在档案学人的共同努力下，形成了一个档案鉴定范式。

7.6 小　　结

英国档案工作者希拉里·詹金逊根据他多年的工作经验和英国的实际情况，提出了具有代表性的“行政官员决定理论”鉴定思想，对由谁负责鉴定和什么时候鉴定做了详细的说明，这就像是库恩在范式中所描述的解谜。以詹金逊所著《档案管理手册》为标志，档案鉴定理论进入了常规科学阶段。接下来，文章分析了基于“证据”的档案鉴定理论、基于“利用”的档案鉴定理论、基于“社会分析”的档案鉴定理论、基于“定量”的档案鉴定理论、基于“职能”的鉴定范式的解谜过程。

最初的档案鉴定理论范式都是由一个人或者一组人针对某一特定的档案工作而产生的改变。如以詹金逊为代表的基于“证据”的档案鉴定理论范式，其科学共同体是英国国家公共文件的档案管理者。以谢伦伯格为代表的基于“利用”的档案鉴定理论范式是美国在第二次世界大战后提出的鉴定理论，其科学共同体首先是美国档案工作者，基于地缘关系，加拿大的国家公共文件鉴定也遵从了谢伦伯格的鉴定思想。后来的档案鉴定理论的提出，则不仅仅局限于某一个国家，而是由不同的国家的档案工作者针对同一问题提出的。基于“社会分析”的鉴定方法是由德国档案工作者布姆斯提出、美国的档案工作者汉斯发扬光大；宏观鉴定理论是由加拿大的档案工作者特里·库克提出的，同时期美国的档案工作者塞穆尔斯也提出了“文献战略”的鉴定思想，文献战略鉴定思想同宏观鉴定理论思想本质上都是基于“职能”的鉴定思想。

第8章　规律二：跨界——档案鉴定理论的影响因素分析

一个世纪以来，档案工作者试图为"为什么我们要保存档案？档案工作者如何知道他们选择的是最好的记录？"这些概念提供规则和指导方针，建立一个档案工作者可以选择档案文件的依据，但迄今为止还没有具体的档案理论足以稳定地适用于档案管理的所有方面。档案工作者如何选择档案、保存多长时间等问题仍是很有争议的话题。许多档案工作者认为，评估档案鉴定理论的主要目标是为子孙后代提供过去社会和文化的最佳记录。然而，在完成这项任务时没有十分准确的指导方针，许多档案工作者认为需要知道关于选择文件的详细细节，例如：它们的历史、出处、与其他记录的关系、文化价值、社会价值等。为了对档案文件进行最佳可能的关键评估，需要了解影响档案文件的特性和影响档案工作者决策的所有因素。

特里·库克将档案鉴定理论变化的影响因素归结为文化、介质和技术三个方面。① 莱纳德·约翰认为档案理论的影响因素，一是范式变化；二是技术变化；第三个也是最重要的，特别是对鉴定理论来说最重要的因素是历史写作和历史学。档案工作者和历史学家是密切合作的，一方的工作会持续地影响到对方。历史学依赖于档

① Cook T. What is past is prologue: a history of archival ideas since 1898, and the future paradigm shift[J]. Archivaria, 1997 spring, 43: 17-63.

案材料完成他们的工作，同样也促进档案文件的完整性；档案工作者依赖于历史学家利用档案材料，并证明档案中文件的真实性。① 在本书的上篇中，笔者用了五章(第二章至第六章)论述了档案鉴定理论的发展过程，以及档案鉴定理论所处的时代背景。结合第二章至第六章和特里·库克、莱纳德·约翰的分析，笔者认为影响档案鉴定的因素主要有三个方面：社会背景、信息技术以及历史书写方法的变化。

8.1　社会背景的影响

在第 2 章至第 6 章中，笔者在每一章中利用一节论述了档案鉴定理论的时代背景，我们看到在推动档案鉴定理论发展的过程中，一些社会现象对档案鉴定理论的形成影响非常大，这种影响从直接影响向潜在影响变化，这与学科间的渗透不无关系。

8.1.1　第一次世界大战对詹金逊鉴定思想的影响

《荷兰手册》可以被看作最有名的档案学经典著作，也是首部对档案理论进行固化和标准化的著作，如对来源原则的阐述，将这一原则推上了国际化的道路，成为后来的档案学者进行研究和实际工作的理论基础。但是如此重要的著作主要是对档案整理和编目进行的论述，而没有提及档案鉴定相关事项，说明在当时荷兰国家档案管理中档案整理和编目是最主要的工作，档案的鉴定工作并没有引起注意。正是由于第一次世界大战战争期间，詹金逊在战争办公室工作，战后负责战争文件的整理和保管工作，面对数量急剧增长的战时文件，詹金逊撰写了《档案管理手册——包括战争档案和档案形成问题》(1922 年)，第一次系统论述了他的“行政官员决定

① Ridener, John. From Polders to Postmodernism: A Concise History of Archival Theory[M]. Duluth, US: Litwin Books LLC, 2009: 8.

论”鉴定思想。詹金逊在他的书中也说明了这本书是为了处理战争期间的档案而作。随后在1937年詹金逊又出版了《档案管理手册》第二版，这个版本书名中将副标题“包括战争档案和档案形成问题”去掉，只保留了“档案管理手册”这个书名。是因为“随着近些年新档案法的颁布、档案机构的重组、档案馆的建立、档案材料的变化等情况”①，作者更新了一些参考文献和章节，主要思想没有变化。

8.1.2 罗斯福新政和第二次世界大战战后对谢伦伯格鉴定思想的影响

1933—1937年美国实施的“罗斯福新政”增加了政府对文件发布的需求和能力，造成了巨大数量的政府文件。第二次世界大战后美国的文件数量也是爆发式增长，在第二次世界大战中，美国是参战国，并且在前期美国大量制造武器卖给其他参战国，导致国内的工业化生产空前繁荣，由此造成了许多文件的产生。第二次世界大战后美国处于战后恢复期，美国国内大力发展高等教育，并且对科学技术投入增加，那一时期还开展了“阿波罗”登月计划。这些变化导致了大量文件的产生，并且引起了社会对档案科研的兴趣。美国在20世纪30—60年代发生的事件主要是基于政府主导的，因此政府文件大量增加，谢伦伯格当时供职于美国国家档案馆，负责档案的鉴定工作。由于美国实行的是文件形成单位——文件中心——国家档案馆的保管模式，美国国家档案馆服务的用户主要是为科研而来的，因此谢伦伯格提出的与詹金逊截然不同的鉴定思想也就不足为奇。

8.1.3 文化革命对布姆斯的“社会分析”鉴定思想的影响

在经历了20年的战后经济恢复，第二次世界大战的一些参战

① Jenkinson H. A Manual of Archive Administration [M]. Oxford: Clarendon Press, 1937: 15.

国家的经济水平已经恢复，并且战后出生的孩子已经成长为青年，这一代年轻人抵制父辈在二战后一成不变的中产阶级生活，开始投入激进的政治活动，他们成为反传统文化的主流。联邦德国在 20 世纪 60 年代中期以前是由基督民主自由联盟政府掌权，但是由于 20 世纪 60 年代中期的经济不景气影响，1966 年社会民主党参与执政，其在 1959 年 11 月通过了《哥德堡纲领》(*Godesberger Programm*)，"正式宣布放弃马克思主义为社会民主党之思想基础，取而代之的是以自由、正义与团结为中心价值的民主社会主义。社会民主党从以往的代表劳动阶级的政党转型为普通的人民政党。"①社会民主党的思想和政策得到了广大社会民众的接受，社会民主党于 1969 年开始执政。1965 年开始，布姆斯开始撰写一些文章寻求德国档案学的转变，希望在德意志联邦共和国(西德)的档案学能够与社会存在的民主更一致，他认为现行的鉴定理论存在着在实际工作背后被忽视的社会、政治和哲学问题，希望档案工作者在收集档案时能够多考虑文件生成时代的背景信息，认为只有文献形成的和为谁的利益保存的"社会"才是档案工作者鉴定档案文件的必要工具。另外，布姆斯将档案工作者的职责从被动的接收和保管档案，转变为积极主动地参与到档案形成和收集中来，强调了档案职业的社会嵌入性和社会责任。布姆斯通过社会分析的鉴定方法将档案和档案职业带入到更广大的社会背景来考虑。

8.1.4　信息公开立法对"宏观"鉴定思想的影响

加拿大财政委员会于 1982 年 7 月颁布《信息获取法》，《信息获取法》是加拿大政府保障公民获取政府信息的权利的一部重要法律。法律规定，"除该法明确规定的免予公开者外，加拿大联邦政府档案都应向公众提供。这些档案记录的形式包括信件、备忘录、照片、录音及机读数据等。"②1989 年加拿大政府出台了政府信息

① 蓝於琛．荷兰与德国统合主义式改革的政治经济分析[D]．台北："国立"政治大学，2004.

② 郑丝琳. 我国信息公开法与美国、加拿大关于信息公开条款的比较[J]. 湖北档案，2007(7)：14-17.

管理政策(Management of Government Information Holdings Policy，简称 MAGIH)，该政策要求各个政府部门对其所掌握的信息资源进行管理，这也与《信息获取法》相对应，这些法律政策的实施为特里·库克“宏观鉴定”思想的提出提供了可能，也是国家档案馆实施“宏观鉴定”思想的前提。加拿大在全国范围内的图书馆和邮局投放《信息获取登记册》，向市民介绍联邦政府各机构和相关机构的职责；各机构控制的信息；政府部门执行计划或活动的说明；行政官员的职务和联系方式；政府机构提供的免费帮助指南等。”①这些法律要求政府每个部门对自己的职责、计划、活动等非常清晰明确，国家档案馆只需要透过这些已经形成的清晰的部门职能，即可分析这些部门形成的文件的价值和重要性的大小。

8.1.5　现代机构的整合对“文献战略”鉴定思想的影响

随着社会的发展与进步，20 世纪 80 年代的美国机构间的整合重组变得日益增多。个人与机构之间有着错综复杂的关系，政府、社会各行业和学术界，本来属于公共部门和私营部门，但是现在个人、机构、政府、学术界等通过提供资金和一系列的制度结合起来。政府会和学术机构及私营公司签订合同，共同开发航天飞机、经营医院，或是进行其他各种研发活动。并且由于拨向州和地方政府的联邦资金在减少，所以一些自治市也选择和私营公司巩固关系并签订合同，以此来提供公共服务。面对日益减少的联邦资金，学校等学术机构也转向社会其他行业和私人基金会来募集资金，以便支持教学和科研活动。对单一机构的分析已经不足以支撑档案学者在档案鉴定时所面临的决定。机构间的整合于合作会影响它们共同参与的活动的档案“在哪产生、怎样产生以及保存在哪”等一系列问题。以机构为核心的传统鉴定方法会使档案分散在各个不同的部门，带来的是分散的档案。塞穆尔斯认识到只有通过超出文件原形

① 郑丝琳. 我国信息公开法与美国、加拿大关于信息公开条款的比较[J]. 湖北档案，2007(7)：14-17.

成机构之外的某种范围，并进行广泛的“合作”才能更好地管理现代文献的规模。①

8.2　信息技术的推动

信息技术的改变能够显著增加或者减少进入档案馆的文件数量。在分析每一个档案鉴定理论时，都有特定的信息技术变化部分地影响档案鉴定理论的变化。

由于造纸术的发明，纸张已经成为官府日常用品，“纸张的产生和应用导致档案数量的急剧膨胀，大量的档案对保存空间形成了巨大压力，为了挑选其中有价值的部分加以保存，推动了档案鉴定的出现。”②但是在 19 世纪前半叶产生的纸张档案对档案人员的压力远远要小于 19 世纪下半叶及其以后随着信息技术的发展而产生的文件数量。

1876 年，美国贝尔（A. G. Bell）和格雷（E. Gray）同时发明了电话，但是这时由于技术的限制和高昂的费用，在 19 世纪电话的应用范围并不是很广，在 19 世纪后十年，是无线电报发展的繁荣时期，1894 年英国人洛奇（O. Lodge）最先发现赫兹振荡器可用来发射无线电波。1895 年，马可尼（G. Marconi）在意大利进行了首次无线电报实验，他把无线电报信号送到了一英里半以外的地方。1898 年德国的布劳恩（F. Braun）也发明了无线电报，并且最早使用了方向天线技术，在 1909 年马可尼和布劳恩获得了诺贝尔物理学奖学金。③ 信息的有效沟通，具有催化战争和加速战争结束的作用，第一次世界大战爆发后，美国将军斯奎厄（G. O. Sguier）决心把

① 支萍萍．美国文献战略理论与实践研究［D］．天津：天津师范大学，2015.

② 黄霄羽．外国档案事业史［M］．北京：中国人民大学出版社，2011：30.

③ 宋德生．信息革命的技术源流［M］．成都：四川人民出版社，1986：12.

无线电话装到飞机上，1917 年 5 月 22 日，他命令美国工程师加速设计车载无线电话，不到 6 个星期，美国就生产出了电话样机，并在演习中取得成功。1918 年 2 月，美国生产出了 SCR-67 和 SCR-68 型号的机载无线电话机。① 随着技术的发展，电话逐渐可以在老百姓的家里安装使用，由于电话的语音是情感的直接交流方式，随后电话快速发展。电话的产生带来了快速高效、跨地域的沟通方式，被广大群众广泛喜爱，但是也导致了一个问题，那就是人们无法像在纸质或者书信时代那样保留文件，人们至多会在便利贴上记下一些有关电话内容的简短信息。这为档案工作带来了一定的麻烦，因为电话可以导致一些信息无法被及时记录和保存下来，更不用谈鉴定问题了。

从 1946 年世界上第一台计算机的诞生到 20 世纪 80 年代，计算机技术发生了突飞猛进的发展，政府、企业、个人使用计算机越来越普及，计算机技术为办公自动化带来的便捷性得到了人们的青睐，以计算机为核心的信息技术正全方位地向社会各个领域渗透，由于电子文件同纸质文件相比，可以节省很多空间，传播速度也快，以至于电子文件产生的越来越多。但是对于档案人员来说，原来适用于纸质档案鉴定的理论则受到了挑战，电子文件离开了计算机软件，人们将不能识读，也无法对其施加任何影响，另外，电子文件的易复制性和易修改性，导致了在这一时间段中，很多国家和地区不承认电子文件的证据性特征，这时原来的档案鉴定理论不适用于当时的环境，已经初见端倪。国际上对电子文件的研究也已经全面铺开，1989 年第二届欧洲国家档案会议明确提出“必须研究信息技术对档案原则和档案实践的影响。”②

20 世纪 90 年代后，复印技术的普及和发展，导致了文件可以很容易地被复制产生，越来越多的文件充斥着人们的办公和生活。

---

① 宋德生. 信息革命的技术源流[M]. 成都：四川人民出版社，1986：19-20.

② 丁果，王建华. 克服心理障碍迎接电子文件的挑战[J]. 湖南中医药导报，2003，9(5)：78-79.

软盘、光盘等存储介质的更替换代，都为档案鉴定理论带来了越来越多的挑战，并且导致了电子文件的新理论的产生。国际档案理事会在 20 世纪 90 年代对世界各国的电子文件鉴定问题进行调查和研究，并向理事会成员国介绍了电子文件鉴定良好实践。① 冯惠玲在其博士论文《拥有新记忆——电子文件管理研究》中论述了电子文件的双重鉴定理论——内容鉴定和技术鉴定，并指出电子文件时代内容鉴定与纸质时代的不同，认为宏观鉴定法更适用于电子文件时代，同时由于电子文件的保管费用的降低、利用价值的提高，可以适当放宽电子文件的归档范围和保管期限，并且保存与电子文件有关的软硬件设施；增加了技术鉴定，技术鉴定包括可读性鉴定、可靠性鉴定、无病毒检测等。②

8.3　历史书写方法的变化

历史通常有两种含义：“一是人类客观活动的过程；二是人类对自身客观活动过程有选择的记录和解释。”③在这个含义中，人类客观活动是我们无法干预的，对自身活动过程的记录和解释则是人类活动的重要组成部分，并且也是历史学家的主要工作，而这些记录则主要依赖于档案。米歇尔·福柯在其著作《知识考古学》中讲到，历史通过文献记录过去的重大事件或者重要遗迹，并且通过这些文献将历史事件的信息传递给后人，但是这些事件或者遗迹本身常常是吐露不出任何东西的，或者遗迹本身显现出的信息与后人所了解到的风马牛不相及。“在今天，历史则将文献转变成重大遗迹，并且在那些人们曾辨别前人遗留的印迹的地方，在人们曾试图

① 许茵. 电子文件的鉴定[J]. 中国档案，2000(5)：44-46.

② 冯惠玲. 电子文件的双重鉴定：《拥有新记忆——电子文件管理研究》摘要之三[J]. 档案学通讯，1998(3)：32-35.

③ 郭小凌. 西方史学史(第 4 版)[M]. 北京：北京师范大学出版社，2016：13.

辨认这些印迹是什么样的地方，历史便展示出大量的素材以供人们区分、组合、寻找合理性、建立联系，构成整体。”①档案文献与历史学有着密切的联系，在记录历史的行程中，档案鉴定工作起着非常重要的作用，档案的鉴定工作决定了哪些文件可以进入档案馆中保存，成为以后历史学家编史的工具，哪些文件被排除在外，甚至是被销毁或遗忘。当档案工作者进行档案鉴定时，实际上在塑造受档案馆(室)所管辖的文献遗产的未来。档案工作者在决定什么将被记忆什么将被遗忘，谁将发出声音谁将无声无息。

理解影响历史的书写以及历史编纂方法变化②的方式有助于了解档案鉴定理论变化的走势。历史学家要求在他们所处的时代背景下撰写前人的历史，试图理解和表述过去的事件，同样地，档案工作者也是在前范式理论指导下收集资料工作。约翰认为“在档案专业独立之前，都是历史学的理论方法指导档案工作。在一个相对较短的档案职业史中，档案工作者迫使自己成为历史学家，依赖自己的经验在特定的历史领域中选择具有价值的档案。这些档案工作者通过在历史领域的培训，基于文件的内容和背景来鉴定文件。只有在最近的40年里，档案工作者才创建自己独立的专业理论，从传统的历史实践中分离出来形成自己的档案理论和鉴定理论，成为一个独立的学科。”③基于上述言论，笔者同意约翰所说的档案工作者在一定程度上也是历史学家，通过自己在历史领域的经验根据文件的内容和背景来鉴定文件，但是笔者不同意“在档案专业独立之前，都是历史学的理论方法指导档案工作”这种看法。通过下面的介绍，笔者认为档案学与历史学是两个相互独立又相互影响的学

① 米歇尔·福柯，知识考古学[M]. 北京：生活·读书·新知三联书店，1998：7.

② 海登·怀特认为“历史学目前还处于前常规科学状态，应该通过学术革命，转化为常规科学。”参见李隆国著，史学概论[M]. 北京：北京大学出版社，2009：265。对于历史学处在怎样的状态：常规科学还是前常规科学？本书不做研究。

③ Ridener, John. From Polders to Postmodernism: A Concise History of Archival Theory[M]. Duluth, US: Litwin Books LLC, 2009: 14-15.

科，并且在一定程度上，档案资料影响了书写历史方法的转化。

8.3.1　兰克学派

19 世纪主流的历史学派是兰克学派，德国历史学家兰克(Leopold con Ranke)在 19 世纪以精通普鲁士帝国的历史而著称。他提出并形成被人们广泛称道的科学历史学(scientific history)的思想，即“如实直书”(show what actually happened)的历史写作方法。科学历史学基于第一手资料的利用，沿用自然科学家从实验观察中获得观察结果的方法，秉承客观中立的职业道德，剥离偏见，用纯粹客观的视角来陈述历史事实。科学历史学之所以在 19 世纪成为主流研究方法，这与公共档案馆在 19 世纪初的设立有密切关系。以兰克为例，他在德国柏林档案馆发现了 16 世纪和 17 世纪威尼斯大使的报告，通过这些报告，兰克意识到，近代欧洲历史的撰写必须借助于档案馆中的资料，这些资料是欧洲历史再现的源泉，借助这些资料，历史学家可以告诉当代人一段鲜活的历史，可以使历史人物和场景再现。兰克在撰写他的第一部著作时并没有发现档案馆这个宝藏，在后来的历史写作中，他极力推荐历史学家从档案这个无穷无尽的资源中，根据历史资料陈述历史事实。① 公共档案馆的建立，为史学进行科学式的“如实直书”研究创造了极为重要的条件。在那一时期，“能否利用包括档案在内的各种原始材料已成为各国史学家评价一部史学的优劣的主要标准。”②这种依赖于第一手资料的历史写作手法强调了档案文件作为证据的角色。在科学历史学中，档案变成了历史学家完成他们工作的原始资料。同时，这种证据性的思想对未来的档案学鉴定理论也有一定的影响作用，从一个学科的研究方法借鉴或者是影响到另一学科的时间具有一定的滞

① ［英］乔治·皮博迪·古奇. 十九世纪历史学与历史学家(上、下册)[M]. 北京：商务印书馆，1989：18.

② 郭小凌. 西方史学史(第 4 版)[M]. 北京：北京师范大学出版社，2016：248.

后性，“詹金逊对档案文件可以揭示出‘真相’的信念，仅仅是借鉴了19世纪编史工作中常见的‘经验实证主义’。”①20世纪初期英国档案学者詹金逊提出的档案鉴定思想“行政官员决定论”中将档案文件作为神圣不可侵犯的证据与19世纪的史学主流研究方法——科学历史学思想是相同的。

档案成为科学历史学思想产生的源泉，而科学历史学这种历史编纂学思想又影响后来的档案鉴定理论。

8.3.2　历史相对主义

20世纪初，历史学家开始质疑科学历史学的主导地位。查尔斯·比尔德(Charles Beard)和卡尔·贝克尔(Carl Becker)是质疑实证科学方法运动的先驱，也是历史相对主义的代表人物，他们领导了历史实践领域的相对主义运动。② 贝克尔在1935年出版了《每个人都是自己的历史学家》(Everyman His Own Historian)，充分展示了他的相对主义观点，他写道：“显而易见的是，生动的历史、在记忆中被我们肯定和牢记的那个想象的事件，却在任何一个特定的时刻对所有人而言并非恰恰相同，或者对不同时代的人而言都恰恰相同。”③贝克尔认为历史是历史学家想象的产物，撰写的过去的历史受到当时背景的影响。历史相对主义认为：①历史学家不可能直接把握事件的大部分实际内容，因为历史学家必须通过保存下来的文献去了解和记录过去的事件，而这些文献的完整性令人怀疑，这些文献可能是残缺不全的文献或者是互不连贯的文献，这些文献可能只是记录了某个事件的一个方面，因此历史学家不可能做出完全

① ［加］特里·库克. 1898年荷兰手册出版以来档案理论与实践的相互影响［A］∥第十三届国际档案大会组委会. 第十三届国际档案大会报告集. 北京：中国档案出版社，1996：91.

② Ridener, John. From Polders to Postmodernism: A Concise History of Archival Theory［M］. Duluth, US: Litwin Books LLC, 2009: 16-17.

③ Carl Becker. Everyman His Own Historian: Essays on History and Politics［M］. New York, F. S. Crofts & co, 1935: 242.

忠实于原来状况的陈述。②历史学家甚至不能把他了解的全部材料直接地或间接地都纳入他的叙述中，历史学家会挑选一些他认为有用的材料用于描述某一事件的某些方面，而置其他方面于不顾。③历史学家的叙述不一定完全符合他试图描述的对象，因为一个人亲身体验那一切的在场感和冲击感，是不可能在其著作中被准确表述出来的。① 由于这些原因，不同的历史学家从同一材料中可能会得出截然不同的结论，不同的历史学家对同一事件会得出不同的看法。显然，历史知识与不同历史学家的思想或形成他们思想的众多因素有关。在相对主义学派中，解释代替了观察，它认为历史编纂学带有一定的主观性是合理的，并且也是不可避免的。

8.3.3　年鉴学派

20 世纪前半叶，历史相对主义者对兰克学派的客观主义和法国的实证主义史学进行理论批判时，另外一些专业史学家也对科学化的史学进行了认真的反思。他们仍然坚信历史是一门科学，但对客观主义史学、历史相对主义者对历史细节的烦琐考证和描述，特别是对专业化史学研究的选题大多集中在政治、教皇、军事之类的传统领域(“作为普鲁士政府的官方史学家，兰克的历史实际上是服务于政治目标的。”②)，他们试图让史学跟上社会进步的步伐。在 20 世纪初期，世界科技迅猛发展，在法国，数学、物理、化学等自然科学的研究已经进入世界前列，经济、人文、社会科学等学科也蓬勃发展，为后来法国的年鉴学派的总体发展和跨学科研究方法提供了理论基础。年鉴学派形成于 20 世纪 20 年代后期，代表人物是吕西安 · 费弗尔(Lucien Febvre)和马克 · 布洛赫(Marc Bloch)，他们于 1929 年创办《经济与社会史年鉴》期刊，从而竖起

---

① [美]莫里斯 · 曼德尔鲍姆著. 历史知识问题——对相对主义的答复[M]. 涂纪亮，译. 北京：北京大学出版社，2012：15-17.

② [意]卡洛 · 安东尼著. 历史主义[M]. 黄艳红，译. 上海：格致出版社，2010：92.

了年鉴学派的旗帜，年鉴学派发展于20世纪40年代，并繁荣至今。年鉴学派反对注重研究曾经在19世纪历史学家们中间比较流行的政治、外交和战争史，他们的关注点是地理学、物质文化、经济学、社会学和心理学等学科。如著名的年鉴学派第二代代表人物费尔南·布罗代尔(Fernand Braudel)1949年由其博士论文出版的《菲利普二世时代的地中海和地中海世界》中，“第一部分用很大篇幅分析地中海的自然地理环境状况与变迁，如植物的退化、气候的改变、交通路线的改道等，以此说明历史的缓慢变动。第二部分考察海路交通运输，贸易线路与距离远近，人口分布与人口增长，货币的发行、流通与物价波动。第三部分才进入传统史学的主题，即西班牙与奥斯曼土耳其帝国之间的争霸。”①在20世纪70年代以后，年鉴学派发现了自身发展的问题，为防止社会科学等学科对史学的侵略，提出要对史学自我反省，这是对年鉴学派运动的纠偏与调整。同一时期，还出现了年鉴学派内部与外部合力达成的新趋势——叙述史、政治史的回归，这也是年鉴学派史学的自我调整。年鉴学派及其创新的方法突破了过去历史学研究政治、战争和政府的思想，开启了书写人民群众和组织的历史。

8.3.4　计量史学

年鉴学派进一步扩大了史学领域，使地方史从经济领域进入到社会、文化领域中来。计量分析促进了系列史和区域史的发展。现代意义的计量研究始于二战之后，包括以下一些方面：一是运用电子计算机，计算机的使用使系统收集、利用史料及进行统计分析成为可能，并向研究者提供了处理大量情报资料和分析多变量现象的能力，从而为计量史学的发展奠定了基础；二是进行统计分析，是一种高级的数理统计学和多变量解析领域的分析，对此非使用电子计算机不可；三是制作数学模式，借用社会科学尤其是经济学中的

① 郭小凌. 西方史学史(第4版)[M]. 北京：北京师范大学出版社，2016：394.

理论模式，以数理形式来表现历史文化现象。

在美国，从 20 世纪 50 年代开始，计量史学方法向历史研究渗透，出现了以广泛采用计量方法与数学分析为特征的新经济史学派、新政治史学派和新社会史学派。

计量史学有其明显的优越性，比如：

——它可以最大限度地运用与发掘史料，这是传统的以定性分析的描述方法所无法解决的。由于借助电子计算机，新的史料被源源不断地发掘出来，诸如选民登记、教区档案、法庭记录、公私账本、公私藏书目录、病史记录、结婚登记、死者遗嘱、家谱、税单等，都可以视为“史料”，都可以转化为机器可读出的数据，于是引起史料观的变化。

——它可以使历史学家开拓视野，转换视角，加深对历史的认识。二战后西方史学界所确立的“自下往上看的历史学”，在很大程度上得益于计量史学方法的普遍运用。福格尔认为，作为撰写群体历史的一种辅助手段，计量方法“似乎最有用武之地”，如新政治史学关注的中心是选民群体，揭示普通选民在选举中的态度与行为；新社会史学关注的也是构成社会的不同的人群，他们在社会历史发展中的地位和作用，亦即社会底层的历史。的确，由于计量史学方法的推广，确为历史学家研究下层社会与普通群众的历史开辟了途径。

——它使历史学家的研究更加精确化。历史学家应用电子计算机与数理统计方法，不仅仅可以更迅速地从事研究工作，而且还影响到历史学家史学思想上的变化，使研究者在对历史的解释、对史料的看法、对历史的表述方法等方面发生变化。①

计量史学研究方法引起了历史学家在历史认识论与方法论上的变革。在美国，对于大多数出身于历史学的档案工作者来说，计量方法引入档案学研究方法也就不足为怪。布里奇福德、波尔斯和杨对于档案鉴定方法通过建立模型和数理计算的方式来评估档案价值

① 张广智．西方史学史(第 2 版)[M]．上海：复旦大学出版社，2004：353.

与计量史学研究方法相似。

8.3.5　后现代主义思潮

后现代主义思潮是后现代社会的产物，是相对于现代社会而言的，后现代社会正式出现是在 20 世纪 50 年代末到 60 年代前期，70 年代至 80 年代达到顶峰。① 后现代社会“反对用单一的、固定不变的逻辑、公式和原则以及普适的规律来说明和统治世界，主张变革和创新，强调开放性和多元性，承认并容忍差异。”②在后现代主义思潮的影响下，档案学界出现了后保管理论的研究，并且形成了一定的理论，如前端控制原则、全程管理等思想。后保管理论要求档案工作者从被动的档案接收者变为电子文件形成过程中的参与者，并且尽可能地将档案工作者的职责向前延伸，后保管主义为职能鉴定提供了理论基础，更注重于文件形成者的职能、活动和任务，对电子文件内容的关注变少，比较具有代表性的档案鉴定理论为美国塞穆尔斯的“文献战略”和加拿大的文件“宏观战略”。

在历史编纂学这种螺旋上升的不断自我完善过程中，我们也仿佛看到了档案鉴定理论发展的影子和趋势，在不同时代历史学家利用的档案资料非常不同，档案鉴定部分地受历史编纂学的影响，在兰克学派史学盛行之后，詹金逊提出基于“证据”思想的行政官员决定论。随后兰克学派史学受到历史相对主义史学的质疑，詹金逊的鉴定思想也受到了谢伦伯格“双重价值论”的挑战。在 20 世纪 40 年代后盛行的强调人民群众和组织的历史的年鉴学派史学思想影响下，20 世纪 70 年代后，档案学界也掀起了“身份认同”的学术思潮，档案鉴定理论也随着发生改变，产生了以布姆斯和汉姆为代表的“社会分析法”和特里·库克、塞穆尔斯为代表的“职能鉴定论”

① 陈世丹. 关注现实与历史之真实的美国后现代主义小说[M]. 厦门：厦门大学出版社，2012：1.

② 陈世丹. 关注现实与历史之真实的美国后现代主义小说[M]. 厦门：厦门大学出版社，2012：1.

思想，并影响至今。

综上所述，理解了历史学家利用档案的不同过程，将有利于清楚地了解档案理论变化的动力。历史编纂学和档案理论的关系是密切的，是互相促进的过程。

8.4　小　　结

迄今为止并不存在一个具体的档案鉴定理论足以稳定地适用于所有地区和时代，这与档案鉴定所涉及的外部环境有关。档案鉴定的影响因素主要包括社会背景、信息技术以及历史书写方法的变化三个方面。本章分析了第一次世界大战、第二次世界大战、罗斯福新政、文化革命、信息公开立法等社会背景因素对档案鉴定理论的影响，打字机的出现、复印和打印技术的发展、互联网技术、社交媒体技术等信息技术因素对档案鉴定理论的影响，兰克学派、历史相对主义、年鉴学派、计量史学、后现代主义思潮等历史书写方法的变化因素对档案鉴定理论的影响。

第 9 章　规律三：波动——档案鉴定理论的主观性和客观性变化

历史发展就像一个钟摆，往一个方向大幅度摆动后，会自动向相反方向反弹，如此反复，借助这种不停的摆动，社会一步步地向前发展。从 20 世纪 20 年代到今天将近 100 年的档案鉴定发展过程似乎验证了这一说法。

9.1　档案鉴定理论的主客观变化过程

纵观档案鉴定理论发展的 100 年历史过程，档案鉴定理论充满了争论，最终都走向了改变。每一个档案鉴定理论形态的发展都受到了社会背景、信息技术和历史编研的影响，而每一次档案鉴定理论的变化都是试图解决理论中的主观性和客观性之间的冲突关系。但是到目前为止，档案鉴定中的主观性和客观性的冲突并没有真正解决，每一个鉴定理论形态的变化只是修正前一个理论形态的主观性或者客观性的偏向，而又导致自己偏向另一方。

9.1.1　詹金逊档案鉴定思想的客观性

詹金逊是第一位明确提出档案鉴定理论的档案工作者，在《档案整理与编目手册》(又称《荷兰手册》)出版 24 年后，英国档案学者詹金逊出版的《档案管理手册》论述了他对档案鉴定的原则、实践，以及对档案工作者职业的看法。《荷兰手册》为詹金逊的鉴定思想提供了思想基础，但是《荷兰手册》又不完全适用于 20 世纪 20 年代英国的档案管理情况。本书"行政官员决定理论"一章中讲到，詹金逊所面临的情况是要处理第一次世界大战临时政府组织形成的各种类型的大量文件，詹金逊所在的档案管理部门需要保存英国参加第一次世界大战的历史，当时的英国情况与《荷兰手册》所采用的比较广阔的背景是不同的。

詹金逊将档案定义为社会记忆的有机组成部分，文件是在行政业务活动中形成和利用的。詹金逊强烈建议档案工作者不参与档案的鉴定活动，反对因为档案人员的介入而导致的档案的销毁，档案整理完整性的破坏。如果档案文件的原始整理顺序被破坏，则意味着也改变了与这部分档案文件有关的其他文件的意义。因此，在詹金逊的鉴定思想中强调客观性和保持文件的真实性。

詹金逊在档案工作中反对主观性的表现为：詹金逊的鉴定理论将公正和真实性作为档案材料的两个基本特征。档案文件的公正性表现在，档案文件的形成是为了当时的业务流程，而不是以后的利用，所以这些文件不会造假。而对于档案的真实性的保障则是不能对已经移交的档案文件进行选择，詹金逊认为主观鉴定可能会造成档案文件的失真。因此，詹金逊致力于保持档案文件的客观公正："档案，如果被忠实的保护和合理的利用，则是给我们了解事实的最好机会，这些真相是没有被稀释的。维护真相是我们现在正在斗争的唯一确定的行为基础。"①

9.1.2　谢伦伯格鉴定思想的主观性表现

第二次世界大战后，如同英国在第一次世界大战遇到的情况一样，美国在第二次世界大战后也遇到了巨大文件数量的困境，计算

① Jenkinson H. A Manual of Archive Administration Including the Problems of War Archives and Archive Making[M]. Oxford: Clarendon Press, 1922: 195.

机技术的进步导致了文件数量增长速度飞快，同时研究者对档案的利用也在增加，美国国家档案馆的谢伦伯格意识到荷兰手册和英国詹金逊的档案管理思想并不适用于美国的情况，特别是对档案鉴定工作。谢伦伯格认为诸如美国和澳大利亚这些年轻的国家对档案的需求与别的国家明显不同，因此他们应该对档案的鉴定和保管工作进行创新。

谢伦伯格的鉴定思想是偏主观性的，他认为要减少大量的现存文件，就应该赋予档案工作者鉴定决定的权利。甚至对于决定学科基础的“档案”的定义，谢伦伯格也是采取了比较主观的态度，他认为各国对“档案”可以根据自己的情况进行定义，只要这个定义能够有效地为各国的档案事业服务即可。① 在谢伦伯格的意识中，任何档案理论都是相对化的，没有必须优先采用的、最终的、完备的档案理论，包括档案定义和档案鉴定工作。谢伦伯格的思想也影响了档案鉴定的主观性因素的增长。每个国家依据自己的具体情况，在档案鉴定中加入适当的主观性因素。谢伦伯格将主观性思想加入档案鉴定中是基于减少档案数量的考虑。与詹金逊将档案工作者的职责定义为档案保管者不同，谢伦伯格将档案工作者定义为档案保管者和文件选择者。但是，谢伦伯格并不认为自己的理论比别的国家的档案理论先进，他说：“我真的不认为美国处理现代公共文件的方法一定比其他国家更好，它们(这些方法)仅仅是不同的。”②

谢伦伯格鉴定思想中主观性的另一个益处是能够提高档案工作者的效率，快速地减少档案数量，以及为潜在的档案用户提供利用。谢伦伯格的双重价值思想中的“经济”和“效率”的关注点代替了詹金逊鉴定思想中的“公正”和“客观”③。主观决策在理论上是不可取的，谢伦伯格强调档案文件的处理应该为档案用户和研究服

① ［美］谢伦伯格著. 现代档案：原则与技术［M］. 黄坤坊，译. 北京：档案出版社，1983：21.

② Schellenberg T R. The Appraisal of Modern Public Records［M］. US Govt. Print. Off.，1956：Xviii.

③ Ridener, John. From Polders to Postmodernism：A Concise History of Archival Theory［M］. Duluth，US：Litwin Books LLC，2009：92-93.

务，因此主观性在谢伦伯格的鉴定思想中实际上是希望仅保留最有用的档案文件的副产品。

9.1.3　社会分析方法——理性的回归

谢伦伯格的双重价值鉴定理论被他的部分后继者们发展为“利用决定论”，但是利用决定论并没有在档案学界达成共识，首先是詹金逊及其追随者强烈反对，詹金逊认为谢伦伯格的思想太激进。其次是其他档案学者也不认同“利用决定论”这种观点，美国档案学者汉姆认为利用决定论主要考虑了未来的研究需要，忽视了文件机关延续机构记忆的需要，破坏了文件在其形成过程中的自然联系。① 德国档案学家布姆斯认为前一代档案工作者对文件的未来的利用价值主要采取的是推测的方法，没有客观的选择标准，档案工作者所处的社会环境和政治体系，是档案鉴定的基础。

在 20 世纪 60 年代至 70 年代，世界各地发生了文化革命运动。最著名的是发生在美国的民权运动，非洲裔美国人、妇女、少数族裔等人群开始要求法律上和文化上的平等对待，这些运动直接影响了档案工作者的职责。这些职责包括需要更加开放地获取档案文件，和以前未被代表的团体的档案与团体类型的档案一起保存。在 20 世纪七八十年代，比较典型的档案鉴定思想是西德档案工作者布姆斯和美国档案工作者汉姆的“社会分析方法”。他们认为传统的档案馆主要是保存国家或者州机构的档案文件，在这个全民都争取身份认同的时代，档案馆应该保存能够反映社会全体的档案，包括个人和团体的档案材料。这种包括社会全体的档案材料又可成为社会信息(social information)，社会信息是指“可以记录在任何介质(纸张，胶片，磁带等)上的一系列精神上的、编码的和社会语境化的表示(重要符号)，可以永久通信。”②档案工作者在鉴定档案

① 傅荣校. 档案鉴定理论与实践透视——基于效益和效率思路的研究[M]. 北京：中国档案出版社，2007：117.

② Ribeiro F. Archival science and changes in the paradigm[J]. Archival science, 2001, 1(3): 295-310.

时，宜采用客观评价法，这种方法可以通过与其他领域的学者经常交换意见得来，也可通过归纳易于管理的小型社会组织的档案经验得来。① 在这一范式中，档案工作者应该将为“复杂的社会提供文件”这一责任担负起来，因此档案工作者应该从文件材料的被动接收者和文件保管者向文件价值的主动鉴定者和确定者转变。

布姆斯强调档案鉴定的客观性，但是他的鉴定想法又太过于理论，他的想法提供了一个理论框架而不是实用指南。但是这已经为档案鉴定从主观性到客观性的转变提供了契机。

9.1.4 黑盒子鉴定理论——档案鉴定的客观性的真正落实

黑盒子鉴定理论是美国档案工作者波尔斯和杨在 1985 年提出的，笔者在本书第 5 章中对黑盒子鉴定理论进行了详细论述，黑盒子鉴定模型由情报价值、保存费用和鉴定相关事项三个子模型构成，每个子模型又包含若干子项，最终包含 37 个具有影响档案鉴定的要素。在实际应用时，将模型中的子项或者要素转变为有关档案鉴定的问题，然后对将要鉴定的档案根据这些问题进行评分。这是一个真正将档案鉴定进行量化的方法，确保档案鉴定的客观。这个模型虽然有很多优点，但是，档案价值的评判并不是一个可以完全量化的过程，比如说在什么阶段应该评估档案保管的费用，以及档案保管费用在不同阶段的比重是否相同等问题，在这个客观的模型中并没有得到满意的答案，因此这个模型很快就被人们遗忘了。但是黑盒子鉴定理论客观探讨档案价值鉴定的思想，对以后的鉴定思想有深刻的启示意义。

9.1.5 基于“职能”的鉴定思想——主观性的回归

黑盒子鉴定理论在 20 世纪 80 年代中期提出后，并没有得到档

① ［美］南希·E. 皮斯著. 五十年来档案鉴定工作的理论与实践［J］. 李华，薛匡勇，译. 北京档案，1988(2)：22-25.

案学界的广泛认可，也没有真正在实践中推广应用，20 世纪 70 年代提出的“社会分析鉴定法”由于理论性太强，没有具体的操作指南，这种思想被广大档案工作者接受，但是并没有真正操作。在美国和加拿大比较流行的鉴定方法还是谢伦伯格的“双重鉴定思想”，但是档案工作者已经意识到“双重鉴定思想”存在着很大问题，因此美国档案工作者塞穆尔斯在 1986 年提出了“文献战略”思想，加拿大档案学者特里·库克在 20 世纪 80 年代末提出了“宏观鉴定”思想，这两种思想均是基于“职能”的鉴定思想。

职能鉴定思想的核心是通过重要的社会机构、功能、文件生成者和生成过程，试图找到反映人类社会生活的档案。职能鉴定方法具有主观性的一面，对于社会中哪些职能是核心职能，需要选择哪些社会机构，并没有一个客观的选择标准，依然依赖于档案工作者的主观判断，为了避免这种主观判断的偏见，文献战略添加了文件利用者和文件形成者共同讨论哪些文件和哪些信息应该被保存。可以说基于“职能”的鉴定方法在本质上是主观性的鉴定方法，但是为了避免主观性鉴定带来的偏见，档案工作者们在实施的过程中添加了其他因素来增加档案鉴定的准确性。

9.2　档案鉴定理论的主客观变化规律

档案鉴定理论的主观性和客观性是辩证的永恒的存在，对于后现代档案工作者来说，档案鉴定并没有正确的答案，主要取决于当代社会对档案馆是用来保存什么的和档案是用来做什么的问题的解释，由此引发的档案鉴定理论在主观性和客观性间进行波动，如图 9-1 所示。档案鉴定理论不会在主观性或者客观性的道路上越走越远，而是会在这两者中间进行切换。每一个档案鉴定理论并不会是完全的客观性或者主观性，而是客观性或者主观性显现的多一些，或者相对于前一个鉴定理论而言，是偏客观或者偏主观。

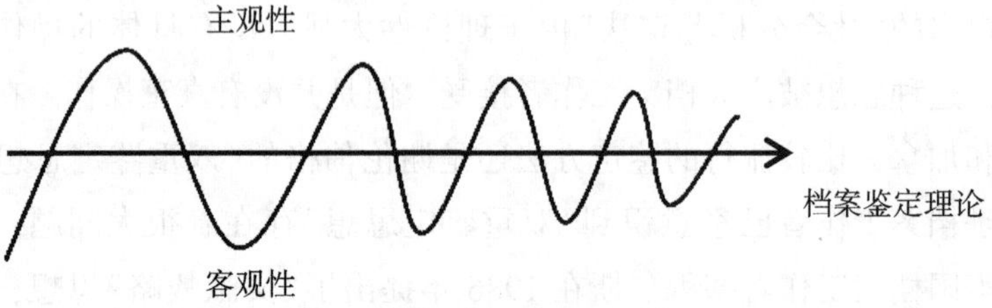

图 9-1 档案鉴定理论的主客观发展规律

在基于“职能”的档案鉴定理论范式中，后现代档案工作者允许更多的主观性标准成为档案鉴定活动的一部分。当主观性变得越来越受到质疑时，社会公众则会思考“如何限制和控制这些经过主观介入赋予其价值的档案材料。”档案工作者如果想改变这个档案范式，必须决定两个问题哪个是比较次要的：主观鉴定？还是持续地由文件形成者进行主观决定？① 这又回到了詹金逊和谢伦伯格的档案鉴定理论之争上。

在现代信息技术的冲击下，特别是存储空间和检索速度的限制越来越小，有些学者则主张不应该对档案进行鉴定和销毁，而应该全盘接受社会所产生的档案②，因此档案工作者应不应该对档案进行鉴定也成为一个问题。

文件在现代社会已经成为政府、公民、组织的权利的重要象征，因为文件成为他们行为活动的证据。对档案文件需求的增加已经成为民主社会的部分象征，比以往社会对文件需求的增加意味着社会本身使文件变得有意义，档案文件的快速增加和文件在社会中的重要性日益提升，也造成了档案鉴定陷入更多的矛盾之中。因此在未来社会环境变化的时代下，档案鉴定理论会是一个新的研究热点。

① Ridener, John. From Polders to Postmodernism: A Concise History of Archival Theory[M]. Duluth, US: Litwin Books LLC, 2009: 134.

② 周林兴，邓晋芝. 错位的价值判定应该被纠正——对档案鉴定及销毁的历史视域考量[J]. 档案学通讯，2015(2): 38-42.

当深刻理解了档案鉴定理论中的主观性和客观性变化的规律后，当代的档案学者可以根据当代所处的时代背景、技术环境创建一个广泛适用和重要的档案鉴定理论，这个鉴定理论将会成为未来档案理论和社会文化的一部分，这些问题也部分地解释了当代档案理论范式形成和档案工作者职责变化的原因。档案鉴定理论中主观性和客观性的变化，也试图告诉档案学者应该建立一个动态的理论，这个动态的理论能够成为保持社会记忆的领导者。

9.3　小　　结

纵观档案鉴定理论发展的 100 年，档案鉴定理论充满了争论，最终都走向了改变，而每一次档案鉴定理论的改变都是试图解决理论中存在的主观性和客观性的冲突关系。“行政官员决定理论”鉴定思想是客观性的，詹金逊在档案工作中反对主观性的表现为：詹金逊的鉴定理论将公正和真实性作为档案材料的两个基本特征。谢伦伯格的鉴定思想是偏主观性的，他认为要减少大量的现存文件，就应该赋予档案工作者鉴定决定的权利。西德档案工作者布姆斯和美国档案工作者汉姆的“社会分析鉴定理论”是一种档案鉴定思想客观性的回归，他们认为传统的档案馆主要是保存国家或者州机构的档案文件，在全民都争取身份认同的时代，档案馆应该保存能够反映社会全体的档案，包括个人和团体的档案材料。“黑盒子鉴定模型”是档案鉴定理论客观性的真正落实，它将档案鉴定问题最后转变为可量化的数据，确保档案鉴定的客观。特里·库克的“宏观鉴定理论”又将档案理论推向了偏主观性的一面，宏观鉴定理论的核心是通过重要的社会机构、功能、文件生成者和生成过程，试图找到反映人类社会生活的档案，对于社会中哪些职能是核心职能，需要选择哪些社会机构，并没有一个客观的选择标准。在这部分的分析中，虽然笔者将“社会分析鉴定理论”归结为鉴定思想客观性的回归，将“宏观鉴定理论”归结为偏主观性，这种说法只是相对于它们的前一种鉴定理论而言，并不意味着“社会分析鉴定理论”

是完全客观性的，“宏观鉴定理论”是完全主观性的。“社会分析鉴定理论”具有主观性的成分，但是与“双重价值鉴定理论”比较而言，是客观性的回归；同理，“宏观鉴定理论”具有客观性的成分，但是与“黑盒子鉴定模型”比较而言，又是偏主观性的。

档案鉴定理论的主观性和客观性是辩证的永恒存在的，档案鉴定理论在主观性和客观性中进行波动，主要取决于当代社会对档案馆是用来保存什么的和档案是用来做什么的问题的解释。

第10章　规律四：推动——档案鉴定理论是实践部门的产物

10.1　档案鉴定理论的提出者均来自档案实践部门

在本节开始前，先来看一则故事：

清朝著名学者纪昀在他的《阅微草堂笔记》中记载了一个故事：河北沧州有一座临河的寺庙想重修山门，打算将十几年前随山门一起踏入河中的两头石兽打捞出来。寺僧开始在石兽沉没的河底打捞，没有找到，以为石兽被水冲到下游，又顺着河边打捞了十几里，仍然没有找到。

有一个住在寺庙的讲学家说，石兽不像轻浮的木头那样被水冲走，它落到松软的河床上，会越陷越深，在河底表层没有找到石兽，是因为它陷得太深的缘故。寺僧们按照他的建议去深挖河底，仍没有找到石兽。

后来有位老河工对河底的情况做了分析后，认为石兽应该在河的上游。因为石兽落入到河底，流水冲不到它，那股冲激回来的力量会顺带冲走一些泥沙，逐渐在石兽迎着水流的那一面的河底冲出一个坎洞，坎洞越冲越深，石兽就会一个跟头翻进坎洞里。随后，水流又会在石兽前面冲出一个新坎洞，石兽就会再翻滚一次。如此反复，石兽就逐渐被冲向上游去了。寺僧们按照老河工指的方向去打捞，果然在上游的河道中找到了石兽。①

这个故事告诉读者实践为认识的发展提供了可能。人类在实践活动中所产生的问题，最终只能通过实践来解决。理论来源于实践，高于实践，受实践检验，是辩证唯物主义的基本常识。档案鉴定是一项实践性非常强的工作，档案工作者在实际工作中对处理问题的方法与所期盼的结果存在一定程度的差异。一个理论研究的主体一般是有学者和实践者共同组成，在档案鉴定这项工作中，档案学者与档案实践者对档案鉴定理论的贡献可以在以往的鉴定理论发展史中找到一些规律。

10.1.1 对以往档案鉴定理论提出者的调查

笔者通过分析近 100 年来档案鉴定理论提出者的生平，得出一个规律：档案鉴定理论的提出者均来自档案实践部门。

行政官员决定论的提出者詹金逊大学毕业后于 1906 年参加工作，开始是在英国国家公共文件署负责中世纪文件的分类工作，随后在第一次世界大战的战争办公室工作，从 1920 年直至 1954 年退休，他一直在国家档案馆工作，系统阐述行政官员决定论鉴定思想的著作《档案管理手册》就是詹金逊 1922 年负责整理、鉴定战争文件的总结。

文件双重价值理论的提出者谢伦伯格是美国国家档案馆的档案工作者，他在美国国家档案馆成立的第二年，即 1935 年进入国家档案馆工作，工作到 1963 年退休为止。1950—1956 年谢伦伯格担任档案管理部主任，正是在这一期间，他对档案馆的旧文件进行了重新鉴定，他认为欧洲的档案学鉴定方法不完全适用于美国，他从

① 刘昕，杨晓湘．历史飞跃的支点［M］．北京：人民日报出版社，2001：33-34.

美国的实际情况出发，制定并实施了适用于美国情况的对新文件的鉴定方法论，这种鉴定方法论即体现在他在 1956 年所著的《现代档案——原则与技术》一书中。

社会分析鉴定方法的代表人物之一布姆斯是联邦德国(西德)国家档案馆的档案工作者，他从 1955 年至退休一直在联邦德国档案馆工作。从 1965 年开始，布姆斯开始撰写一些文章寻求德国档案学的转变，1972 年发表《社会与文献遗产的形成：档案资源鉴定中的问题》系统阐述了他的社会分析的鉴定方法。社会分析鉴定方法的另一个代表人物汉姆是美国威斯康星州历史协会档案和手稿部负责人，1974 年在美国档案工作者年会的主席报告中阐述了其对档案收集的影响因素的考虑。在此之后，原来主流的谢伦伯格的鉴定思想影响力下降，社会分析鉴定方法逐渐成为主流思想。

黑盒子鉴定理论的提出者波尔斯和杨，分别是美国密歇根大学本特列图书馆的一名档案工作者和美国密西西比报纸保护项目的项目总监、美国南密西西北大学图书馆服务学院的兼职教师。波尔斯在撰写论述他们思想的文章《探索黑盒子：大学行政文件的鉴定》时的职责是鉴定和处理大学文件；杨在撰写这篇文章时是美国密西西比报纸保护项目的项目总监，美国南密西西北大学图书馆服务学院的兼职教师，以及美国档案工作者协会机构评估工作组成员和《美国档案工作者》期刊的编辑。杨在 1982 年以前是密歇根大学本特利历史图书馆的大学档案服务处的助理档案研究员。

宏观鉴定理论的提出者特里·库克曾在加拿大公共档案馆(包括国家档案馆)工作 23 年，特别关注档案鉴定。他在任职国家档案馆期间，提出了在全世界影响重大的著名的“宏观鉴定理论”。文献战略的提出者塞穆尔斯在写论述文献战略的著作《谁控制过去》(*Who Controls the Past*)时是美国麻省理工学院的档案工作者和特别收藏处的主管。

通过以上分析可以得出国外档案鉴定理论发展的推动者均是来自实践部门的档案工作者，他们参与在档案鉴定工作的第一线。

10.1.2　新档案鉴定理论基于前期理论提出

档案工作者进行档案鉴定工作，在工作实践中总结经验，但是需要注意的是，他们提出的档案鉴定理论是基于前人的研究成果。英国的詹金逊的思想是受到了法国的尊重全宗原则、德国的登记室原则、荷兰手册中的档案整理原则的影响，总起来说，詹金逊是受到了前期的来源原则的影响，来源原则实质上是对档案整理的原则，其基本内容包括“尊重来源；尊重全宗的完整性；尊重全宗内的原始整理体系。”①而詹金逊的鉴定理论是由行政官员来决定选择哪些文件进入档案馆中保存，档案人员不负责鉴定，主要职责是保管进馆的档案。对比詹金逊的鉴定思想和来源原则，我们会发现他们本质上是相同的，均是尊重来源，尊重档案的原始状态。如果将詹金逊的档案鉴定理论分拆成两步，第一步就是由行政官员，也就是文件的形成者决定哪些文件成为档案；第二步是档案工作者对由行政官员决定保存的那些档案进行保存和提供利用。接下来再分析美国档案学者谢伦伯格提出的“双重价值鉴定理论”：第一点是文件的原始价值由文件工作者和其他机关官员负主要责任(这一点与詹金逊的档案鉴定理论中的第一步是相同的)；第二点是文书工作者和档案工作者共同鉴定文件的从属价值，最终责任由档案工作者负责(这一点与詹金逊的第二点不同)。谢伦伯格的鉴定理论中的第一点与詹金逊鉴定理论中的第一点是相同的，也就是说谢伦伯格的鉴定理论实际上是在詹金逊的鉴定理论基础上改进的。接下来再看德国档案学者布姆斯提出的社会分析鉴定法，其观点接受谢伦伯格的第一点、第二点的鉴定思想，并在第二点的基础上呼吁档案工作者要与政府档案部门和非政府档案馆合作，并且希望在档案鉴定方面扩大第三方的参与度。美国档案学者塞穆尔斯的“文献战略”和加拿大档案学者特里·库克的“宏观战略”在前面所述的鉴定理

① 冯惠玲，张辑哲. 档案学概论[M]. 北京：中国人民大学出版社，2001：204.

论的基础上又添加了社会职能这个项目。

在实践中，一方面，档案鉴定理论通过档案工作者的活动按照理论自身的尺度改造外部环境，另一方面，档案鉴定理论在以自身的尺度改造档案工作的同时也在改造自身。

10.2　中国档案鉴定理论研究情况

在 10.1 节中通过对比著名的档案鉴定理论发现，档案鉴定理论是档案工作者在实际工作中发现已有的鉴定理论并不能满足当下档案管理现状的情况下而提出的。那么中国的鉴定工作情况是什么样子的呢？

对于中国档案鉴定理论的研究主要分为三个部分，一是期刊论文和学位论文，二是会议论文，三是著作。下面笔者就这三种类型的学术著作对中国档案鉴定理论进行研究。

10.2.1　对有关档案鉴定著作的分析

表 10-1 是在读秀知识库中搜索到的 10 部有关档案鉴定的著作，笔者对著作的出版时间、著作名称、作者、作者职业以及主要特点进行了分析。

通过对以上 10 部著作的分析发现，对档案鉴定研究人员主要为从事档案学理论研究的高校档案学者。除《县档案馆业务知识》的作者之一李国庆为实践部门的档案工作者外，其他几位作者均为高校教师。当然，部分高校教师在撰写著作时做了大量的实地调研，如傅荣校在撰写《档案鉴定理论与实践透视》时调研了分布于北京、天津、上海、浙江省五六十个单位，调研的这些单位性质广泛，有大型综合档案馆、县区级小型档案馆和企事业单位档案室。①

① 傅荣校. 档案鉴定理论与实践透视——基于效益和效率思路的研究[M]. 北京：中国档案出版社，2009：3.

表 10-1　有关档案鉴定的著作

序号	出版时间	著作名称	作者	职业	主要特点
1	1962	档案管理学	陈兆祦	教师	第一次系统性地介绍中国档案鉴定的制度、原则、组织和方法，以及档案保管期限表的类型、结构和编制方法
2	1986	县档案馆业务知识	陈智为，李国庆	陈智为为教师、李国庆为档案工作者，编写档案鉴定章节	指明档案鉴定的三个阶段； 具体的档案鉴定的组织形式和方法步骤； 指出档案鉴定工作者中需注意的七个问题
3	1986	欧美档案学概要	黄坤坊	教师	系统性、详细地介绍了欧美国家档案鉴定工作的四个历史时期：1789 年法国资产阶级大革命开始到 1880 年为止；1880 年到第一次世界大战；第一次世界大战结束到第二次世界大战；第二次世界大战结束到 20 世纪 80 年代。 对第二次世界大战结束到 20 世纪 80 年代的档案鉴定理论进行了梳理和介绍：迈斯奈尔的鉴定标准；卡林斯基的鉴定标准；谢伦伯格的鉴定标准；弗兰克・波尔斯和茱莉亚・杨的鉴定标准。 对欧美国家的档案鉴定工作组织、档案文件价值的争论等问题进行了介绍
4	1995	档案管理学	邓兆兴，陈智为	教师	提出了决定档案价值的三个因素：①档案自身的特点和状况；②社会利用需求；③保管条件和费用。每个因素又包含一些小项。提出了鉴定档案价值的方法：①定性分析法；②定性分析与定量分析相结合；③直接鉴定法

续表

序号	出版时间	著作名称	作者	职业	主要特点
5	1999	档案鉴定的理论与实践	陈忠海	教师	讲述了档案鉴定工作的历史、现状、问题，论述了档案价值、档案鉴定工作与来源原则及其他方面的关系，提出了鉴定档案价值的原则和标准；介绍了各种门类档案鉴定的方法
6	2002	档案鉴定：理论与方法	葛荷英	教师	回顾了中国档案鉴定发展史，论述了档案鉴定的工作内容、作用和性质、原则、标准和方法；讲述了不同性质的档案室和档案馆的鉴定工作以及各类档案的鉴定方法
7	2002	档案真伪论	刘耿生	教师	列举了档案外形、内容、形成时间、文字鉴辨的方法
8	2007	档案鉴定理论与实践透视——基于效益和效率思路的研究	傅荣校	教师	探寻了档案鉴定理论的发展与演变过程，以及演化规律；论述了中国档案鉴定工作中存在的理论与实践问题，提出了许多富有新意的措施和改革设想。基于档案价值的主观性和客观性分析，提出了一种纠偏的档案价值鉴定原则
9	2009	档案鉴辨学	刘耿生，何庄，张美芳	教师	讲述了鉴辨档案真伪的历史、方法
10	2009	档案鉴定研究	汪孔德	教师	在总结中国特色档案鉴定理论的基础上，构建了档案鉴定标准体系、档案保管期限表等内容

10.2.2　对档案鉴定期刊论文的分析

笔者于2017年2月20日在中国知网数据库中以“档案”+“鉴定”为篇名的检索，对中华人民共和国成立以来的档案期刊学术论文进行分析，从1953年第一篇发表有关档案鉴定的文献以来到2016年共检索到1650篇文献，剔除通知类、宣传类、诗歌等形式的作品外，共有1478篇学术文章。1966—1978年档案学唯一期刊《档案工作》停办，1979年《档案工作》复刊，同年，《档案学通讯》创刊。笔者判断哪些文章是由实践部门的档案工作者撰写的方法是根据文章中提供的作者的单位来确定的。如果一篇文章中有多位作者，并且多位作者的单位来自实践部门和高校教学单位，则主要根据第一作者的单位来判断。20世纪90年代以前的文章有些没有列出作者的工作单位，笔者则根据阅读文章内容和通过网络搜索作者姓名查询作者信息相结合的方式判断文章是来自实践部门还是高校教学单位。最终判断由档案实践部门工作人员撰写的文章共1007篇，占档案鉴定主题类总文章数的68%。具体统计数据如表10-2，历年来档案实践部门人员撰写文章占总鉴定类文章的百分比的变化图见图10-1。

表10-2　档案鉴定期刊文章统计表

年份	总篇数	剔除后	档案工作者	百分比	年份	总篇数	剔除后	档案工作者	百分比
1953	1	1	1	100%	1994	29	15	14	93%
1957	1	1	1	100%	1995	33	25	18	72%
1958	2	2	2	100%	1996	34	24	20	83%
1959	2	2	2	100%	1997	53	46	35	76%
1960	1	1	1	100%	1998	59	47	34	72%
1961	4	4	4	100%	1999	75	69	44	64%
1962	6	6	5	83%	2000	88	85	51	60%
1963	4	4	4	100%	2001	77	68	46	68%

续表

年份	总篇数	剔除后	档案工作者	百分比	年份	总篇数	剔除后	档案工作者	百分比
1964	5	4	4	100%	2002	71	63	37	59%
1965	19	16	16	100%	2003	68	67	27	40%
1980	4	4	3	75%	2004	54	52	34	65%
1981	4	4	3	75%	2005	56	54	34	63%
1982	6	6	4	67%	2006	74	73	56	77%
1983	3	3	3	100%	2007	71	69	48	70%
1984	3	1	1	100%	2008	69	68	43	63%
1985	7	7	5	71%	2009	54	53	38	72%
1986	15	8	4	50%	2010	39	36	25	69%
1987	10	3	3	100%	2011	74	71	48	68%
1988	28	17	11	65%	2012	72	67	50	75%
1989	18	12	6	50%	2013	76	75	50	67%
1990	16	11	5	45%	2014	73	69	46	67%
1991	16	11	7	64%	2015	72	68	47	69%
1992	24	16	11	69%	2016	53	52	42	81%
1993	27	18	14	78%	总数	1650	1478	1007	68%

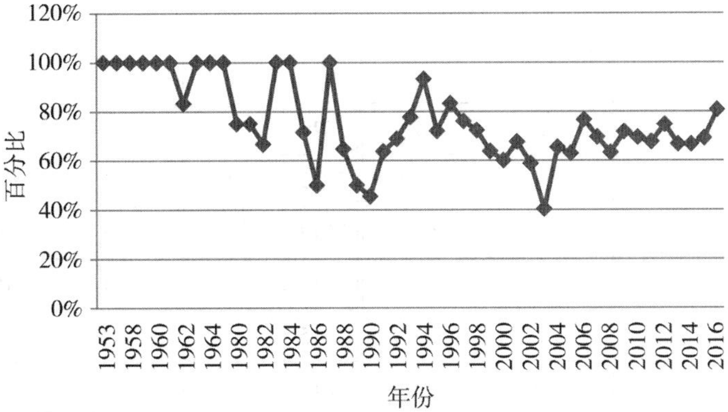

图 10-1　档案实践部门人员撰写期刊文章数量百分比变化图

通过表 10-2 和图 10-1 可以看出，总体上档案实践部门的工作者对档案鉴定工作关注较高，在期刊类档案鉴定学术文章中，由档案实践部门人员撰写的文章超过半数，特别是在 20 世纪五六十年代，档案实践部门人员撰写的档案鉴定类文章占总期刊档案鉴定类文章的 100%，20 世纪八九十年代档案实践部门人员撰写文章的比重呈现比较大的波动，到 2000 年以后，档案实践部门人员撰写的档案鉴定类文章占总期刊档案鉴定类文章的比重趋于稳定，每年的比重大致在 70%上下浮动。但是 1953—2016 年 60 多年的发展趋势来看，档案实践部门人员撰写的有关档案鉴定类的文章比重在下降，高校类档案学者撰写档案鉴定类的学术文章的比重在增加。

10.2.3　对档案鉴定会议论文的分析

对档案鉴定会议论文的分析采用同 10.2.2 节中对档案鉴定期刊论文的分析方法，通过分析统计出中国知网数据库中档案鉴定类会议文章的数量如表 10-3，档案实践部门发文百分比历年变化图，见图 10-2。

表 10-3　档案鉴定会议文章统计表

年份	论文数	档案工作者	百分比	年份	论文数	档案工作者	百分比
2000	3	3	100%	2009	7	7	100%
2001	1	1	100%	2010	4	3	75%
2002	24	22	92%	2011	3	3	100%
2004	1	1	100%	2012	9	8	89%
2005	1	1	100%	2013	3	3	100%
2006	4	3	75%	2014	4	4	100%
2007	2	2	100%	2015	2	2	100%
2008	5	5	100%	2016	1	1	100%
				总数	74	69	93%

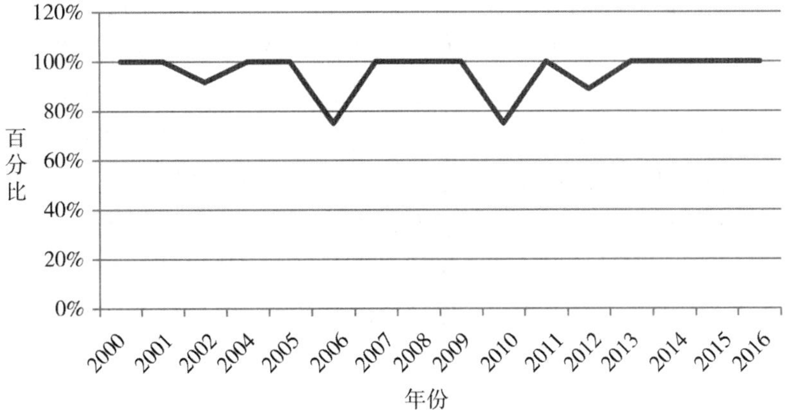

图 10-2　档案实践部门发会议文章百分比历年变化图

由于中国档案类学术会议文章被中国知网数据库收录的并不多，所以对档案鉴定会议论文的分析并不能完全反映中国档案类学术会议的真实情况，在本书中只是基于目前能够得到的数据进行简单分析，得到一个大概的了解。中国知网数据库收录的有关档案鉴定的会议文章最早记录是在 2000 年，2000—2016 年 17 年间，共收录了 74 篇，其中有 69 篇由档案实践部门人员撰写，占 93%。档案实践部门包括了国家级、地方级档案局、国有企业和事业单位的档案室。总体上在会议类档案鉴定论文中，来自实践部门的人员撰写的文章占了绝大多数，说明实践部门的档案工作者在档案学术会议上相比高校档案学者更愿意分享他们在实际工作中的经验、问题和想法。

10.2.4　中国档案鉴定文献分析结果

通过对中国档案鉴定著作、期刊论文、会议论文的分析，笔者发现在对档案鉴定的原则、标准、实施方法等系统性的论述方面是高校学者比较多，而在实践中对档案鉴定存在的问题、解决办法等方面是实际部门的档案工作者论述较多，有关档案鉴定工作实际中存在的问题、新的方法通常由实践工作者在期刊或者会议上进行发表和讨论。这也与10.1节中观察到的外国档案鉴定理论的提出规律相似，即档案鉴定理论的提出大多是由实践部门推动的。但是国内外的情况又有不同之处，国外的档案鉴定工作者提出的新理论往往能够得到同行的重视，一是因为他们本身的工作经验充足，具有明显的公信度；二是因为他们遇到的问题具有普遍性，容易得到同行的共鸣；三是他们热衷于对档案鉴定理论以及档案理论的改进和提升。中国的档案工作者工作经验也很丰富，但是提出的问题一般不会得到同行的重视，原因可能有两个方面，一是问题不具有普遍性，或者新方法在其他单位行不通；二是其他同行对问题的探讨没有激情，对于改进档案鉴定方法没有热情。虽然中国档案鉴定论文大多是由档案实践部门的人员发表，但是他们之间互动较少，再加上他们撰写的论文有些只是简单的工作总结，能够引起同行的关注就更少。高校档案学者在中国对理论的构建具有重要作用，他们积极引进国外的档案鉴定理论，但是在档案鉴定这一实践性较强的领域，还需要的是高校档案学者更深入地调查机构档案鉴定的现状，与实践部门档案工作者共同解决新环境中档案鉴定遇到的问题。

10.3　中国档案鉴定工作

中国档案鉴定理论目前对档案鉴定的定义、原则、标准和实现方面的理论思想是基本一致的：

关于档案鉴定定义：邓绍兴和陈智为在其编著的《档案管理学》中将档案价值鉴定的工作，定义为“档案馆(室)按照一定的原则、标准和方法，甄别和判定档案的价值，确定档案的保管期限，剔除失去保存价值的档案加以销毁，使保存的档案达到精炼的一项工作。”①

① 邓绍兴，陈智为．档案管理学[M]．北京：中国档案出版社，1995：139.

档案价值鉴定的原则是："从国家和人民的整体利益出发，全面的、历史的、发展地判定档案的价值。"①

档案价值鉴定的标准：邓绍兴和陈智为在《新版档案管理学》将档案价值鉴定的标准，划分为档案保管期限的标准和销毁的标准，档案的保管期限标准分为永久、长期、短期三种，划分档案保管期限的标准有三点依据："反映本机关主要职能活动和基本历史面貌，是确定档案保管期限标准的内因；在经济建设、文化建设、政治斗争和科学研究中是否需要长远利用的档案，是确定档案保管期限的外因；内因和外因相结合，是划分档案保管期限的唯一标准。"销毁档案的标准有两点："一是保管期满，经再次鉴定无继续保存价值的，领导批准后可销毁；二是在档案内容、来源、形式上剔除无继续保存价值的档案。"②这些鉴定标准后来又演变为根据"文件来源、形成时间、文件内容及形式特征"③判断档案的价值。国家也制定了一系列的标准规范，如1987年版的《中华人民共和国档案法》(1996年第一次修订，2007年启动第二次修订，2016年5月正式公布修订草案，2017年5月公布修订版)；2006年国家档案局颁布的8号令《机关文件材料归档范围和文书保管期限规定》；《企业管理类档案保管期限表》(2012年)、《会计档案管理办法》(2015年)、《城市社区档案管理办法》(2015年)。

档案价值鉴定的实现：前面所述的众多原则、标准、规范在档案馆和档案室中进行实际操作时，最终都体现在保管期限表中，"而且是谁都无法、也不敢逾越的真正标准"④。

---

① 邓绍兴，陈智为. 档案管理学[M]. 北京：中国档案出版社，1995：149.

② 邓绍兴，陈智为. 新版档案管理学[M]. 北京：中国档案出版社，1999：183-188.

③ 傅荣校. 档案鉴定理论与实践透视——基于效益和效率思路的研究[M]. 北京：中国档案出版社，2009：130.

④ 王岚. 为未来选择历史——论档案价值与鉴定原理[D]. 北京：中国人民大学，2001.

档案保管期限表在实际的操作中存在着一些缺陷，以中国制定的保管期限表为例，保管期限表中对一些条款内容没有进行细致的解释。如《机关文件材料归档范围和文书保管期限规定》《企业管理类档案保管期限表》《会计档案管理办法》等规章中只是规定了哪些文件应该进行归档，哪些文件应该保存多长时间。但是该规章对哪些文件不属于归档范围，没有做详细的说明。由于机构对档案鉴定的具体实施是根据档案保管期限表来完成的，所以对档案保管期限表的完善将是未来档案鉴定工作的一个重要任务。

10.4 小　　结

笔者通过分析近 100 年来国外的档案鉴定理论提出者的生平，得出档案鉴定理论的提出者均来自档案实践部门，同时，新的档案鉴定理论又是基于前期理论的基础上提出的。理论来源于实践，高于实践，受实践检验。在实践中，一方面，档案鉴定理论通过档案工作者的活动按照理论自身的尺度改造外部环境，另一方面，档案鉴定理论在以自身的尺度改造档案工作的同时也在改造自身。

通过对中国档案鉴定著作、期刊论文、会议论文的分析，笔者发现在对档案鉴定的原则、标准、实施方法等系统性的论述方面是高校学者比较多，而在实践中对档案鉴定存在的问题、解决办法等方面是实际部门的档案工作者论述较多。很多理论是从实践中抽象出来的易于传播的思想，然后由实践进行验证和改进，与其说这种思想是一种理论，不如说它是一种假设，如宏观鉴定思想提出时，先有一个理论框架，然后提出一些假说，然后再在政府部门进行实践、验证，最终的结果可能是确定了假说的正确性，也可能是将假说中不合理的部分进行修改和完善，也会出现假说完全不成立的结果。宏观鉴定理论实质就是职能鉴定，加拿大政府应用“宏观战略”在他们看来是比较成功的，但是澳大利亚政府在应用职能鉴定法时就不成功，至少在电子文件系统中，他们对于数据的检查非常受挫，最后，他们吸收风险管理的概念决定哪些文件应该保存。因此，如果中国档案学界想在世界档案鉴定理论的舞台上占有一席之地，那应该培养档案实践部门创新发现的能力，由档案理论学者与档案实践部门工作者共同合作，发展出适合新时代的档案鉴定理论。

下　篇
发展趋势

第 11 章　档案鉴定理论发展趋势模型

通过中篇第 7~10 章的规律分析，笔者发现档案鉴定理论并不是一个一成不变的理论，而是会根据所处时代的社会背景、技术环境和历史书写方法的变化而发展，档案鉴定理论是一个动态的理论。但是，影响档案鉴定理论发展的因素是基本固定的，档案鉴定理论的形成主要与社会背景、历史书写方法和信息技术有关，本章将根据上篇档案鉴定理论及中篇演化规律，构建档案鉴定理论发展趋势模型。

11.1　构建档案鉴定理论发展趋势模型

笔者通过前文所分析的档案鉴定理论——“行政官员决定理论”“双重价值鉴定理论”“社会分析鉴定理论”“黑盒子鉴定理论”“宏观鉴定理论和文献战略”，及档案鉴定理论形成的社会背景、历史书写方法和信息技术的分析，发现了一定的规律，根据这些规律构建了一个动态的档案鉴定理论发展趋势模型，如图 11-1 所示。

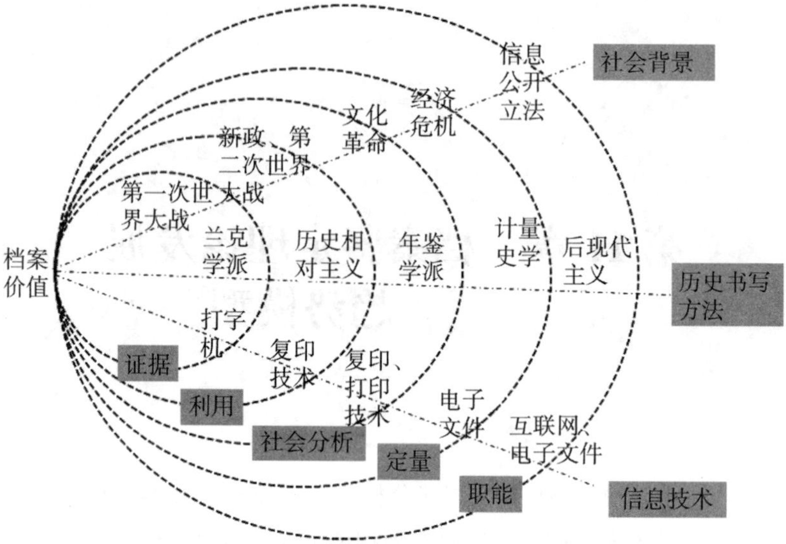

图 11-1　档案鉴定理论发展趋势模型图

11.2　档案鉴定理论发展趋势模型解析

档案鉴定理论发展趋势模型由一个基本点，五个档案鉴定理论范式和三个影响因素构成。

一个基本点是档案价值，根据鉴定理论的发展过程来看，始终没有变化的是对档案价值的理解，也就是说无论未来档案鉴定理论如何变化，档案价值这个中心不会变，但是随着时间的推移，人们对档案价值的讨论变得越来越少，也就是说人们对档案价值的公认度相对来说越来越小，而未知部分则变得越来越大。随着信息技术的发展、社会背景和历史书写方法的变化，这些因素都会导致档案价值变得越来越复杂，对档案价值未知的部分也越来越大，正如档案学者对詹金逊鉴定思想、谢伦伯格思想的反思。如今宏观鉴定理论也已经表现出了它的缺陷，未来朝哪个方向发展，让我们拭目以待。

五个档案鉴定理论范式分别为基于证据的档案鉴定理论范式、基于利用的档案鉴定理论范式、基于社会分析的档案鉴定理论范式、基于定量的档案鉴定理论范式和基于职能的档案鉴定理论范式。三个影响档案鉴定理论范式变化的因素是社会背景、历史书写方法和信息技术。每个档案鉴定理论范式变化都是试图解决档案鉴定的客观性和主观性之间的矛盾，客观性和主观性在档案鉴定理论中的矛盾不是一个轻易解决的问题，本书找到了它们的发展规律。

档案鉴定理论的第一个范式是基于“证据”的档案鉴定理论范式，其代表思想是英国档案工作者詹金逊在 20 世纪 20 年代提出的“行政官员决定论”。詹金逊之所以会强调档案鉴定，是因为第一次世界大战后产生了大量的文件，由于机器打印技术的出现，这些文件的数量比人们预期的要多得多，但是档案工作者不宜参与文件的鉴定和销毁，档案文件鉴定工作由行政官员来决定。《档案管理手册》详细论述了詹金逊的鉴定思想，詹金逊将档案馆定义为记忆的组成部分，强调档案“证据的神圣不可侵犯性”。詹金逊的鉴定思想另一个主要作用就是将档案工作者作为一种职业固化下来，得到了社会的广泛承认，詹金逊将档案工作者的职责分为主要职责——物理保护和道德防御(接收、编号、整理、制作清单等)和次要职责(提供利用)。詹金逊之所以不同意档案工作者直接参与档案鉴定，与当时的历史书写方法有很大的关系。在 19 世纪末 20 世纪初，历史学家推崇的是“如实直书”的历史写作方法，这种方法即德国历史学家兰克提出的科学历史学思想，强调通过第一手的资料进行历史研究，用客观的视角陈述历史事实。20 世纪 20—30 年代，档案工作者受到了具有专业训练的历史学家的影响，追求档案的证据性和客观性。

时间很快到了第二次世界大战后，这时的美国与第一次世界大战后的英国受到的危机一样，为档案工作者带来了一定的危机。这个时期产生的档案鉴定的新范式是基于“利用”的档案鉴定理论，其代表人物是美国档案工作者谢伦伯格，他提出了著名的文件“双重价值理论”。谢伦伯格任职于美国国家档案馆，在第二次世界大战后遇到了前所未有的快速增长的文件数量，和技术的快速革新带来的快速扩张的档案文件复制品，以及依赖于获取档案进行的研究兴趣与《荷兰手册》时代和英国詹金逊时代完全不同，因此谢伦伯格打算建立一个新的档案理论范式。在谢伦伯格的档案鉴定范式中，允许档案工作者参与档案鉴定以期望减少档案文件的数量。谢伦伯格将档案的价值分为两种，一种是对原形成机关的原始价值，另一种是对其他机关和非政府方面利用者的从属价值，在谢伦伯格的《现代档案——原则与技术》中用较多篇幅论述了档案的从属价值。谢伦伯格注重对档案的从属价值的研究，将档案工作者定义为文件选择者，增加了档案鉴定的主观性。另外，用户也是谢伦伯格构建新的鉴定理论的推动之一，国家档案馆中保存了大量的文件，但是在未来只有很小一部分可以利用。历史学家和社会大众希望能够方便地获取档案信息促使档案保存期限缩短。作为档案馆最主要的用户——历史学家，由于他们研究的领域不同，撰写历史的角度不同，但是他们仍然是将档案材料作为解释历史的基础，档案工作者就会趋向于以历史学家的视角来鉴定档案。

档案鉴定的第三个范式是基于“社会分析”的鉴定方法，代表人物是西德档案工作者布姆斯和美国档案工作者汉斯。在20世纪六七十年代，美国和西欧国家发生了文化革命，妇女、非洲裔美国人、印第安人等各种人开始在文化和法律方面寻求同等的对待。这场革命的结果是人们需要更开放的档案信息，原来没有被保存的档案信息现在也要同传统保存的文件一样进行归档保存。在计算机技术、复印、打印技术快速发展的时代，档案信息的开放变得更容易，并且档案工作变得更透明。布姆斯对档案鉴定的贡献在于他将档案工作者的角色从被动保管转向主动鉴定，他对基于“利用”档案鉴定范式的档案工作者依据历史知识进行主观判断持否定态度，他认为对未来的档案价值的判断不能采取推测的方法，基于“利用”档案鉴定范式没有客观的选择标准。布姆斯提出了档案鉴定的影响因素与档案工作者所处的社会政治环境有关，“无论是资本主义的、社会主义的、还是共产主义的，是确定保存什么和销毁什么的基础。”①历史学家将研究视角转向了以往社会容易忽视的群体的记录和解释，这个学派被称为“年鉴学派”，年鉴学派试图让史学跟上社会进步的步伐，将档案作为交流的工具。

档案鉴定的第四个范式是基于“定量”的鉴定方法，代表人物是美国档案工作者波尔斯和杨。波尔斯和杨提出了档案鉴定的定量研究方法，他们认为现行的对档案鉴定的方法类似一个黑盒子，社会公众不了解档案工作者对档案鉴定的标准，只是看到了选择后的结果，这个评判标准和结果都是无法评估的。② 他们提出了黑盒子鉴定模型，将“保管费用”与“情报价值”“与鉴定有关的其他因素”并列考虑，并将模型中的所有要素设计为问题对要鉴定的档案进行打分，将档案鉴定变成一个定量测量的问题。一方面，波尔斯和杨经历了 20 世纪七八十年代美国的经济危机，他们均是在档案实践部门工作，因此对于保管的费用问题比较敏感，这也是黑盒子鉴定理论与以往鉴定理论不同的地方之一，以往的鉴定理论会考虑保管费用问题，但是不会将保管费用与档案的其他价值鉴定放在同一个水平上考虑。另一方面，波尔斯和杨所处的时代是计算机技术高速发展的时代，那时已有相对成熟的文档系统软件，这些软件更新换代后，原有系统内的文件如何处置，是保存原有软件和原有设备，还是定期将旧系统中的文件迁移到新系统中，均是个大工程，都涉及保管费用的问题，价值不可测量，但是保管费用是可测量的，因此对波尔斯和杨而言，如果将档案鉴定问题变成一个可测量的事项，就可能解决以往依靠主观鉴定带来的问题。

档案鉴定理论的第五个范式是基于“职能”的档案理论鉴定范式，代表人物是加拿大档案学者特里·库克和美国档案工作者塞穆尔斯。职能鉴定是为了应对电子文件出现导致的巨量信息的问题而提出的鉴定方法，它是对电子文件的“批处理”，对电子文件的鉴

① ［美］南希·E. 皮斯著. 五十年来档案鉴定工作的理论与实践［J］. 李华，薛匡勇，编译. 北京档案，1988(2)：22-25.

② ［美］波尔斯，茱莉亚·杨著. 探索黑箱——大学行政管理文件的鉴定［J］. 方新德译，何嘉荪校. 档案学通讯，1988(6)：64-69.

定重点不在文件或者单份文件上，而是集中在文件形成者的职能、任务和活动上。后现代主义的批判理性至上的特征也影响到了档案鉴定理论，传统理论和实践中被削弱的“来源”伴随着电子文件的出现又有了新的生机，传统的“来源”又以“来源的重新发现”回归。“尊重全宗、来源原则是档案学的核心内容，档案学者只有把握住档案学的传统核心内容，才能更好地应对电子文件的发展。① 在后现代主义思潮的影响下，伴随着电子文件系统的应用普及，后保管主义将关注点从电子文件实体转向电子文件的形成过程，从分析个别档案文件的性质、内容转向了分析文件产生的业务职能、活动和任务，将档案工作者从被动的文件接收者转变为文件形成过程中的参与者，档案鉴定理论趋于职能鉴定。

11.3　小　　结

本章基于第 2~10 章的分析构建了一个动态的档案鉴定理论发展趋势模型。档案鉴定理论发展趋势模型由一个基本点，五个档案鉴定理论范式和三个影响因素构成。一个基本点是档案价值，五个档案鉴定理论范式分别为基于证据的档案鉴定理论范式、基于利用的档案鉴定理论范式、基于社会分析的档案鉴定理论范式、基于定量的档案鉴定理论范式和基于职能的档案鉴定理论范式。三个影响档案鉴定理论范式变化的因素是社会背景、历史书写方式和信息技术。

① ［加］特里·库克．1898 年荷兰手册出版以来档案理论与实践的相互影响［A］//第十三届国际档案大会组委会．第十三届国际档案大会报告集．北京：中国档案出版社，1996：87-114.

第12章　基于“历史构建”的档案鉴定新范式

第11章中笔者构建了档案鉴定理论发展趋势模型，分析了档案鉴定理论与档案鉴定影响因素的关系，下面笔者就当前新媒体环境下的档案鉴定理论趋势做一预测。

12.1　时代背景

21世纪前20年，世界经历了前所未有的变化，经济发展迅速、信息技术飞速发展，全球经济一体化，特别是社交媒体技术的发展，拓宽了普通民众发声的渠道，民众主体意识增强，为档案鉴定理论的发展提供了新的思考。

12.1.1　社会背景

12.1.1.1　“内涵丰富”的“互联网+”

2015年算得上是“互联网+”历史上非常重要的一年。自从2012年于扬在第五届移动互联网博览会首次提出“互联网+”概念之后，2014年李克强总理在首届世界互联网大会上提出“互联网是大众创业的工具”，同时将“互联网+”列为本次政府工作报告的重要主题。至此，“互联网+”才真正走进了大众的视野，一时间政治、经济和科研领域对“互联网+”的关注度有了明显的提高。2015 年 3 月，马化腾在全国两会召开期间提交了《关于以“互联网+”为驱动，推进我国经济社会创新发展的建议》的提案，希望国家能够在顶层设计层面制定有中国特色的“互联网+”生态战略。此后，李克强总理在第十二届全国人民代表大会第三次会议的政府工作报告中正式提出要“制定‘互联网+’行动计划”，正式拉开了“互联网+”发展的大幕，从国家政策话语的层面为“互联网+”提供支持。同年 7 月，国务院印发《关于积极推进“互联网+”行动的指导意见》，至此，一场由国家主导建设，企业、科研院所和社会公众共同期待的“互联网+”时代开始了飞速发展之路。

从社会学的角度来说，“互联网+”代表的是一种新的社会形态，是一种信息互联网思维，是信息社会大众创业、万众创新的鲜明代表，可以极大地激发社会活力和创造力。“互联网+”意味着互联网可以联系一切，包含一切，是对传统产业的冲击，能够带来倍增的就业效应、经济效益，同时会促进社会思维和思想的进一步开放。“解放生产力也要解放思想”就是“互联网+”的重要特征，对于档案鉴定来说，“互联网+”可丰富档案鉴定的主体以及形式。

12.1.1.2　“百花齐放”的社交媒体

社交媒体，英文名为 social media，直译为“社会化媒体”，是一种给予用户极大参与空间和权利的新型在线媒体，用户能及时分享所见所得所想、并能评价、讨论或转发其他用户发布的内容，流量大，资源众多，类型各异。自 20 世纪 90 年代开始，兴起了个人为主导的博客潮流，这股浪潮直到进入千禧年后逐渐与 Web 2.0 时代的社交网站拉开差距①，国际知名的社交网站有 Wikkie，Facebook，Twitter 以及视频网站 YouTube，国内常用的微博、微信，

① 贺军．移动社交背景下的档案信息服务推进策略研究[J]．档案学研究，2018(2)：72-78.

走出国门在世界上拥有稳定用户的“抖音”(Tictok)都是具有鲜明时代特色的社交媒体。目前国内的社交媒体平台也逐渐将影响力和波及面向国际延伸开来，中文社交媒体以后发之势稳步向前发展。

社交媒体平台凭借亲民、接地气的信息传播和交互方式获得了越来越多的关注度。除了个人用户加入之外，更多的政府部门、企业和机构先后入驻社交媒体平台。美国自奥巴马政府上台后就大力倡导政府部门对社交媒体的应用，不断开拓政府信息公开化、透明化的新平台和新路径；英国国家档案馆自 2003 年开始归档网页档案后，尝试将归档范围拓展至社交媒体平台，建立社交媒体档案库以回溯社会和国家记忆；美国北卡罗来纳州立档案馆则与当地的图书馆合作，聘用第三方机构建立社交媒体档案库，并且命名为北卡罗来纳州政府社交媒体档案馆①。澳大利亚将“为国民保存档案，留存社会记忆”作为国家档案馆的重要职责之一；英国则将“文化创意”融入档案馆的公共服务，以社交媒体 YouTube 为平台开展“电影中的档案”活动②。

由此可见，社交媒体已经成为人们日常生活的一部分，人们在社交媒体上分享自己的喜怒哀乐，了解社会新闻动态，与朋友、陌生人互动。快餐文化导向下，用户渴望获得在海量信息中“眼前一亮”的内容，碎片化的阅读减少了深度思考的时间，移动终端的普及缩短了信息循环的路径。用户在被社交媒体改造的同时又积极地参与到社交媒体的建设中，成为社群文化的建设者、传播者和维护者。档案鉴定在社交媒体不断发展壮大的当下，主导权将由档案部门独揽向用户、志愿者和专家团队与档案部门共同享有转型。

12.1.1.3　“对立冲突”的后真相时代

后真相(Post-truth)被《牛津英语词典》选为 2016 年的年度词

---

①　王焕．国外政务社交媒体文件归档研究[J]．档案学研究，2015(6)：99-105.

②　魏扣，李子林，张嘉禾．国外档案馆应用社交媒体开展公共服务实践及其启示[J]．档案学通讯，2018(2)：81-86.

汇，被定义为“表达情感和个人信念比客观事实更能影响舆论的情况”（circumstances in which objective facts are less influential in shaping public opinion than appeals to emotion and personal belief）。

根据牛津词典统计，“Post-truth”在2016年的使用率比前一年增长了2000%。考虑到英国脱欧和美国大选期间世界所处的信息环境，这种暴增似乎也合乎情理。

牛津词典部总裁加斯帕·格拉斯沃（Casper Grathwohl）表示，“Post-truth”或许将成为“定义我们这个时代的词汇之一”。①

BBC援引牛津大学出版社词典部格拉斯沃的话：“随着社交媒体崛起成为新闻来源，人们对主流机构提供的事实越发不信任，post-truth这个理念的语言学根基其实已经形成一段时间了。”相较于主流媒体，网民们更愿意相信自媒体平台。②

以2016年美国大选为例，美国东部时间2016年11月9日凌晨，美国总统选举初步结果揭晓，共和党总统候选人唐纳德·特朗普赢得总统选举，这个结果与大选结果出现前美国主流媒体的预测想反，让很多美国主流媒体大跌眼镜。人民网在2016年12月4日发表了“美国主流媒体病症透析”，分析了美国主流媒体的病症：“因‘自由主义偏见’而失去民心，为精英阶层代言阻碍民主发展，记者成为政治集团‘内部人’，为大资本站台导致媒体权利异化。”③

美国档案学者考克斯（Richard J. Cox）在美国大选后，说：“人们生活在这样的一个时代，政治家、一些声称记者以及其他只是基于基本事实而制造或者夸大新闻报道，所以识别假证据的能力比以往任何时候都更重要。档案工作者应该处于这样一个理想的位置——为这种评价提供良好的建议。然而，这需要档案工作领域比

① https://cn.nytstyle.com/culture/20161207/tc07wod-post-truth/[EB/OL].

② 蜗牛也很牛．后真相时代[EB/OL]．[2017-01-30]．https://www.douban.com/note/599665652/.

③ 张天培．美国主流媒体病症透析[EB/OL]．[2016-12-05]．http://theory.people.com.cn/n1/2016/1204/c40531-28922944.html.

以前更加的开放和直言不讳，但是这样做无疑会使档案工作者受到一些批评。只关注记忆、建立并保管档案的日子可能快要结束了，这对很多人来说很难，但这或许是将来的一个方向。档案工作者要针对社会上的一些假的事件、假的证据主动出击，从档案角度提供建议。有大量文献描述了档案材料如何在教室中用于帮助批判性思维技能的发展，由于这些历史材料通常既复杂又看似矛盾(通常是提供同一事件的不同版本)，因此研究人员需要评估其真实性，这可能是新的一年中更困难的事情。”①

在后真相时代，有以往熟悉的身影——政府或者主流媒体想控制话语权，也有与以往不同的方式——公众在社交媒体上表达自己对某些事件的看法，推动这个社会的进步。在后真相时代，档案工作者应该对假的证据、假的信息主动出击，从档案角度提供建议。

12.1.2　信息技术的发展

12.1.2.1　大数据技术

社交媒体的归档已经成为档案学界的热点研究问题，美国总统奥巴马成为首位社交媒体总统，他在职期间所有在线发布的信息资料，都由 NARA(美国国家档案与文件署)进行保存，“奥巴马总统和副总统的 Facebook 账号以及 Instagram 上属于第一夫人和副总统的账号都将被转移至新的‘44’账号名下，且将由 NARA 保存。”②以此类推，现任美国总统特朗普的社交媒体信息也会归档，由 NARA 保存。在保存这些社交媒体信息时，笔者认为档案工作者有

① Richard Cox. Good Citizens Need Archives (And Archives Need Good Citizens[EB/OL]. [2016-12-26]. https://readingarchivestheacademy.wordpress.com/2016/12/21/good-citizens-need-archives-and-archives-need-good-citizens/

② 田呈彬. 数字交接：社交媒体总统如何对接？社交媒体文件如何归档？RARA 放大招！[EB/OL]. [2017-02-01]. http://mp.weixin.qq.com/s/lS5wtmxXbTwKdEE2d8nftg.

职责辨别总统发表的信息的真伪，例如，据法新社 2017 年 2 月 19 日报道，特朗普在有关难民危机的演讲中称："看看德国发生了什么，看看瑞典昨晚发生了什么。瑞典，谁会相信瑞典会发生这样的事？他们接收了很多难民，现在有了很多麻烦。"①但是瑞典并没有发生什么事情，这是一个虚假信息。因此 NARA 档案工作者在保存这些信息时，有义务对这些信息的真伪进行判断，那如何来判断信息的真伪呢？笔者认为应该根据这篇推特信息与其他信息进行比对，譬如随后瑞典外交部发言人的信息和特朗普随后发布的信息。有人可能会说，档案工作者没有时间和精力对这些社会媒体上的信息逐条地检查评估，这可以借助于大数据技术或者数据挖掘技术等信息技术进行处理。大数据最重要的任务是对大数据进行分析，通过分析得到智能的、有价值的信息。大数据分析通常使用的方法理论有"可视化分析、数据挖掘算法、预测性分析、予以引擎、数据质量和数据管理。"②总之，在社交媒体遍及人们日常生活的今天，大数据已经应用到各行各业，利用文件之间的历史联系对文件信息进行鉴定尤为重要。

大数据正不断地改变着人类的生活、生产和思维方式。随着移动支付和万物互联的深入发展，通过挖掘支付数据，可以通过大数据网络分析出人们的前进方向、路程，甚至能合理假设、排查与之相关的人员流动。现代社会每时每刻都在产生数据，同时也有大量的数据因为价值弱化或错失产生效益的时机而沦为"废数据"。档案鉴定以及档案数据的鉴定就是要及时、准确地把握档案和档案数据价值转化的时机，利用数据分析技术、数据科学思维找寻档案之间和档案数据之间的价值关联，以便更准确、更高效地开展档案鉴定工作。

---

① 参考消息网．特朗普成瑞典"昨晚出大事"瑞典官方"蒙圈"：啥事也没有啊［EB/OL］．［2017-02-22］．http://www.cankaoxiaoxi.com/world/20170221/1703961.shtml.

② 大数据［EB/OL］．［2017-02-27］．http://wiki.mbalib.com/wiki/%E5%A4%A7%E6%95%B0%E6%8D%AE.

12.1.2.2　区块链技术

区块链是比特币的底层技术，从本质上讲，区块链就是一个去中心化的分布式账本数据库①。也可将其看作是一个开放式的账簿系统。区块链由两部分组成，即“区块头”和区块之间的链接。由加密后的数据包组成区块，每一个区块都会加盖时间戳，产生的数据加密哈希值也一并包含在区块内，即每一个当前的“区块头”均涵盖上一个区块的哈希值。初始区块到当前区块之间的链接形成了区块链。最初，我国工业和信息化部 2016 年出版的《中国区块链技术应用和发展白皮书》认为区块链是分布式数据存储、点对点传输、共识机制、加密算法等计算机技术在互联网时代的创新②。经过几年的发展，国内学界和实践部门对区块链及其技术有了更深刻的理解。2018 年工信部发布《中国区块链产业发展白皮书》将区块链及其技术提升到国家产业发展全局的高度，系统说明了区块链在金融产业、服务业和实体经济领域的发展状况③；2019 年，区块链产业发展进入新的阶段，有更多的领域参与进来，腾讯研究院发布《2019 区块链白皮书》聚焦产业区块链，从实体金融和互联网行业的角度解答产业区块链的破局之路④。纵览区块链的发展过程，不难发现这种从边缘到中心，最后再回归边缘的现象，是一种社会与技术的逻辑演化规律⑤。这种社会思潮致力于解决社会的信息不

---

① 王子鹏，李璐璐．基于区块链技术的电子文件管理模式研究[J]．浙江档案，2018(2)：18-20.

② 工业和信息化部信息化和软件服务业司．中国区块链技术和应用发展白皮书(2016-10-18)[EB/OL]．[2019-3-10]．http://www.weiyangx.com/213889.html.

③ 中华人民共和国工业和信息化部. 信息中心发布《2018 中国区块链产业白皮书》(2018-5-21)[EB/OL]．[2019-11-2]．http://www.miit.gov.cn/n1146290/n1146402/n1146445/c6180238/content.html.

④ 腾讯云．《2019 腾讯区块链白皮书》今日发布(2019-10-19)[EB/OL]．[2019-11-2]．https://cloud.tencent.com/developer/article/1523454.

⑤ 何晓东，黄新荣．浅析区块链技术在电子文件管理中的应用[J]．档案与建设，2018(2)：4-8.

对称和信息摩擦，保障信息与数据的安全和完整，实质上是抛弃复杂的信任机构核发的信用证书，转而采取基于非对称数据加密算法创设的节点信任机制来实现全网透明的交易机制。

作为一项创新型的底层技术，围绕着技术本身，区块链显示出明显的去中心化、匿名性、可追溯性、安全性等特征。区块链技术是文档管理系统的底层架构，由自治式分布节点构成的网络层、可信机制构成的共识层、数据模型和区块存储构成的数据层、编程语言和沙盒环境构成的智能合约层以及去中心化应用层①五部分构成，这五部分技术工作在不同的层次，具体的应用可以根据实际的情况加以调整变化。对于档案鉴定来说，区块链技术能够为鉴定过程和鉴定操作提供可信任的环境，同时对于档案数据不定时的复检或抽检提供上一次鉴定的追溯功能，可以满足档案鉴定的长期可信、动态可追的要求。

12.1.2.3 人工智能技术

20 世纪 50 年代，当时的科学家们将“人工智能”这一新兴学科定义为用机器模拟人类智能的一门科学。经过半个多世纪的发展，人工智能技术已经趋近成熟。不论是和世界顶尖棋手对弈的“阿法狗”，还是图书馆的智能服务机器人，抑或是走进千家万户的“天猫精灵”“小爱同学”都可以看出当前人工智能技术的实用性、便利性和智能性。简单来说，人工智能是通过人类设定相应的程序并操作，使计算机可以模拟人类思维过程与智能行为的技术。人工智能技术的发展与计算机、大数据密切相关。人工智能的代表技术主要有自然语言处理、模式识别、专家系统、机器学习以及分布式人工智能等。人工智能技术与计算机和大数据技术相关，但与传统的计算技术有明显的区别。第一点在于模拟人类思维，强调在工作中能够最大程度还原人类思考过程，模仿人类做出判断；另外一点在于

① 刘越男．区块链技术在文件档案管理中的应用初探[J]．浙江档案，2018(5)：7-11.

人工智能技术解放了操作者作为“人”的生产力，从收集数据、分析数据、整理数据到输出结果，人工智能都在和“数据”打交道。换句话说，人工智能“替代了”人的“工具性”。在人工智能技术的帮助下，只要事先设定目标，指定程序，当数据被人工智能技术捕捉到后就会及时进入人工智能的自我处理系统，而人只要等待结果输出即可。

人工智能技术的应用将在很大程度上提高档案管理工作的效率，解放档案工作者的生产力。人工智能技术在面对档案数据管理工作中具有优势，在档案数据鉴定工作中，由于可以实现制定模拟档案工作者鉴定思维和鉴定能力的程序，所以档案数据鉴定的速度和质量都得到了保障。在档案工作中最常用到的人工智能技术包括文本处理技术、信息抽取技术、模式识别技术、专家系统等。对于档案鉴定而言，建设一个智慧型的人工智能专家系统是提高鉴定效率和确保鉴定成果准确的前提，但由于人工智能只能模仿人类，和真正生物意义上的人类具有根本区别。因此在客观性得到一定程度保障的情况下，难以根据档案数据对形成主体的主观价值和情感价值等进行判断。人工智能技术只能作为档案鉴定工作的工具，档案鉴定并不能完全依赖人工智能技术。

12.1.3　历史书写方法

新历史主义出现于 20 世纪 80 年代，在 20 世纪 90 年代得到发展，21 世纪的前 10 多年为新历史主义的蓬勃发展期。新历史主义的核心思想是：让被剥夺了话语权的族群有机会开口说话。新历史主义对历史撰写的主要贡献是提出了新历史主义的主要特征——文本的历史性和历史的文本性①。

文本的历史性是将文本语境化，是指文本具有特定的社会性和

① “文本的历史性和历史的文本性”的英文为“the historicity of text and the textuality of history”。

文化性①，其中一个表现是在对不同历史时期的弱势群体的不幸遭遇的再现。如美国黑人文学史，起初，美国黑人被从非洲家园贩卖到美洲后受到美国南方白人的压迫和农场主的折磨和虐待，他们的悲惨遭遇引起了一些有正义感的白人作家的关注，并撰写了一些有关黑奴的作品，如斯托夫人的《汤姆叔叔的小屋》(1852 年)。美国南北战争前后，黑人书面文学陆续出现，如 1859 年黑人马丁·德兰尼撰写的《布莱克或美国的茅屋》号召黑人奴隶奋起反抗，争取自由。第二次世界大战后，美国国内掀起了民权运动浪潮，其中最突出的就是黑人的身份问题，拉尔夫·艾立森的长篇小说《看不见的人》(1952 年)中以黑人主人公的自我发问“我是谁？我的身份是什么？”深刻揭示了美国社会种族歧视的问题。1993 年，黑人作家托妮·莫里森荣获诺贝尔文学奖，她以历史为依据，利用独特的视角将黑人文学推上发展的新阶段。②

历史的文本性是历史与文本的互文性，包含三层意思：一是“历史”可以通过各种文本的形态呈现出来；二是“历史”并非是连续的线性序列，通过各种文本的阐述，“历史”存在着断裂和非连续性；三是“历史”不是大写的历史(History)，如国家史，而是诸多小写的“历史”(histories)，如文学史、战争史等，历史的文本性强调边缘的“小历史”。③ 历史的文本性强调历史话语权，强调历史的丰富性，这些历史文本成为历史学家撰写历史的基础，也构建了历史。海登·怀特(Hayden White)是一位世界著名的历史学家，在文学批评传统领域功勋卓著，是明确指出历史书写与文学创作类似的第一人。怀特认为由于历史书写严重依赖叙述手段的特点，根

① 盛宁. 新历史主义·后现代主义·历史真实[J]. 文艺理论与批评，1997(1)：47-57.

② 杨仁敬. 新历史主义与美国少数族裔小说[M]. 上海：上海外语教育出版社，2013：9-20.

③ 陶水平.“文学的历史性”与“历史的文本性”的双向阐释——试论格林布拉特文化诗学研究的理论与实践[J]. 江汉论坛，2007(8)：133-137.

本不存在客观的历史。① 历史不能脱离文本，历史本身以文本的形式出现，而档案文本又是最真实和最权威的历史解释，进一步说，档案参与了历史的构建，历史只能构建，而不能复原。

新历史主义是一种跨学科的理论思潮，研究内容可以涵盖多个领域，是一种重新认识历史和人类社会的多种维度的方式。新历史主义的研究方法是将文本中出现的现象与社会现实进行比对和深入分析，从微小细节中找到影响当时社会发展的动力。② 文本中出现的现象一般是容易被传统文化学家和史学家所忽视的零碎事件（事物或文本），新历史主义的研究方法是一种以小见大、见微知著的研究方法。③ 新历史主义借鉴了后现代主义的质疑精神，认为历史不再是真实的客观存在，而是一种历史叙述，突出了历史的虚构性和文本性。同时，新历史主义开创性地指出，要理解"文本"必须理解"文本"与当时的机构、实践、背景等大环境整体发生的联系，"文本"其实与其他形式的社会产品之间是互相关联的，并不存在本质的差异。新历史主义强调"文本"之间的历史联系，认为理解"文本"就是理解"文本"之间及文本与其他产品的历史联系。

12.2 基于"历史构建"的档案鉴定思想

目前中国的档案学界在借鉴及结合了国内外档案鉴定理论的基础上提出了从国家和社会的整体利益出发，既要考虑到档案形成者的业务工作需要，又要考虑到国家和社会历史记忆保存的需要，用全面的、历史的、发展的和效益的观点，科学合理地判定档案的保

① White H. Interpretation in history[J]. New Literary History, 1973, 4(2): 281-314.

② 生安锋. 新历史主义思潮在中国的传播与接受[J]. 文学理论前沿, 2014(2): 106-126.

③ 陶水平. "文学的历史性"与"历史的文本性"的双向阐释——试论格林布拉特文化诗学研究的理论与实践[J]. 江汉论坛, 2007(8): 133-137.

存价值的档案思想。这种鉴定思想从本质上是想通过档案馆保存的档案，全面反映中国的历史，是一种历史构建的思想。

12.2.1　思想内涵

根据12.1节时代背景的分析，在互联网+和社交媒体的背景下，用户积极地参与到社交媒体的建设中，成为社群文化的建设者、传播者和维护者。档案鉴定在社交媒体不断发展壮大的当下，主导权将由档案部门独揽向用户、志愿者和专家团队与档案部门共同享有转型。在一个后真相时代，根据“职能”已经不能完全准确收集到反映历史客观事实的档案文件，只有依据分析与某事件相关的文件之间的历史联系，才能比较准确地全面反映事件的真相，历史即为过去，保管档案的目的是为了保管历史的记忆，我们不能完全知道历史的真相，但是档案工作者需要做的就是根据自己的专长无限的让我们接近历史真相。同时，历史学界和文学界也掀起了新历史主义思潮，新历史主义的目的就是让那些被剥夺了话语权的族群有机会开口说话，尽可能多地反映社会的不同维度和侧面，其手段也是通过分析“文本”之间和文本与其他社会产品的关系，找到影响当时整个社会的动力，尽可能地全面复活历史，当然这个“历史”可能有不同的含义，但是我们终究是想用“历史”指代那些真正发生于过去的事。在社交媒体环境的推动下，社群、虚拟社区数目繁多，正是基于自媒体的存在，社会的各行各业，社会的每个角落被大众所知悉，这样的历史记录才更全面，当然也产生了巨量的数据信息，而大数据、人工智能技术正是从各种类型的数据中，通过可视化分析、数据挖掘算法等信息技术对数据之间的关系进行挖掘和计算，最终得到智能的、有价值的信息。人工智能技术在档案数据鉴定工作中，可以通过反复训练，实现制定模拟档案工作者鉴定思维和鉴定能力的程序，建设一个智慧型的人工智能专家系统是提高鉴定效率和确保鉴定成果准确。

根据我国目前的档案鉴定指导思想以及所处的时代背景分析，笔者认为将来的档案鉴定理论是基于“历史构建”的档案鉴定理论范式，如图 12-1 所示。

在基于“历史构建”的档案鉴定理论中，除了我们所熟知的“从国家和社会的整体利益出发，用全面的、历史的、发展的和效益的观点，科学合理地判定档案的保存价值”外，还要注重档案的历史联系与利用者(用户)在档案鉴定中的作用。

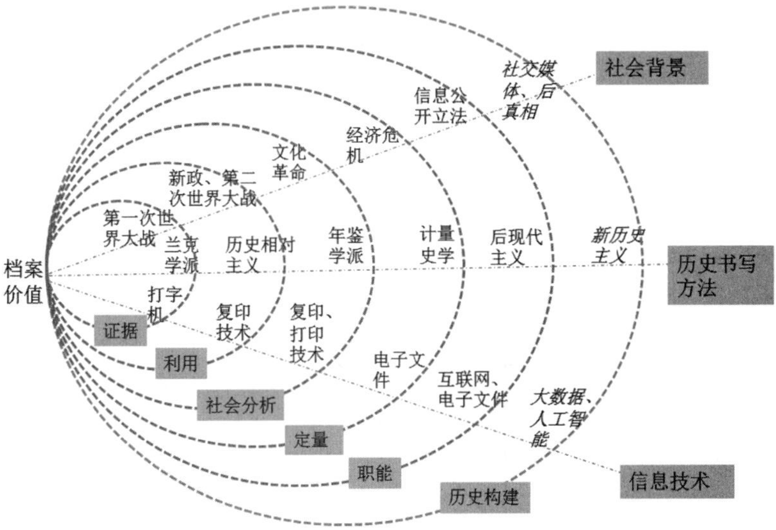

图 12-1　基于“历史构建”的档案鉴定理论范式

12.2.2　档案的历史联系与历史的同构性

刘新安在《档案历史联系与历史的同构性：一个新的档案本质观点》中发现了档案的历史联系与历史的同构性，虽然“档案历史联系”与“历史”是两个完全不同的事物，但是如果将二者的结构加以比较的话，可以发现“档案的历史联系”和“历史”都具有三维结构，如图 12-2 档案历史联系的结构和图 12-3 历史的结构所示。档案历史联系是由“来源”“事由”“年代”构成，历史是由“主体”“客体”“时间”构成。根据何嘉荪和冯惠玲提出的“主客体全宗理论”①所述“来源即主体，事由即客体”，而“年代”和“时间”又具有对应关系，因此得出档案的历史联系与历史具有同构性。② 同构性可见图 12-4。

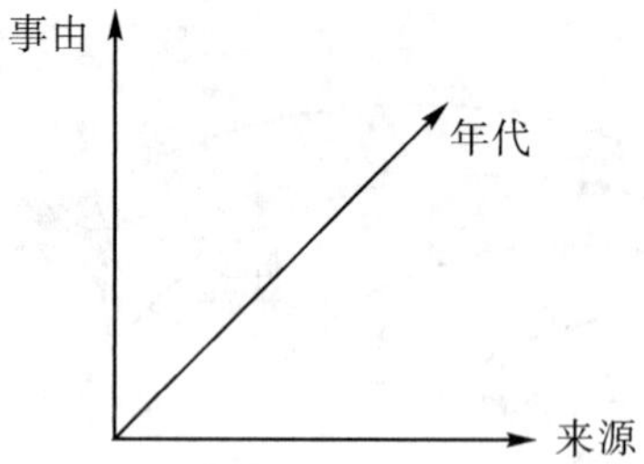

图 12-2　档案历史联系的结构(刘新安，2016)

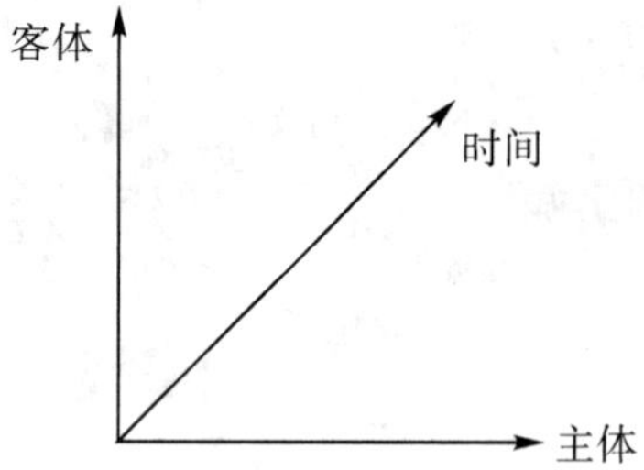

图 12-3　历史的结构(刘新安，2016)

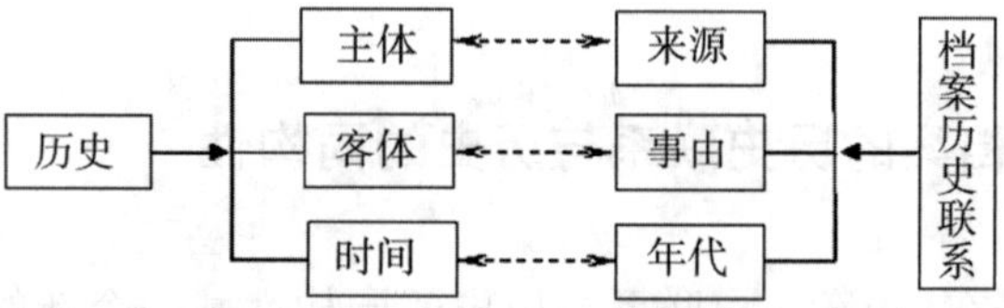

图 12-4　档案的历史联系与历史的同构性的关系图

① 何嘉荪，冯惠玲. 关于更新全宗概念的设想——全宗理论新探之三[J]. 档案学通讯，1988(6)：5-9.

② 刘新安，伍振华等. 档案历史联系与历史的同构性：一个新的档案本质观点[J]. 档案学通讯，2016(6)：4-6.

刘新安认为文件在产生和处理过程中会形成各种历史关系，这种历史关系是客观存在的。“文件之间的历史关系”与“档案的历史联系”是有区别的，是两个相互关联的不同概念。文件之间的历史关系直接来源于产生这些文件的社会实践。由于实践的原因，文件之间的历史关系是自然形成的，文件之间的这种历史关系甚至是人为所不能破坏的，文件与产生该文件的社会实践之间的单方向一一对应关系，即一个文件必然对应着一个社会实践过程。同样的，正是这种单方向一一对应关系决定了我们可以通过文件内容来记录社会实践的历史内容，并且通过文件之间的历史关系，再现社会实践的过程。对文件间的这种历史关系进行逻辑抽象和再认识就形成了档案文件的历史联系。“档案历史联系的记录”是档案历史联系的物化结果。在档案实践中，档案物质实体的构成成分中的文件实体，在其转化为档案之前已经存在，是文件管理阶段的产物。档案部门是在文件进入档案管理阶段后才介入，对文件实体进行处理。但是这种处理旨在于将隐含在文件内容之中、客观存在的文件之间的历史关系加以抽象、固化、显现为历史联系，并创建具有记录历史功能的历史联系的记录。档案工作并不涉及对文件内容本身的变更，仅靠文件材料本身不能独立、完整地记录历史，因为文件本身不能记录历史联系，因此，档案历史联系的记录是档案人员工作物化的结果。档案一旦失去了历史联系的记录，就等于割断了历史的链条，呈现在我们面前的就只是一堆杂乱无章的文件材料，因此也无法承担起记录历史真实面貌的任务了。①,②

2020 年新的《档案法》的颁布，确认了电子档案与传统载体档案具有同等效力，可以以电子形式作为凭证使用③。未来电子档案

① 刘新安. 档案物质实体的双重构成[J]. 档案学通讯，2003(5)：10-14.

② 许璐. 档案广义综合进化理论研究[D]. 天津：南开大学，2014.

③ 中华人民共和国国家档案局. 中华人民共和国档案法[S/OL]. [2020-12-10]. https://www.saac.gov.cn/daj/falv/202006/79ca4f151fde470c996bec0d50601505.shtml

必将成为档案管理的主流形态，针对电子档案的鉴定也将比传统纸质形式的档案更为复杂。档案的历史联系从文件实体集合中独立出来，使档案的形成与整理原则提高到前所未有的水平，使其从一维的来源原则顺利过渡到多维的历史性原则。档案鉴定实质是对档案价值的鉴定，随着时代的前进，档案价值也发生了一系列的变化，从凭证价值到管理工具价值到历史文化价值①，档案鉴定的终极目标也是实现档案与历史记忆同构。因此将档案的历史联系与档案鉴定联系起来是对以往鉴定理论的一种突破。

12.2.3 基于“用户视角”的档案鉴定思想

无论是在国际上比较流行的“宏观鉴定理论”，还是目前中国普遍接受的“全面的、历史的、发展的和效益的观点”来鉴定档案，它们的内涵中都没有考虑到档案利用者。档案利用者(用户)是档案管理环节非常重要的一个节点，档案机构通过为利用者提供档案服务实现档案的价值。本书中的档案利用者(用户)是一个广义的含义，泛指档案的所有受益人，也就是社会公民。刘东斌认为档案鉴定中“档案用户是最有发言权的。”②周林兴发现从用户角度出发进行档案鉴定能有效提高鉴定结果的公平性、社会性和服务性，进一步强化档案对社会记忆的构建能力。他呼吁学界应该在遵守档案保密与开放相关法律法规基础上，为用户建设参与档案鉴定工作的渠道，保障用户参与档案鉴定的权利。③ 尧欣进一步提出在当今电子时代，更应该加大用户在档案鉴定中所占的权重。与传统档案时代相同，档案用户的需求是影响档案鉴定结果的重要标准之一，

① 王向女. 档案价值体系演化规律的研究[J]. 档案学通讯，2009(2)：18-22.

② 刘东斌. 档案鉴定—由谁鉴定—档案鉴定基本问题思考之二[J]. 档案管理，2006(3)：23-26.

③ 周林兴，汤波. 公民视角在档案鉴定理论中的价值及实现策略[J]. 档案，2019(1)：4-8.

在电子时代，征集得到的电子文件价值的实现都是通过用户的脑力活动转化完成的，能为鉴定提供更准确的依据。①

12.2.3.1　面向用户的档案鉴定工作调查

为了解当前用户对档案鉴定工作的看法、档案鉴定在用户心中的地位以及用户对档案鉴定的了解程度，笔者和学生于 2020 年上半年发起了一项有关《面向用户的档案鉴定工作研究》调查，调查采用网络问卷的形式，具体问卷内容可见附录 1。本次网络问卷调查最终共收到 304 份有效问卷。其中部分调查结果如下：

(1)受调查者对档案的利用情况

其中从没有利用过档案的有 114 人，占比为 37.5%；有用档经历的用户用档频率，平均每年 1～2 次的有 92 人，占比 30.26%；平均每月 1～2 次的有 68 人，占比 22.37%；平均每周 1 次及以上的有 30 人，占比 9.87%。

(2)档案鉴定工作待加强项目调查分析

问卷列举了当前档案鉴定工作有待加强的项目，设为多选项，邀请有用档经历的受调查者进行选择。调查结果显示 4 项响应率和普及率明显较高，包括“提高公众参与度”“到期档案如期开放”“延长档案保管期限”“提高档案机构社会意识”。

(3)用户对面向用户的档案鉴定工作的看法

1 为探究每个用户的个体属性会不会影响他们对面向用户的档案鉴定工作的看法，通过 Robust 回归分析，发现“用户年龄”“用户在职单位”“用户教育背景”“用户用档频率”均不会左右用户对档案鉴定工作的看法。

2 关于受调查者对于用户是否有必要参与档案鉴定的调查结果显示，认为完全无必要的有 4 人，占比 1.32%；认为较无必要的有 13 人，占比 4.28%；认为必要性一般的有 77 人，占比 25.33%；

① 尧欣. 电子文件时代应加重“利用者”的分量[J]. 兰台内外，2006(6)：13.

认为较有必要的有137人，占比45.07%；认为非常有必要的有73人，占比24.01%。从结果来看受调查者中认为用户有必要参与档案鉴定的占到了69.08%，占绝大多数。

3 当问及受调查是否愿意前往档案机构参与档案鉴定活动时，有147人表示愿意并会去，占比48.36%；有141人表示愿意但可能无法前往，占比46.36%；仅有16人表示不愿意前往，占比5.26%。可见用户对参与档案鉴定工作的参与性很高。

4 关于具体参与方式，问卷主要列举了“讨论和制定档案鉴定计划和具体档案鉴定标准”“实施组织和具体操作本单位的档案鉴定工作”“评议档案鉴定结果并提出意见”三种参与方式，并设置多选，选项百分比=该选项被选择次数÷有效答卷分数，代表选择该选项的人次在所有填写人数中的所占比例。从结果来看，三个选项的被选率都很高，更多人希望以“实施组织和具体操作本单位的档案鉴定工作”方式参与。

12.2.3.2　面向用户的档案鉴定开展要点

(1)广泛听取用户建议并落实操作

档案鉴定在整个档案工作中占有重要地位，是档案工作的核心，在开展面向用户的档案鉴定中，用户也是鉴定成员的重要组成部分。调查问卷结果显示当前社会普遍档案意识较低，档案利用率低的群体的用档体验不甚理想。笔者认为广泛听取用户建议除了可以提高档案鉴定结果的质量，还能提高“档案”一词在公众视线里出现的频率，潜移默化中将档案意识渗透进每个人的思想中，引导潜在用户转化为现实用户，带动提高整个社会的档案意识。“社会档案意识和档案工作是相互影响、相互促进的。”①目前我国面向用户的档案鉴定工作的研究相对较浅，在实践中尚无良好的先例可遵循，未来理论和实践均需关注面向用户的档案鉴定工作这一主题。

① 李映葵. 也谈社会档案意识[J]. 广西师范大学学报(哲学社会科学版)，1998(S1)：181-185.

荷兰的 PIVOT(Project to Implement the New Transfer Period) 项目使用的鉴定方法是用户参与实践的一个很好案例。这个项目中的“保管方案的制定遵循以下流程：‘三方咨询’—民众的网上评价—国家文化政策理事会(National Council for Cultural Policy) 部长批准-荷兰政府报纸(Dutch Government Gazette) 出版生效。其中‘三方咨询’环节是由利益相关者来研讨并决定某职能的命运，至少包括以下几方：相关政府机构的专家；相关机构的文件实践管理者；国家档案专家。”①在这个方案中，“三方咨询”中的利益相关者、民众的网上评价需要民众的参与，最后的政府报纸出版生效，又为公众检验鉴定保管方案的处理结果提供了方便。

根据笔者在前文中的调研分析发现目前“公众最希望档案鉴定工作改进的是提供公众的参与度用户”“绝大多数调查者中认为用户有必要参与档案鉴定”“用户对参与档案鉴定工作的参与性高”，基于互联网的便利条件，许多用户也希望能够通过线上或者线上线下结合的方式来参与档案鉴定工作；基于荷兰 PIVOT 项目的鉴定经验，我国档案鉴定主体也可加入用户角色。

(2)公开透明档案鉴定结果

目前国内各档案机构制定的档案鉴定条款中，鉴定结果的监督主要是由各机构的相关监督小组负责，没有提及将鉴定结果向社会公开。有学者指出在档案鉴定时档案受损的主要原因有三个：战乱、自然损毁和人为因素。其中人为因素指的是有权利或具体管理档案的人对档案造成损伤——无论是有意还是无意的。② 最明显的表现为不同档案的地位随国家建设需要发生变化。计划经济时代，政治档案地位上升；文化建设时，将重心转移至文化类档案；需要建设经济了，便开始大量收集经济档案……潜移默化中影响了档案鉴定结果。通过公开档案鉴定结果可以从侧面鞭策档案人员，间接

① 潘未梅. 宏观鉴定实践的先驱——荷兰 PIVOT 项目研究[J]. 档案学通讯，2011(5)：34-35.

② 甘肃老姜. 档案鉴定最怕什么[J]. 档案管理，2019(5)：88.

帮助他们提高个人综合素质。鉴定结果公开后，公众对鉴定结果若有意见，则可结合公众意见，做出最终的鉴定结果，有利于社会记忆的构建和档案价值的发挥；若无意见，则公众日后对档案工作者的鉴定结果也无可指责。

12.3 小 结

互联网+时代的跨界融合、创新驱动、重塑结构、尊重人性、开放生态、连接一切的特性，使档案鉴定范式的转变成为可能；社交媒体的广泛使用，方便了公众参与和沟通；区块链技术明显的去中心化、匿名性、可追溯性、安全性特征、人工智能的“智慧化”以及用户的参与使档案鉴定这一主观性较强的工作，变得不那么主观。在历史书写方法上，新历史主义思潮认为历史不再是真实的客观存在，而是一种历史叙述，突出了历史的虚构性和文本性，同时指出，要理解“文本”必须理解“文本”与当时的机构、实践、背景等大环境整体发生的联系，作为“文本”的各种产品其实与其他形式的社会产品之间并不存在本质的差异，而是互相关联的，新历史主义强调“文本”之间的历史联系。档案鉴定理论的演化发展并不是后一个理论完全推翻前一个理论，而是多种形式存在的，如詹金逊的与谢论伯格的鉴定理论是同时代存在的，并且后面又有了新詹金逊的思想，特里库克也曾表示他受到了汉斯·布姆斯的影响，汉斯·布姆斯为宏观鉴定理论奠定了哲学基础。基于对社会背景、历史书写方法和信息技术的分析，并结合 21 世纪中国档案鉴定思想的理论基础，得出档案鉴定理论未来的发展趋势是基于历史构建的档案鉴定思想。基于历史构建的档案鉴定思想同时需要更多的实践部门的档案工作者进行验证，在实施的过程中同理论学者一起，就可能出现的问题共同商讨，从而形成最终的档案鉴定方案。

结 束 语

档案鉴定来源于档案工作者的独特职能，这是不同于其他信息职业鉴定活动的地方。政府机关和企业产生大量文件，需要对这些文件进行有规律的管理，并且需要将这些文件保存起来以备未来作为查询资料。基于这方面的推力，档案鉴定在不同时代、不同机构中形成了不同的鉴定原则。随着时间的推移和社会的发展，文件积累的越来越多，空间越来越狭小，对单位来说档案鉴定逐渐变成了一项非常关键和重要的任务。

无论过去采用什么样的档案鉴定方法，现在看来，它都是依据每个单位的具体情况而定的。不同性质的机构收集的档案材料范围是不同的，如国家档案馆收集的材料范围与专业性档案馆收集的材料范围非常不同，收集范围也可能与单位已有的材料和收集传统有关。收集政策、工作职责和资源对鉴定的范围、保管期限、方法都有影响，档案鉴定如同机构的其他职能一样，最终都要与机构的职责一致。它不能与单位的保存能力、文件的著录和管理、公共服务或者其他的活动相矛盾。已发表的关于档案鉴定的文章中，仿佛档案鉴定是一项独立的活动，实际上档案鉴定是受到其他因素影响的，这种影响是潜在的。

在前面的章节中，笔者采用了一定的篇幅描述了每个档案鉴定理论产生的时代背景、信息技术环境和历史书写方法，试图发现档案鉴定与其他社会功能的联系，最终笔者找到了一些联系，比如：档案鉴定理论发展历程符合库恩所描述的范式转换规律，档案鉴定理论的发展受到它所处的时代背景、信息技术环境和历史书写方法的影响，档案鉴定理论的发展过程还是一个不断在主观性和客观性之间摇摆的过程，以及最终的档案鉴定理论的提出是实践部门的产物。在发现这些规律后，笔者根据目前社会时代背景、信息技术的发展和历史书写方法的变化情况，推断出基于"职能"的档案鉴定范式已经不能适应未来的档案鉴定实践活动，基于"历史构建"的档案鉴定思想才能更好地服务于未来的档案鉴定活动。

事实上，要准确而全面地阐释档案鉴定理论的所有问题是非常困难的，这部著作的努力只是一种尝试。在今后的探索中，笔者将围绕以下这些既有意义而又富有挑战性的方面继续努力：

第一，本书虽然为档案鉴定理论演化规律搭建了一个模型，但是由于笔者学识和知识面所限，这个模型仍然是粗线条的，在诸多方面存在不完善的地方。笔者提出的基于"历史构建"的档案鉴定理论范式适用性如何，还有待验证和完善，笔者将在接下来的时间里对各种类型的档案馆进行新鉴定理论的调研，为中国档案鉴定研究提供更为丰富的具体案例。

第二，档案鉴定是对档案价值的鉴定，在档案鉴定理论演化规律模型中，"档案价值"也作为一个基本点出现，但是在这本书中没有对档案价值有过多的阐释。档案价值同档案鉴定理论一样，也是一个非常复杂且非常有意思的研究主题。2003 年覃兆刿提出了"档案双元价值观"，对档案的工具价值和信息价值进行了详细阐述①，2020 年任越在梳理档案双元价值理论演进脉络的基础上，详细论述了工具价值与信息价值的理论内涵及其二者双元并重的逻辑关系，提出了档案双元价值理论融入学术研究体系与指导档案管理实践的实证分析报告②。档案价值还有很多种，笔者在 2009 年曾发表过一篇论文阐述档案价值演化规律(见附录 2)，介绍了档案

---

① 覃兆刿．双元价值观的视野——中国档案事业的传统与现代化[M]．北京：中国档案出版社，2003.

② 任越．档案双元价值理论及其实证研究[M]．北京：科学出版社，2020.

从凭证价值到历史文化价值的发展过程。可见，档案价值也是档案鉴定未来值得关注的主题。

第三，本书的研究主要依据的是国外档案鉴定理论的相关论著，对中国档案鉴定理论的材料运用相对较少，今后，笔者将努力扩大研究范围，加强对中国档案鉴定理论的评析，为整理和挖掘档案鉴定理论积累更多的资料。

参考文献

图书及会议论文集

[1]陈世丹.关注现实与历史之真实的美国后现代主义小说[M].厦门:厦门大学出版社,2012.

[2]陈武英.档案管理学简明教程(第3版)[M].杭州:浙江大学出版社,2002.

[3]陈永生.档案学论衡[M].北京:中国档案出版社,1994.

[4]陈兆祦,和宝荣.档案管理学基础[M].北京:中国人民大学出版社,1986.

[5]陈兆祦.档案管理学[M].北京:中国人民大学出版社,1962.

[6]陈兆祦.论新时期档案学与档案事业[M].北京:中国档案出版社,1997.

[7]陈智为,李国庆.县档案馆业务知识[M].贵州:贵州人民出版社,1986.

[8]陈忠海.档案鉴定的理论与实践[M].北京:中国档案出版社,1999.

[9]陈祖芬.档案学范式的历史演进及未来发展[M].上海:上海世界图书出版公司,2010.

[10]程长源.县政府档案管理法[M]//档案经典著作第二卷,上海:世界图书出版公司,2013.

[11]邓绍兴,陈智为.档案管理学[M].北京:中国档案出版社,1995.
[12]邓兆兴,陈智为.新版档案管理学[M].北京:中国档案出版社,1999.
[13]丁华东.档案学理论范式研究[M].上海:上海世界图书出版公司,2011.
[14]范奇媛.科技档案管理学[M].哈尔滨:黑龙江人民出版社,1987.
[15]冯惠玲、张辑哲.档案学概论[M].北京:中国人民大学出版社,2001.
[16]冯惠玲.电子文件管理教程[M].北京:中国人民大学出版社,2001.
[17]傅荣校.档案鉴定理论与实践透视——基于效益和效率思路的研究[M]. 北京:中国档案出版社,2007.
[18]傅振伦,龙兆佛.公文档案管理法[M]//档案经典著作第二卷,上海:世界图书出版公司,2013.
[19]高岱.英国通史纲要[M].合肥:安徽人民出版社,2002.
[20]葛荷英.档案鉴定理论与方法[M].北京:中国档案出版社,2002.
[21]郭小凌.西方史学史(第4版)[M].北京:北京师范大学出版社,2016.
[22]胡鸿杰,吴红.档案职业状况与发展趋势研究[M].北京:中国言实出版社,2008.
[23]胡鸿杰.化腐朽为神奇:中国档案学评析[M].上海:上海世界图书出版公司,2010.
[24]黄坤坊.欧美档案学概要[M].北京:档案出版社,1986.
[25]黄霄羽.魂系历史主义——西方档案学支柱理论发展研究[M].北京:中国人民大学出版社,2006.
[26]黄霄羽.外国档案管理学[M].北京:中国人民大学出版社,2008.
[27]黄彝仲.档案管理之理论与实际[M]//档案经典著作,第二卷,上海:世界图书出版公司,2013.
[28]蒋自强,史晋川,张旭昆等]当代西方经济学流派[M].4版.上海:复旦大学出版社,2014.
[29]李隆国.史学概论[M].北京:北京大学出版社,2009.

[30]李醒民.科学论:科学的三维世界[M].北京:中国人民大学出版社,2010.
[31]梁上燕.县政府公文处理与档案管理[M]//档案经典著作,第二卷,上海:世界图书出版公司,2013.
[32]刘大椿.科学哲学[M].北京:中国人民大学出版社,2011.
[33]刘钢.《科学革命的结构》导读[M].成都:四川教育出版社,2002.
[34]刘耿生,何庄,张美芳.档案鉴辨学[M].北京:中国人民大学出版社,2009.
[35]刘耿生.档案真伪论[M].北京:中国档案出版社,2002.
[36]刘昕,杨晓湘.历史飞跃的支点[M].北京:人民日报出版社,2001.
[37]龙兆佛.档案管理法[M]//档案经典著作,第二卷,上海:世界图书出版公司,2013.
[38]吕智新,刘仕民.档案学概论[M].贵阳:贵州大学出版社,1986.
[39]牛秋业.不可通约——费耶阿本德科学哲学研究[M].北京:光明日报出版社,2010.
[40]濮德祥.档案学概论[M].合肥:合肥联合大学出版社,1985.
[41]钱乘旦,陈晓律.英国文化模式溯源[M].上海:上海社会科学院出版社,2003.
[42]覃兆刿.双元价值观的视野——中国档案事业的传统与现代化[M].北京:中国档案出版社,2003.
[43]任越.档案双元价值理论及其实证研究[M].北京:科学出版社,2020.
[44]尚智丛.科学社会学:方法与理论基础[M].北京:高等教育出版社,2008.
[45]宋德生.信息革命的技术源流[M].成都:四川人民出版社,1986.
[46]汪孔德.档案鉴定研究[M].合肥:安徽大学出版社,2009.
[47]王向明.档案管理学原理[M].上海:上海大学出版社,2009.
[48]王协舟.基于学术评价视域的中国档案学阐释与评价[M].湘潭:湘潭大学出版社,2009.

[49]王英玮,陈智为,刘越男编著.档案管理学[M].4版.北京:中国人民大学出版社,2015.
[50]吴宝康.档案学概论[M].北京:中国人民大学出版社,1986.
[51]吴宝康.档案学理论与历史初探[M].成都:四川科学技术出版社,1986.
[52]吴宝康.论档案学与档案事业[M].南京:南京大学出版社,1988.
[53]薛理桂.档案收集与鉴定[M].台北:文华图书馆管理资讯股份有限公司,2012.
[54]杨仁敬.新历史主义与美国少数族裔小说[M].上海:上海外语教育出版社,2013.
[55]赵涛.罗斯福新政:积极的反危机政策[M].北京:经济科学出版社,1999.
[56]中国人民大学历史档案系技术档案管理学教研室.技术档案管理学[M]. 北京:中国人民大学,1962.
[57]周雪恒.中国档案事业史[M].北京:中国人民大学出版社,1994.
[58][澳]史蒂夫·萨马蒂诺著,念昕译,张瀚文审译.碎片化时代:重新定义互联网+商业新常态[M].北京:中国人民大学出版社,2015.
[59][法]米歇尔·福柯著,谢强,马月译.知识考古学[M].北京:生活·读书·新知三联书店,1998.
[60][法]皮埃尔·诺拉主编,黄艳红等译.记忆之场:法国国民意识的文化社会史[M].南京:南京大学出版社,2020.
[61][加]罗伯特·博斯韦尔著,裴乃循,符延军,邢彦娜,耿小岩译.加拿大史[M].北京:中国大百科全书出版社,2012.
[62][美]巴比著,邱泽奇译.社会研究方法[M].10版.北京:华夏出版社,2005.
[63][美]莫里斯·曼德尔鲍姆著,涂纪亮译.历史知识问题——对相对主义的答复[M].北京:北京大学出版社,2012.
[64][美]托马斯·库恩著,纪树立,范岱年,罗慧生等译.必要的张力——科学的传统和变革论文选[M].福州:福建人民出版社,1987.

[65][美]斯蒂芬·哈恩著,吴琼译.德里达[M].北京:中华书局,2003.

[66][美]托马斯·库恩著,金吾伦,胡新和译.科学革命的结构(第四版)[M].北京:北京大学出版社,2012.

[67][美]谢伦伯格著.现代档案:原则与技术[M].黄坤坊,译.北京:档案出版社,1983.

[68][意]卡洛·安东尼著,黄艳红译.历史主义[M].上海:格致出版社,2010.

[69][英]乔治·皮博迪·古奇.十九世纪历史学与历史学家(上、下册)[M].北京:商务印书馆,1989.

[70]第十三届国际档案大会组委会编.第十三届国际档案大会报告集[C].北京:中国档案出版社,1996.

[71] Bauer G P, Kahn H. The appraisal of current and recent records [M]. Washington: National Archives,1946.

[72] Brichford M J. Archives & manuscripts: Appraisal & accessioning [M]. Chicago: Society of Amer Archivists,1977.

[73] BrownCaroline. Archives and Recordkeeping: theory into practice [M]. London,GB: Facet Publishing,2014.

[74] Carl Becker. Everyman his own historian: essays on history and politics [M]. New York: F.S.Crofts & co,1935.

[75] Cook T, UNESCO. Programme général d'information, UNISIST (Programme intergouvernemental de coopération en matière d'information scientifique et technologique). The archival appraisal of records containing personal information: A RAMP study with guidelines [M]. Paris: UNESCO,1991.

[76] Cox R J. No innocent deposits: Forming archives by rethinking appraisal [M].Lanham: Scarecrow Press,2004.

[77] Craig B.Archival appraisal: theory and practice [M]. Munich: K] G.Saur,2004.

[78] Eastwood T E.Introduction to 2003 Reissue[M]//R H,Ellis Walne P,Eds. Selected Writings of Sir Hilary Jenkinson. Chicago: Society

of American Archivists,2003.

[79]Frank Boles. Selecting & appraising archives & manuscripts [M]. Chicago: Society of American Archivists,2005.

[80]Gilliland A J. Conceptualizing 21st-century archives [M]. Chicago: Society of American Archivists,2014.

[81]Jenkinson H. A manual of archive administration [M]. Oxford: Clarendon Press,1937.

[82]Jenkinson H. A Manual of Archive Administration Including the Problems of War Archives and Archive Making [M]. Oxford: Clarendon Press,1922.

[83]O'toole J M, Cox R J. Understanding archives & manuscripts [M]. Chicago: Society of American archivists,2006.

[84]Pearce-Moses R, Baty L A. A glossary of archival and records terminology [M]. Chicago: Society of American Archivists,2005.

[85]Ridener, John. From Polders to Postmodernism: A Concise History of Archival Theory [M]. Duluth, US: Litwin Books LLC,2009.

[86]Robyns M C. Using functional analysis in archival appraisal: a practical and effective alternative to traditional appraisal methodologies [M]. Lanham: Rowman & Littlefield,2014.

[87]Samuels H W. Varsity letters: documenting modern colleges and universities [M]. Lanham: Scarecrow Press,1992.

[88]Schellenberg T R. Modern Archives: principles & techniques [M]. Chicago: Society of American Archivists,2003.

[89]Schellenberg T R. The management of archives [M]. New York: Columbia University Press,1965.

[90]Williams C. Managing archives: foundations, principles and practice [M]. Oxford: Chandos Publishing,2006.

学位论文

[1]程亚萍.国际档案大会主题研讨的成果及影响研究[D].合肥:安

徽大学,2015.

[2]蓝於琛.荷兰与德国统合主义式改革的政治经济分析[D].台北:政治大学,2004.

[3]李财富.中国档案史[D].北京:中国人民大学,2002.

[4]宋魏巍.职能鉴定法研究[D].北京:中国人民大学,2013.

[5]孙大东.基于范式论批判的中国档案学发展研究[D].北京:中国人民大学,2015.

[6]王岚.为未来选择历史——论档案价值与鉴定原理[D].北京:中国人民大学,2001.

[7]许璐.档案广义综合进化理论研究[D].天津:南开大学,2014.

[8]袁丽萍.中外档案鉴定机制的比较研究[D].天津:天津师范大学,2014.

[9]岳玲玲.基于科学计量的国外档案鉴定理论的研究(1983—2011年)[D].天津:天津师范大学,2012.

[10]张斌.档案价值论[D].北京:中国人民大学,1999.

[11]支萍萍.美国文献战略理论与实践研究[D].天津:天津师范大学,2012.

[12] Anderson K D. Appraisal learning networks: How university archivists learn to appraise through social interaction [D]. Los Angeles: University of California,2011.

[13] Gilliland-Swetland A J. Development of an expert assistant for archival appraisal of electronic communications: An exploratory study [D]. Ann Arbor: University of Michigan,1995.

[14] Rhee H L. Exploring the relationship between archival appraisal practice and user studies: US state archives and records management programs [D]. Pittsburgh: University of Pittsburgh, 2011.

期刊论文和报告

[1]曹文.新形势下档案学鉴定理论创新研究[J].档案学通讯,2016

(2):37-40.

[2]曹晓丽.打开档案馆之门迎接新时代——如东县档案宣传工作回眸[J].档案与建设,2018(8):74-76.

[3]陈厚云,王行刚.电脑的成长:六十年代计算机发展史[J].自然辩证法通讯,1980(6): 52-63.

[4]陈鸣耀,汤国民.正确定位档案鉴定工作——谈如何破解档案鉴定难[J].中国档案,2007(6):33-35.

[5]戴启惠.档案鉴定工作必须革命化[J].档案工作,1965(6):15-16.

[6]邓绍兴.中国没有档案鉴定理论吗? [J].档案,1999(3):5-8.

[7]丁果,王建华.克服心理障碍迎接电子文件的挑战[J].湖南中医药导报,2003,9(5): 78-79.

[8]方滨兴,贾焰,韩毅.社交网络分析核心科学问题、研究现状及未来展望[J].中国科学院院刊,2015,30(2):187-199.

[9]冯惠玲.电子文件的双重鉴定:《拥有新记忆——电子文件管理研究》摘要之三[J].档案学通讯,1998(3):32-35.

[10]冯惠玲.电子文件时代新思维《拥有新记忆——电子文件管理研究》摘要之六[J].档案学通讯,1998(6):45-49.

[11]傅荣校.档案鉴定理论发展规律论[J].档案学通讯,2003(6):7-11.

[12]高文.计算机技术发展的历史、现状与趋势[J].中国科学基金,2002,16(1): 33-36.

[13]甘肃老姜.档案鉴定最怕什么[J].档案管理,2019(5):88.

[14]何嘉荪,冯惠玲.关于更新全宗概念的设想——全宗理论新探之三[J].档案学通讯,1988(6):5-9.

[15]何晓东,黄新荣.浅析区块链技术在电子文件管理中的应用[J].档案与建设,2018(2):4-8.

[16]贺军.移动社交背景下的档案信息服务推进策略研究[J].档案学研究,2018(2):72-78.

[17]后向东."互联网+政务":内涵、形势与任务[J].中国行政管理,2016(6):6-10.

[18]胡鸿杰.中国档案职业的形成与确立[J].档案学通讯,2006(1):15-18.
[19]淮阴专署档案管理处.谈谈档案鉴定试点工作的情况和认识[J].档案工作,1964(5):9-11.
[20]黄霄羽.外国档案鉴定理论的历史发展及其规律[J].中国档案,2003(9):28-35.
[21]黄勋拔.对档案鉴定工作的几点看法[J].中国档案,1965(2):1.
[22]姜之茂.关于档案价值鉴定的理论与实践(四)——制约因素分析[J].档案学通讯,2001(4):30-33.
[23]姜之茂.关于档案价值鉴定的理论与实践(八)——更新观念、健全法制[J]. 档案学通讯,2002(2):27-30.
[24]李岱.档案鉴定理论在企业档案工作中的运用[J].科教文汇,2014(27):224-225.
[25]李芳芳.国外档案鉴定标准对我国的启示[J].兰台世界,2015(6):28-29.
[26]李洁.档案价值鉴定方法探究[J].黑龙江档案,2016(1):60.
[27]李敏.企业档案鉴定与销毁工作的若干思考[J].机电兵船档案,2015(4):60-62.
[28]李先念.中华人民共和国主席令第五十八号[J].档案学研究,1987(1):4.
[29]李映葵.也谈社会档案意识[J].广西师范大学学报(哲学社会科学版),1998(S1):181-185.
[30]连颖.试论声像档案价值鉴定[J].档案学通讯,2012(1):85-88.
[31]刘东斌.档案鉴定:为谁鉴定——档案鉴定基本问题思考之一[J].档案管理,2006(2):26-29.
[32]刘东斌.档案鉴定:由谁鉴定——档案鉴定基本问题思考之二[J].档案管理,2006(3):23-26.
[33]刘东斌.档案鉴定:挑选什么——档案鉴定基本问题思考之三[J].档案管理,2006(4):13-17.
[34]刘东斌.档案鉴定:鉴定什么——档案鉴定基本问题思考之

四[J].档案管理,2006(5):17-22.
[35]刘东斌.档案鉴定:如何鉴定——档案鉴定基本问题思考之五[J].档案管理,2006(6):15-20.
[36]刘国能.大档案呼唤大鉴定——档案鉴定工作及其改革(之一)[J].中国档案,2005(8):41-43.
[37]刘国能.档案鉴定工作内容、原则、标准与方法——档案鉴定工作及其改革(之二)[J].中国档案,2005(9):32-34.
[38]刘国能.档案鉴定工作组织、人员及法规——档案鉴定工作及其改革(之四)[J].中国档案,2005(11):16-17.
[39]刘晓春,王雁.档案鉴定工作几个问题的重新思考[J].档案学研究,2015(3):28-32.
[40]刘新安,伍振华等.档案历史联系与历史的同构性:一个新的档案本质观点[J].档案学通讯,2016(6):4-6.
[41]刘新安.档案物质实体的双重构成[J].档案学通讯,2003(5):10-14.
[42]刘越男.关于档案价值鉴定的理论与实践(五):对电子文件鉴定问题的思考[J].档案学通讯,2001(5):35-38.
[43]刘越男.区块链技术在文件档案管理中的应用初探[J].浙江档案,2018(5):7-11.
[44]马仁杰.关于档案价值鉴定的若干问题[J].安徽大学学报:哲学社会科学版,1997(4):64-68.
[45]马为桥.走出昨日的框框——三论我国没有自己的档案鉴定理论[J].档案,1999(6):9-12.
[46]南平专区档案工作调查研究组.档案鉴定试点工作经验[J].档案工作,1962(4):6-7.
[47]潘未梅.宏观鉴定实践的先驱——荷兰PIVOT项目研究[J].档案学通讯,2011(5):34-35.
[48]秦聚宝.我们是怎样开展档案鉴定工作的[J].档案工作,1961(1):12-13.
[49]生安锋.新历史主义思潮在中国的传播与接受[J].文学理论前沿,2014(2):106-126.

[50]盛宁.新历史主义 · 后现代主义 · 历史真实[J].文艺理论与批评,1997(1): 47-57.

[51]宋魏巍.欧洲大陆国家档案鉴定理论与鉴定方法论发展述评[J].档案学研究,2013(3):81-86.

[52]孙宇航.档案鉴定的预测和取舍方法分析[J].赤子,2016(2):180.

[53]陶水平."文学的历史性"与"历史的文本性"的双向阐释——试论格林布拉特文化诗学研究的理论与实践[J].江汉论坛,2007(8):133-137.

[54]万琦.微型计算机技术发展综述[J].计算机时代,2005(8):3.

[55]王传宇.关于档案价值鉴定的理论与实践(一)——问题与形势[J].档案学通讯,2001(1):28-30.

[56]王传宇.关于档案价值鉴定的理论与实践(三)——价值鉴定与全面、辩证分析[J].档案学通讯,2001(3):27-29.

[57]王焕.国外政务社交媒体文件归档研究[J].档案学研究,2015(6):99-105.

[58]王慧.对目前机关档案室文书档案鉴定工作分析[J].黑龙江史志,2015(9): 187.

[59]王岚.关于档案价值鉴定的理论与实践(二)——历史回顾[J].档案学通讯,2001(2):29-32.

[60]王岚.关于档案价值鉴定的理论与实践(六)——框架与机制[J].档案学通讯,2001(6):11-14.

[61]王路红.保存"社会记忆"角度看档案鉴定工作[J].兰台世界,2014(6): 69-70.

[62]王向女.档案价值体系演化规律的研究[J].档案学通讯,2009(2):18-22.

[63]王英玮.档案价值鉴定基础理论若干关键性问题研究[J].图书情报工作,2013,57(9):13-18.

[64]王英玮.关于档案价值鉴定的理论与实践(九)——档案保管期限表研究[J]. 档案学通讯,2002(3):25-28.

[65]王增强.销毁鉴定应该废除吗?——与《论我国档案鉴定工作

之“销毁鉴定”》作者商榷[J].档案学研究,2016(2):27-30.
[66]王子鹏,李璐璐.基于区块链技术的电子文件管理模式研究[J].浙江档案,2018(2):18-20.
[67]魏扣,李子林,张嘉禾.国外档案馆应用社交媒体开展公共服务实践及其启示[J].档案学通讯,2018(2):81-86.
[68]吴宝康.努力发展档案学[J].档案工作,1957(2):16-19.
[69]徐拥军.档案后保管范式与知识管理[J].档案学通讯,2008(2):27-30.
[70]许茵.电子文件的鉴定[J].中国档案,2000(5):44-46.
[71]尧欣.电子文件时代应加重“利用者”的分量[J].兰台内外,2006(6):13.
[72]杨文珠.近年来我国档案鉴定理论研究热点述评[J].档案与建设,2008(8): 9-13.
[73]于力.中外档案鉴定理论与实践的历史比较[J].档案学通讯,1997(4): 73-76.
[74]翟江.探索档案鉴定工作中的若干问题[J].浙江档案,1981(3):3.
[75]张斌.关于档案价值鉴定的理论与实践(七)——鉴定活动论:鉴定标准与价值判断[J].档案学通讯,2002(1):22-26.
[76]张国梁,潘天虹.档案学的范型[J].上海大学学报(社科版),1991(6):80-82.
[77]张慧娟.美国文化产业发展的历程及启示[J].中国党政干部论坛,2011(10): 29-31.
[78]张丽苹.机关文书档案鉴定工作研究[J].兰台内外,2015(2):41.
[79]赵志飞.无法弥补的历史缺憾——新中国成立后至“文革”期间平凉重要档案失毁原因[J].档案,2000(6):43.
[80]郑丝琳.我国信息公开法与美国、加拿大关于信息公开条款的比较[J].湖北档案,2007(7):14-17.
[81]周本定.南斯拉夫档案馆理事会关于现行档案鉴定原则的规定[J].档案学通讯,1980(1):68.

[82]周林兴,邓晋芝.错位的价值判定应该被纠正——对档案鉴定及销毁的历史视域考量[J].档案学通讯,2015(2):38-42.

[83]周林兴,汤波.公民视角在档案鉴定理论中的价值及实现策略[J].档案,2019(1):4-8.

[84]邹步英.关于档案鉴定工作的几个问题[J].档案学通讯,1982(Z1):85-92.

[85d[美]弗兰克·波尔斯,茱莉亚·杨著,方新德译,何嘉荪校]探索黑箱——大学行政管理文件的鉴定[J].档案学通讯,1988(6):64-69.

[86][美]理查德·J.考克斯著,郝建苹编译.档案鉴定的不同视角:文献战略和档案鉴定原则[J].北京档案,2002(10):34-36.

[87][美]南希·E.皮斯著;李华,薛匡勇编译.五十年来档案鉴定工作的理论与实践[J].北京档案,1988(2):22-25.

[88][苏]姆·斯·谢列滋涅夫.苏联档案工作的理论与实践(续)第四讲:苏联国家档案馆及现行机关档案室中文件材料的科学鉴定[J].档案工作,1953(4):1-9.

[89][加]特里·库克.1898年荷兰手册出版以来档案理论与实践的相互影响[A]//第十三届国际档案大会组委会.第十三届国际档案大会报告集.北京:中国档案出版社,1996:87-114.

[90][加]特里·库克著.宏观鉴定与职能分析[J].李音,译.中国档案,2012(1):51-53.

[91] Akmon D, Zimmerman A, Daniels M, et al. The application of archival concepts to a data-intensive environment: working with scientists to understand data management and preservation needs [J]. Archival Science, 2011, 11(3): 329-348.

[92] Bailey C A. From the top down: The practice of macro-appraisal [J]. Archivaria, 1997spring, 43: 89-128.

[93] Bannon L J.Forgetting as a feature, not a bug: the dualityof memory and implications for ubiquitous computing [J]. CoDesign, 2006, 2(1): 3-15.

[94] Bantin P C, Bernbom G. The Indiana university electronic records

project: Analyzing functions, identifying transactions, and evaluating recordkeeping systems-a report on methodology [J]. Archives and Museum Informatics, 1996, 10(3): 246-266.

[95] Bastian J A. Taking custody, giving access: a postcustodial role for a new century [J]. Archivaria, 2002 winter, 53: 76-93.

[96] Bearman D. Record-keeping systems [J]. Archivaria, 1993 autumn, 36: 34-70.

[97] Bearman D. The implications of Armstrong v. executive of the President for the archival management of electronic records [J]. The American Archivist, 1993, 56(4): 674-689.

[98] Boles F, Greene M. Et tu Schellenberg? Thoughts on the dagger of American appraisal theory [J]. The American Archivist, 1996, 59(3): 298-310.

[99] Boles F, Young J. Exploring the black box: the appraisal of university administrative records [J]. The American Archivist, 1985, 48(2): 121-140.

[100] Booms H. Society and the formation of a documentary heritage: issues in the appraisal of archival sources [J]. Archivaria, 1987 summer, 24: 69-107.

[101] Brooks P. The selection of records for preservation [J]. The American Archivist, 1940, 3(4): 221-234.

[102] Chodorow S. To represent us truly: The job and context of preserving the cultural record [J]. Libraries & the cultural record, 2006, 41(3): 372-380.

[103] Conway E, Giaretta D, Lambert S, et al. Curating scientific research data for the long term: a preservation analysis method in context [J]. International Journal of Digital Curation, 2011, 6(2): 38-52.

[104] Cook T. 'We are what we keep; we keep what we are': archival appraisal past, present and future [J]. Journal of the Society of Archivists, 2011, 32(2): 173-189.

[105] Cook T. Documentation strategy [J]. Archivaria, 1992 summer, 34:181-191.

[106] Cook T. Electronic records, paper minds: the revolution in information management and archives in the post/custodial and post/modernist era [Based on a presentation delivered by the author during his November 1993 Australian tour]][J]. Archives and Manuscripts, 1994, 22(2): 300.

[107] Cook T. Evidence, memory, identity, and community: four shifting archival paradigms [J]. Archival Science, 2013, 13(2): 95-120.

[108] Cook T. Macroappraisal in theory and practice: origins, characteristics, and implementation in Canada, 1950-2000 [J]. Archival Science, 2005, (5): 101-161.

[109] Cook T. What is past is prologue: a history of archival ideas since 1898, and the future paradigm shift [J]. Archivaria, 1997 spring, 43:17-63.

[110] Cook T. Book review: No innocent deposits: forming archives by rethinking appraisal [J]. The American Archivist, 2005, 68(1): 164-166.

[111] Cox R J, Craig B. Archival appraisal: theory and practice [J]. The American Archivist, 2005, 68(2):346-350.

[112] Cox, R J] The documentation strategy and archival appraisal principles: a different perspective [J]. Archivaria, 1994 fall, 38: 11-36.

[113] Craig B L. Doing archival appraisal in Canada. Results from a postal survey of practitioners' experience, practices, and opinions [J]. Archivaria, 2007 fall, 64:1-45.

[114] Daniel D. Documenting the immigrant and ethnic experience in American archives [J]. The American Archivist, 2010, 73(1): 82-104.

[115] Duff W M, Harris V. Stories and names: archival description as narrating records and constructing meanings [J]. Archival

Science,2002,2(3): 263-285.

[116]Duranti L.Archives as a place [J]. Archives and Manuscripts, 1996,24(2): 242-255.

[117] Duranti L. The archival bond [J]. Archives and Museum Informatics,1997,11(3): 213-218.

[118]Duranti L.The concept of appraisal and archival theory [J]. The American Archivist,1994,57(2): 328-344.

[119] Eastwood T. Appraising digital records for long-term preservation [J]. Data Science Journal,2004 winter,3: 202-208.

[120]Ericson T L]"To approximate June Pasture": The documentation strategy in the real world [J]. Archival Issues,1997,22(1): 5-20.

[121]Ericson T L.At the "rim of creative dissatisfaction": Archivists and acquisition development [J]. Archivaria,1991 winter,33:66-77.

[122] Evans F. Archivists and records managers: Variations on a theme [J]. The American Archivist,1967,30(1): 45-58.

[123]Faniel I M,Zimmerman A.Beyond the data deluge: A research agenda for large-scale data sharing and reuse [J]. International Journal of Digital Curation,2011,6(1): 58-69.

[124]Fear K."You made it,you take care of it": Data management as personal information management [J]. International Journal of Digital Curation,2011,6(2): 53-77.

[125]Fishbein M.A viewpoint on appraisal of national records [J]. The American Archivist,1970,33(2): 175-187.

[126] Flinn A, Stevens M, Shepherd E. Whose memories, whose archives? Independent community archives, autonomy and the mainstream [J]. Archival Science,2009,9(1): 71-86.

[127] Flinn A. Independent community archives and community-generated content"writing,saving and sharing our histories" [J]. The International Journal of Research into New Media

Technologies,2010,16(1): 39-51.

[128] Foote K. To remember and forget: Archives, memory, and culture [J]. The American Archivist,1990,53(3): 378-392.

[129] Gilliland-SwetlandA J,Kinney G.Uses of electronic communication to document an academic community: aresearch report [J]. Archivaria,1994 fall,38:79-96.

[130] Greene M] "The surest proof": autilitarian approach to appraisal [J]. Archivaria,1998 spring,45: 127-169.

[131] Greene M.MPLP: it's not just for processing anymore [J]. The American Archivist,2010,73(1): 175-203.

[132] Hackman L, Warnow-Blewett J. The documentation strategy process: a model and a case study [J]. The American Archivist, 1987,50(1): 12-47.

[133] Halilovich H. Re-imaging and re-imagining the pastafter "memoricide": intimate archives as inscribed memories of the missing [J]. Archival Science,2016,16(1): 77-92.

[134] Ham F. Archival strategies for the post-custodial era [J]. The American Archivist,1981,44(3): 207-216.

[135] Ham F.The archival edge [J]. The American Archivist,1975,38(1): 5-13.

[136] Higgins S. Digital curation: the emergence of a new discipline [J]. International Journal of Digital Curation,2011,6(2): 78-88.

[137] Hyland M E, Kenyon C A, Allen R, et al. Diary keeping in asthma: comparison of written and electronic methods[J]. BMJ, 1993,306(6876): 487-489.

[138] John Fleckner.Gerald Ham: Jeremiah to the profession [J]. The American Archivist.2014,77(2): 377-393.

[139] Kaplan E. We are what we collect, we collect what we are: Archives and the construction of identity [J]. The American Archivist,2000,63(1): 126-151.

[140] Ketelaar F C J. The difference best postponed? Cultures and comparative archival science [J]. Archivaria, 1997 fall, 44: 142-148.

[141] Kolsrud O. The evolution of basic appraisal principles—Some comparative observations [J]. The American Archivist, 1992, 55 (1): 26-39.

[142] Lee C A, Kirschenbaum M G, Chassanoff A, et al. BitCurator: tools and techniques for digital forensics in collecting institutions [J]. D-Lib Magazine, 2012, 18(5): 14-21.

[143] Lee C A, Tibbo H. Where's the archivist in digital curation? Exploring the possibilities through a matrix of knowledge and skills [J]. Archivaria, 2011 fall, 72: 123-168.

[144] Lowry J. Community Archives: The shaping of memory [J]. Journal of the Society of Archivists, 2011, 32(1): 161-162.

[145] MacNeil H. Archival theory and practice: between two paradigms [J]. Archivaria, 1994 spring, 37: 6-20.

[146] Marshall J A. Documentation strategies in the twenty-first century?: rethinking institutional priorities and professional limitations [J]. Archival Issues, 1998, 23(1): 59-74.

[147] Ribeiro F. Archival science and changes in the paradigm [J]. Archival science, 2001, 1(3): 295-310.

[148] Samuels H W. Improving our disposition: Documentation strategy [J]. Archivaria, 1991 winter, 33(1): 125-140.

[149] Shepherd E. Culture and evidence: or what good are the archives? Archives and archivists in twentieth century England [J]. Archival Science, 2009, 9(3): 173-185.

[150] Sink R. Appraisal: the process of choice [J]. The American Archivist, 1990, 53(3): 452-458.

[151] Tschan R. A comparison of Jenkinson and Schellenberg on appraisal [J]. The American Archivist, 2002, 65(2): 176-195.

[152] White H. Interpretation in history [J]. New Literary History,

1973,4(2): 281-314.
[153] Wojcik C. Appraisal, reappraisal, and deaccessioning [J]. Archival Issues,2002,27(2): 151-160.
[154] Naugler H.The archival appraisal of machine-readable records: a RAMP studywith guidelines[R]. Paris: Unesco,1984.

网络文献

[1]1960-1980: 变革的年代 ——文化和民族多元化的兴起[EB/OL]. [2016-12-10]. http://iipdigital. usembassy. gov/st/chinese/publication/2013/03/20130318144339.html#axzz4V4mkja7p.
[2.20 世纪 70 年代资本主义国家的经济发展滞胀原因及分析[EB/OL]. [2016-12-20]. http://www. 360doc. com/content/11/0915/22/4780807_148587418.shtml.
[3]60 年代:德国文艺走向政治化[EB/OL]. [2016-12-10].http://www.gmw.cn/01ds/2009-08/19/content_966333.htm.
[4] Internet 的起源与发展[EB/OL]. [2016-12-20]. http://www.supplierlist.com/inter_knowledge/cn/csn-qy.htm.
[5]参考消息网.特朗普成瑞典“昨晚出大事”瑞典官方“蒙圈”:啥事也没有啊[EB/OL].[2017-02-22]. http://www. cankaoxiaoxi.com/world/20170221/1703961.shtml.
[6]陈原.我国著名档案学家、档案教育家陈兆祦先生病逝[EB/OL].[2016-12-21].http://society.people.com.cn/n1/2016/0410/c1008-28263346.html.
[7]大数据[EB/OL].[2017-02-27]. http://wiki.mbalib.com/wiki/%E5%A4%A7%E6%95%B0%E6%8D%AE.
[8]中华人民共和国国家档案局.中华人民共和国档案法[S/OL].[2020-12-10]. https://www.saac.gov.cn/daj/falv/202006/79ca4f151fde470c996bec0d50601505.shtml.
[9]中华人民共和国工业和信息化部.信息中心发布《2018 中国区块链产业白皮书》(2018-5-21)[EB/OL].[2019-11-02]. http://

www.miit.gov.cn/n1146290/n1146402/n1146445/c6180238/content.html.

[10]腾讯云.《2019 腾讯区块链白皮书》今日发布(2019-10-19).[EB/OL].[2019-11-02]. https://cloud.tencent.com/developer/article/1523454

[11]上海档案志[EB/OL]. [2016-12-13].http://www.shtong.gov.cn/node2/node2245/node4511/node54551/index.html.

[12]工业化和信息化部信息化和软件服务业司.中国区块链技术和应用发展白皮书(2016-10-18).[EB/OL].[2019-3-10].http://www.weiyangx.com/213889.html.

[13]田呈彬.数字交接:社交媒体总统如何对接? 社交媒体文件如何归档? RARA 放大招! [EB/OL].[2017-02-01]. http://mp.weixin.qq.com/s/lS5wtmxXbTwKdEE2d8nftg.

[14]蜗牛也很牛.后真相时代[EB/OL].[2017-01-30].https://www.douban.com/note/599665652/.

[15]张天培.美国主流媒体病症透析[EB/OL].[2016-12-5]. http://theory.people.com.cn/n1/2016/1204/c40531-28922944.html.

[16]中国人民大学历史沿革[EB/OL].[2016-12-11].http://www.ruc.edu.cn/history.

[17]中国人民大学信息资源管理学院院史展览[EB/OL]. [2016-11-12].http://irm.ruc.edu.cn/dong.php? cid=6 & id=5138.

[18]AppraisalMethodology: Macro-Appraisal and Functional Analysis - Part B: Guidelines for Performing an Archival Appraisal on Government Records, [EB/OL].[2016-12-20].http://www.bac-lac.gc.ca/eng/services/government-information-resources/disposition/records-appraisal-disposition-program/Pages/appraisal-methodology-part-b-guidelines.aspx.

[19] Helen Willa Samuels [EB/OL]. [2016-12-29]. https://en.wikipedia.org/wiki/Helen_Willa_Samuels.

[20] Hilary Jenkinson [EB/OL].[2016-11-17]. http://medlibrary.org/medwiki/Hilary_Jenkinson#cite_note-ODNB-1.

[21] Luciana Duranti. "Rethinking Appraisal": Conference Overview [DB/OL]. [2016-08-18]. http://www. interpares. org/display_file. cfm? doc = ip2-3_dissemination_cp_duranti_delos_2007.pdf.

[22] Prussian Privy State Archives [EB/OL]. [2016-12-28]. https://en.wikipedia.org/wiki/Prussian_Privy_State_Archives.

[23] Richard Cox. Good Citizens Need Archives (And Archives Need Good Citizens) [EB/OL]. [2016-12-26]. https://readingarchivestheacademy. wordpress. com/2016/12/21/good-citizens-need-archives-and-archives-need-good-citizens/.

[24] Terry Cook (archivist) [EB/OL]. [2016-12-20]. https://en. wikipedia.org/wiki/Terry_Cook_(archivist).

附录 1　面向用户的档案鉴定工作调查问卷

本次调研主要针对了解用户对档案鉴定需求及看法，在研究中：

档案是指机关、团体、企业、事业单位、其他组织和个人在各项工作和活动中形成的，对国家、社会和单位、个人具有利用价值、应当归档保存的各种形式和载体的文件、记录和数据，包括但不限于各类证件、文书、记录表等。

档案鉴定指档案馆按照一定原则、标准和方法对档案价值进行鉴定，其表现形式为挑选确定哪些档案需要保存，以及保存时间的长短。我国档案保存时间主要分为永久、长期(多为 30 年)和短期(多为 10 年)

本次调研大约会占用您 3 分钟的时间，在您的同意下，您所完成的问卷将应用于本次研究，如果开始答题代表您同意参与此项调研。在研究中，我们会收集并分析您所提供的数据。

我们在此由衷地感谢您参与我们的调研。

1. 您的年龄是：

A. ≤20 岁

B. 21~30 岁

C. 31~40 岁

D. 41~50 岁

E. 51~60岁

F. ≥61岁

2. 您所在的单位是：

A. 党政机关

B. 科研设计单位

C. 教育单位

D. 医疗卫生单位

E. 国企

F. 民企

G. 外企

H. 个体

I. 其他

3. 您的教育背景为：

A. 初中及以下

B. 中专

C. 高中

D. 大专或高职

E. 本科生

F. 硕士或硕士研究生

G. 博士或博士研究生

H. 其他

4. 您利用档案的频率是？

A. 平均每周1次及以上

B. 平均每月1~2次

C. 平均每年1~2次

D. 从没有利用过【若选择D则转跳至第8题】

5. 在使用档案过程中，您对现在档案馆档案信息丰富程度的满意度为？

A. 非常满意

B. 较为满意

C. 一般

D. 较不满意

E. 极不满意

6. 在使用档案过程中，您对现在档案馆档案信息开放程度的满意度为？

A. 非常满意

B. 较为满意

C. 一般

D. 较不满意

E. 极不满意

7. 您认为现在的档案鉴定中哪些方面有待加强？【多选题】(至少选择1项)

A. 归档范围扩大

B. 归档范围缩小

C. 到期档案如期开放

D. 延长档案保管期限

E. 提高公众参与度

F. 提高档案机构社会意识

G. 加强档案鉴定人员筛选

H. 优化档案鉴定标准

I. 其他【填空】

8. 您认为档案用户有必要参与档案鉴定吗？

A. 非常有必要

B. 较有必要

C. 一般

D. 较无必要

E. 完全无必要

9. 若您被邀请去参加所在区域的档案馆鉴定档案，您愿意去吗？

A. 愿意并会去

B. 愿意但可能无法前往

C. 不愿意

10. 若邀请用户参与档案鉴定，您偏爱线上参与还是线下参与？

A. 线上参与

B. 线下参与

C. 线上线下都可以

11. 若邀请用户参与档案鉴定，您想以什么方式参与？【多选题】(至少选择1项)

A. 讨论和制定档案鉴定计划和具体档案鉴定标准

B. 实施组织和具体操作本单位的档案鉴定工作

C. 评议档案鉴定结果并提出意见

D. 其他【填空】

12. 若您参与档案鉴定，您最注重考虑哪些方面？【多选题】(至少选择1项)

A. 归档文件的真实性

B. 归档文件的完整性

C. 归档文件的可靠性

D. 归档文件的唯一性

E. 归档文件的种类

F. 归档文件的载体形式

G. 归档文件的来源

H. 归档文件的内容

I. 归档文件的时间与时效

J. 归档文件的社会需求度

K. 档案的保管费用

L. 档案的保管期限

M. 档案库房的承载能力

N. 其他【填空】

13. 若您参与鉴定档案，你最注重考虑档案的哪些价值？【多选题】(选择1~4项)

A. 行政管理价值

B. 法律价值

C. 证据价值
D. 情报价值
E. 社会记忆价值
F. 教育价值
G. 文化价值
H. 业务价值
I. 经济价值
J. 其他【填空】

附录2　档案价值体系演化规律的研究①

简单地说，档案价值就是档案对人的需要而言的某种有用性。这其中的"人及其需求"构成了档案价值的主体，而"档案及其属性"则构成了档案价值的客体。在"人及其需求"与"档案及其属性"之间，其实存在一种应然的逻辑关系，它使档案价值主体与档案价值客体之间具有了"自平衡规律"，并推动着档案价值认识的不断变化，逐渐形成一个完整的档案价值体系。

1　档案价值是一个不断演进的有机系统

随着档案实践和档案学基础理论研究的发展，人们逐渐发现了档案所具有的不同价值，如"凭证价值""管理工具价值""历史文化价值"。不同的学者信守着不同的档案价值观念，但这些不同的档案价值认识，是否能被合理地关联起来，和谐地容纳到一个档案价值体系中，这是一个长期困扰我们的认识问题。

① 原文发表于《档案学通讯》2009年第3期，档案价值从"凭证价值"，到"管理工具价值"，再到"历史文化价值"是一个比较复杂的过程，由于发表时笔者正在读研究生，一些思想还不够成熟，虽然与我国著名的"档案双元价值观"的思想有些不同，但是都可以看出档案价值也是一个非常重要也非常复杂的研究主题。在这本书中，笔者主要的研究对象是档案鉴定理论的发展过程，因此对档案价值的研究并没有涉及。

这一点上，恩格斯给予了我们非常关键的提示，他说："一个伟大的基本思想，即认为世界不是一成不变的事物集合体，而是过程的集合体"①。于是，我们将档案价值体系视为一个从"凭证价值"，到"管理工具价值"，再到"历史文化价值"不断发展的"过程集合"。它不摒弃单一化的档案价值的观念，而使以往各自独立的、观点不同的档案价值认识相互联系了起来，而且使档案价值体系成为一个真正的、不断运动的，和具有生命的有机体。同时，也就为更深入地研究档案价值认识的相互转化提供了必要的前提。

人们对档案价值的认识越来越精细。现在已公认档案价值是一个系统，知道了档案价值是"档案价值主体"与"档案价值客体"的统一体，并形成了或"双重价值"的档案价值体系认识。不同的档案学者他们各自研究的丰硕成果，已奠基了一个更大、更完整的档案价值体系认识。

新的档案价值体系不再是一个单一的价值体系，它是一个具有不同层次，能包含不同档案价值观念的系统思想。它使我们意识到，档案价值体系的研究，不能只拘泥某一种价值，及在某种价值体系下对"档案价值主体"与"档案价值客体"之间的研究。现在我们研究的对象已是一个包容不同档案价值认识的有机体，这样我们就能站到一个更高的认识层次，以不同档案价值认识的连续变化过程为主线，将前辈档案学者对不同档案价值认识的珠玑串联在一起，形成一个五光十色和更为完美的档案价值认识体系。在更宏观、更系统和更完整的档案价值体系中，在档案价值的运动过程中，"档案价值主体"和"档案价值客体"的相互作用就会得到更充分的表现，这就形成了一个更宏观，也更深刻认识档案价值规律的机遇，使档案价值理论的研究再进一步。

2　档案的凭证价值体系

凭证价值是最早形成的档案价值观念。

---

①　马克思恩格斯选集(第四卷)[M]. 北京：人民出版社，1997：239-240.

“大道衰而有书，利害萌而有契”张怀瓘《书断》。文书本身有“可以保存，可以传递，起着记录和备忘、凭证和信守的作用”①，而在事过境迁之后，那些被保存起来的“旧文书”，虽然结束了记录和传递的功能，但旧文书仍然具有信守和凭证的作用。这样，人们就从保存旧文书的实践中，逐渐形成了档案意识，并意识到了档案所具有的凭证作用和价值。

在这个时期内，历代政府都在用严刑峻法来保护档案的原始性和真实性。早在西周时期，作假者就要受到非常严厉的惩罚，《天官·宰夫》云：“掌治法，以考百官府、群都、县鄙之治，乘其财用之出入，凡失财、用财、辟名者，以官刑诏冢宰而诛之。”②它使档案的凭证作用得到了有效的保护。但与此形成鲜明的对比的是，对这些归档保存的文书，并没有规范整理技术，文书的所有者只是依据自己保管和查找文书的习惯来整理这些文书，它被整理成各式各样。虽然这些归档保存的旧文书被称为档案，但由于它尚缺特定的档案整理技术，所以它并不是现在所说的档案，而是档案的原始形态。由于这些旧文书原本就具有凭证作用，而且旧文书以完整的实体形式被纳入档案系统，原始性和真实性已得到了保护，因此这些旧文书虽然没有得到特定的档案整理，但单单是这些旧文书的汇集和保管，就足以使档案自然成为一个庞大的原始的凭证系统。简单地说，“旧文书”使它具有了原始性和真实性，而“被保管”则使文件的原始性和真实性得到了保护，那时的档案就以其所具有的“旧文书”和“保管”的简单特征，就能满足人的事后凭证需求。于是，在“人及其需求”与“档案及其属性”之间就出现了“凭证价值”的观念。

从一种原始的档案形态中就能形成档案的凭证价值，它不仅是告诉我们：作为价值客体的档案，只要保持其原始形态，其属性就能满足档案价值主体的凭证需求；而且说明：档案的凭证价值是人

① 冯惠玲，张辑哲．档案学概论［M］．北京：中国人民大学出版社，2001.

② 林尹．周礼今注今译［M］．北京：书目文献出版社，1985：26.

对档案的一种原始需求；也说明：凭证价值是一种只要用原始形态档案就能满足的一种价值主体需求。将凭证价值述说为一种原始价值需求，这并不贬低档案凭证价值的重要性，因为社会如果档案失去了这种原始价值需求，那么社会也就不会再需要档案，所以档案凭证价值是一种任何时候都不可或缺的档案价值观念。

现代档案实践同样可以证明这一认识。在面临电子档案实践的时候，全世界的档案界首先就投入到了对电子文件原始性、真实性、保护和法律的研究。其中的一个最根本的原因在于，电子文件这种新的载体形态威胁到了电子档案的凭证价值。传统来源原则中的“来源”是指文件形成者。而新来源观中“这个‘来源’是指文件的形成过程及背景，即文件是由谁，在什么条件下，运用哪些数据，为了什么目的，采用了何种结构形成的等方面的情况。”①它“促使人们将对文件管理的重心从文件产生之后转移到其产生之初或之前，提前控制和全过程文件的运转，确保文件被有效捕获与控制，而不会流逝；促使人们将关注点从文件表层的，内容方面的信息，知识转移到其深层的、背景方面的信息、知识。”②

3　档案的管理工具价值体系

人类在进入了文明社会以后，有了文字，便开始利用“文书”来管理和协调人与人之间的关系和所产生的利害冲突。纵观档案事业史，档案工作的发展与政权的强化是密不可分的。在奴隶社会时期、封建社会时期，档案的利用严格限制在负责保管档案的官员或得到最高当局批准的人员范围内。人们保管档案是因为档案是历史的原始记录，具有凭证价值，其目的是为了人们在工作生活中便于利用，可以说档案的凭证价值奠定了管理工具价值的基础。

由于档案意识的增强，人们逐渐意识到档案对本单位的作用是

① 冯惠玲. 电子文件时代新思维[J]. 档案学通讯，1998(6)：48.

② 徐拥军. 档案后保管范式与知识管理[J]. 档案学通讯，2008(2)：29.

不可估量的，任何一个机关，在处理工作时都需要“了解前情，重查旧案”，档案是机关了解情况、制定方针政策、总结经验教训、进行领导工作等方面的依据材料。浙江省建筑设计院利用茅以升同志保存下来的钱塘江大桥档案，掌握了该桥附近地下水文情况，节约了 15 万元钻探费，加快了设计速度。为了使档案发挥的作用更大，单位中出现了专门存放档案的库房——档案室，以改变档案在各文书处散乱存放的状况，极大方便地查阅档案以便准确地制定工作计划，节省资源，避免重复劳动，从而提高了行政效率。

与此对应的档案的整理技术也要相对规范，“将有关某一问题或某项工作活动以及其他方面互有密切联系的文件，按其突出的异同点组成一系列的案卷，便能比较具体地反映工作活动的来龙去脉，便于查找利用，也有利于保护文件，便于档案的日常管理”①。在传统纸质档案实体整理时，案卷是由档案人员按照文件之间的一定的历史联系对文件实体进行整理排序之后形成的，所以它把档案的历史联系记录固化在文件的实体排序之中，文件实体排序只能是一个文件挨着一个文件的线性排序，它所记录出的历史联系也就只能是线性的，在实践中变形成来源的一维结构，由于一维线性的物质结构，所以记录的社会实践活动也只能是一维的。随着计算机技术的普及，档案室都应用计算机，并且应用计算机记录档案信息，也就是现在所说的“非元数据技术”，即为一种不同载体和实物的混合档案整理技术。这种新技术利用案卷内文件目录来实现文件的虚拟排序。人们可以随意调整不同载体文件和实物在案卷内文件目录中的排列顺序，但目前为止，在没有实现无纸办公的条件下，我国的档案保管仍以纸质文件为主，所以最终当案卷内文件目录确定以后，各种载体的档案“各得其所”。文件实体排序仍然是线性排序。但是人们是按照“一事一卷”的原则整理档案，相比档案的凭证价值体系的单个零散的文件而言，此时的档案的价值客体得到规范化。

① 冯惠玲 .21 世纪的社会记忆——中国首届档案学博士论坛论文集[M]. 北京：中国人民大学出版社，2001.

4　档案的历史文化价值体系

档案是“社会的记忆”。档案深刻、真实、详尽地记录了一个民族、一个国家的真实历史。作为文化使者的档案具有贯穿古今，衔接未来的文化穿透力，由于档案中记录了人类的思想和活动的发展过程和结果，这些知识和经验使人类社会走向文明。档案作为科学研究的第一手资料，被应用于其他著述和学术成果之中。“历史是人类发生过的各种事件的串联，它是在人类社会活动在时空坐标中所留下的轨迹”①。在历史研究中，正是通过一个个历史事件的串联，才把握了历史发展的规律，如果不是档案中真实记载的历史原貌，我们何以知道中国灿烂的五千多年的文化，何以知道大禹治水的艰辛。“档案使它们不会与时间同步倒退，而是使它们发出明亮的光芒”②。我们借鉴历史经验教训，扬长避短，建设中国特色的社会主义和谐社会。这时档案发挥的主要是历史文化价值，历史文化价值是档案价值的最高形态，档案馆是档案历史文化价值发挥的主要场所，档案的实体整理技术则应该更加规范。

在档案馆中，全宗是档案基本的存在单位和保管单位，一个单位肯定要不定期地同社会其他组织进行联系，档案在档案馆中出现了另一种存在形式，那就是“全宗群”。全宗和全宗群更大程度地保持了档案之间的历史联系，使档案这一“社会记忆”能更好地再现历史，传统的实体排序法整理档案已不能满足人们的需求，当时我们对档案的价值要求仅限于凭证价值和管理工具价值，其历史联系是一维的即可。现在要想全面准确地再现历史则就要求多角度的观察历史，因此需要多维的历史联系。我们现在发现了“档案物质实体双重构成结构，将档案的历史联系形成独立于记录物质”③，

① 桑毓域．论档案与历史的关系[J]．档案学通讯，2002(4)：16.

② [法]米歇尔·福柯著，谢强，马月译．知识考古学[M]．生活·读书·新知三联书店，1998：167.

③ 刘新安．档案物质实体的双重构成[J]．档案学通讯，2003(5)：10-14.

也就是说，将档案的历史联系的记录与文件实体集合分离开，使它们成为两个独立体。这样就可以依据多种历史联系要素同时对某一文件材料进行排序整理，形成多维历史联系的记录，并且无论档案物质实体排序遭到多严重的破坏，档案之间的历史联系都不会受到损坏。更好地体现了“以档案实体管理和档案信息处理双重结构为内容的二元体系，实践性特征是二元档案理论的最基本特征”①。尤其现在电子档案的增多，档案的物质实体的双重构成理论更有利于推动档案的虚拟整理技术的发展。更重要的是，档案的物质实体的双重构成结构，在不破坏档案的凭证价值和管理工具价值的前提下，使档案的历史文化价值得以更好的体现。在“人及其需求”与“档案及其属性”在科学技术发展的纽带下，构成了档案的历史文化价值体系。

5　档案价值体系演化中的规律

档案本身就是“社会的记忆”，在档案起源的“结绳”“刻契”时代，档案的定义非常简单，就是记录生活中的事件，起着原始记录的作用。后来有了文书，档案从“旧文书”转化而来，保证了档案的真实性，成了人们生活中的凭证，档案的凭证价值是人们保存利用档案的最根本价值。随着社会的进步，人们渐渐发现档案对于辅助行政决策等方面起着非常重要的作用，而被掌权者利用，奠定了档案管理工具价值的基础。由于档案的价值是多方面的，并且具有潜在性。现代社会，人们的闲暇时间的增多，“在普通公民看来，档案不仅要涉及政府的职责和保护公民的个人权益，而且更多的还应该为他们提供根源感、身份感和集体记忆”②。人们需求的不断增长，促使学者们不断挖掘档案的潜在价值，人们发现档案具有

① 李福君．论二元档案学理论体系的实践性特征[J]．档案学通讯，2004(2)：84.

② [加拿大]T. 库克．1898 年荷兰手册出版以来档案理论与实践的相互影响[C]//第十三届国际档案大会报告集．北京：中国档案出版社，1997.

“今世赖之以知古，后世赖之以知今”的功能，《史记》《汉书》等著作就是利用档案材料完成的，档案的这种历史再现、文化传承的功能被人们所重视。正是由于人们的需求的不断提升，档案价值经历了从凭证价值到管理工具价值再到历史文化价值的过程。

档案价值主体需求的不断提升，档案价值客体——档案及其属性也不断复杂化，使之满足档案价值主体的需要。档案是一些散乱的在社会实践活动中产生的旧文书时，便可满足档案的凭证价值，这种凭证价值是伴随档案与生俱来的，这时档案整理不必需要规范的整理技术。人们需要档案作为管理工具时，档案主要是存放在本单位机关档案室，为了更好地利用档案，档案人员对档案进行了相对规范的整理，按照“一事一卷”的整理原则，把案卷按照时间顺序或事件发生的顺序排列起来，就很容易了解本单位曾经发生过的事情的原貌。当人们想通过档案了解过去，了解社会历史时，档案体现的是历史文化价值，发挥作用的主要是作为档案的最终汇集地档案馆，需要规范的整理技术对档案进行整理，以满足多维的历史联系再现历史的要求，档案的虚拟整理技术的完善——只对历史联系进行整理，满足了这种需求。

宇宙间的所有系统物质，都表现为平衡和不平衡状态。其中，任何一个系统物质的客体自身，又都存在着平衡和不平衡的差异协同，又都经历着平衡到不平衡，再到新的平衡的周期运动和发展过程。这种变动的平衡表现为系统从平衡——不平衡——新的平衡，系统通过自身或外界的力量使不平衡状态调整到新的平衡状态，这也就是我们所说的自平衡。

在档案价值系统中也会存在着自平衡现象。因为文件来源于社会实践，本身具有原始记录性，可以为人们提供凭证价值，但是当文件是单体零散的时，它只对个人和文书人员有凭证价值，满足不了集体和国家的其他更高级形态的价值，所以档案价值主体是个人或文书人员。这时，档案价值客体——单个、零散的档案内文件与档案价值主体——个人及其需求凭证价值是平衡状态，但是对于机关团体和国家则是一种不平衡状态，因为这种散乱的文件对大众来说没有太大的价值。档案处于档案室阶段时，它采用“一事一卷”

的整理原则整理档案，使档案具有了一维的历史联系和线性的物质结构，这时档案主要为本机关服务，体现了档案的管理工具价值，此时，一维的历史联系和线性的物质结构的档案价值客体与档案价值主体是一种新的平衡状态。随着社会的发展，一维的历史联系和线性的物质结构又满足不了档案作为历史文化价值的要求，这是新的不平衡状态，后来发现的档案物质实体的双重构成，打破了这种不平衡状态，使人们可以记录多维的历史联系，从而满足了档案再现历史的要求，这就是档案价值客体与档案价值主体及其需求的再一次的平衡。

6　结　　论

综观档案发展的历史过程，档案价值体系的演化过程非常复杂，档案价值主体与档案价值客体经历着平衡——不平衡——新的平衡的交替的周期循环。档案价值主体与档案价值客体的自平衡，是档案价值体系成立的一种内在逻辑，是一个不能违背的规律。只有将不同档案价值认识串联成一个过程，才能发现这一规律。

在档案价值系统中，有什么样的档案价值主体就有与之对应的什么样的价值客体，换言之，有什么样的档案价值观，就有什么样的档案；并且档案的凭证价值体系是档案的管理工具体系发展的基础，档案的凭证价值体系和管理工具体系是档案的历史文化价值体系发展的基础，即“凭证价值”和“管理工具价值”共同构成了档案价值体系的底层，而其上层是“历史文化价值”。它符合档案价值体系和档案价值认识，从简单到复杂的规律。

后　记

本书是基于我的博士论文《档案鉴定理论演化规律研究》撰写而成，主要完善和更新了近几年国内外关于档案鉴定理论的相关研究进展，对于档案鉴定理论未来的发展趋势进行了重新思考，并做了相关调研，部分调研结果在书中最后一章呈现。

2014 年我有幸考入中国人民大学信息资源管理学院，攻读档案学专业博士学位，博士三年时光我收获颇丰。2017 年毕业进入上海大学图书情报档案系工作，至今已三年有余，在这个友爱团结的大家庭中，我得到诸多同事的关心和帮助。自 2004 年开始接触档案学至今，能得到这么多师长的帮助和扶持，我是何其有幸！

首先我要感谢我的博士生导师胡鸿杰教授，感谢导师在学术研究方面的指导，以及在能力提升方面的支持与帮助。胡老师豁达的人生态度、渊博的学识，严谨的治学态度、睿智的学术眼光都在无形中启发我不断前行。对于博士论文选题，我与胡老师进行了多次的探讨，每次胡老师都细心帮我分析，从总体方向上帮我把关。博士论文写作过程中从选题、撰写、修改到完成，胡老师都倾注了很多心血，给予了我极大的帮助和指导。胡老师善于授人以渔，其谆谆教诲我将铭记于心并受用终身。

衷心感谢冯惠玲教授、张斌教授、王英玮教授、黄霄羽教授、张美芳教授、徐拥军教授、姜之茂老师、马素萍老师、屠跃明老师在我博士论文选题、撰写、评阅、答辩过程的悉心指导，各位学界前辈并给予的宝贵建议令我在论文写作中少走许多弯路。感谢中国人民大学信息资源管理学院安小米教授、刘越男教授、钱毅副教授、宫晓东副教授、谢丽教授、唐跃进教授等所有老师对我专业课程的教导以及在生活学习上给予的帮助。感谢美国匹兹堡大学理查德·考克斯(Richard J. Cox)教授，Cox 教授作为我美国访问学者期间的外导，为我提供了许多学习交流机会，开阔了我的档案研究视野和思路。感谢同门兄弟姐妹们和同窗好友对我学业上的帮助!

感谢天津师范大学刘新安教授，刘老师是我档案学专业学习接触的第一位老师，刘老师的谆谆教诲给了我勇往直前的动力。感谢我的硕导、南开大学王芳教授，王老师对我研究方法的训练让我终身受益，王老师严谨的学术作风是我今后工作努力的榜样。感谢南开大学伍振华教授，在我读硕士期间伍老师给了我诸多帮助，伍老师在我博士论文选题上给予了许多中肯的建议。

感谢上海大学图书情报档案系对本书出版的经费资助，感谢金波教授、丁华东教授、潘玉民教授及各位同事对我教学科研和工作上的鼓励、照顾和帮助！感谢武汉大学出版社詹蜜等老师对本书出版付出的努力!

由于本人学识和时间有限，书中舛误难免，敬请专家、学者、同仁们批评指正。

王向女

2020 年 12 月